36个单元写作怎么教？

初中语文单元写作教学参考

向浩 编著

U0833533

一本解决作文教学难题的用心之作

☑ 解决“**教什么**”的问题　☑ 提供“**怎么教**”的策略

南方日报出版社
NANFANG DAILY PRESS
中国·广州

图书在版编目（CIP）数据

36个单元写作怎么教：初中语文单元写作教学参考 / 向浩编著 .— 广州：南方日报出版社，2023. 10（2024.3重印）
ISBN 978-7-5491-2726-9

Ⅰ. ① 3… Ⅱ. ①… Ⅲ. ①作文课—教学研究—初中 Ⅳ. ① G633.342

中国国家版本馆 CIP 数据核字（2023）第 167824 号

36 GE DANYUAN XIEZUO ZENME JIAO：CHUZHONG YUWEN DANYUAN XIEZUO JIAOXUE CANKAO
36个单元写作怎么教：初中语文单元写作教学参考

编　　著：向　浩
出版发行：南方日报出版社
地　　址：广州市广州大道中 289 号
出 版 人：周山丹
责任编辑：曹　星　刘淑桦
责任校对：阮昌汉　朱晓娟
责任技编：王　兰
封面设计：南风生
经　　销：全国新华书店
印　　刷：广东信源文化科技有限公司
开　　本：889 mm × 1194 mm　1/16
印　　张：18.25
字　　数：313 千字
版　　次：2023 年 10 月第 1 版
印　　次：2024 年 3月第 2 次印刷
定　　价：56.00 元

投稿热线：（020）87360640　　**读者热线：**（020）87363865
发现印装质量问题，影响阅读，请与承印厂联系调换。

序

我国写作教学历史悠久，累积了丰富的教学经验。张志公先生在《传统语文教育教材论——暨蒙学书目和书影》中指出，我国古代写作训练的原则和方法：写作训练的原则是“词”“意”并重；训练的步骤是先“放”后“收”；训练的方法是多做多改；并介绍了程式化的作文训练。这些原则和方法是古代先贤长期探索实践的总结，为今天的写作教学提供参考的同时，却也阻碍着写作教学的创新发展，如科举考试应试文章的写作取向、脱离实际运用的结构语言训练、忽视知识的作用而片面强调多读多写，等等。

现代“语文”课程诞生以来，写作教学成为语文教学研究的重要议题。新中国成立前，梁启超、胡适、黎锦熙、刘半农、鲁迅、朱光潜等一批大学问家高度关注中小学写作教学研究，力图改变传统写作训练的弊端，开拓写作教学的新路，阮真、高语罕、夏丏尊、刘薰宇、陈望道、叶圣陶、蒋伯潜、朱自清等语文教育研究专家深耕写作教学，力图建构自成体系的写作教学理论。这一时期，写作教学研究实现了四大突破：第一，写作教学取向由应试转向满足日常生活所用；第二，从命题、文体、结构、语言四个方面建构写作教学知识体系；第三，写作课程与教材编制［其中比较有代表性的课程文本有《中学国文课程标准》（1933年），教材有夏丏尊、叶圣陶编写的《文章讲话》］；第四，开展写作教改实验，出版了写作教学实验专著［如《初中国文实验教学法》（作者：权伯华、石昭锃），《集体习作实践记》（作者：于在春）］。尽管这一时期写作教学的成效并不显著（阮真的写作调查报告，20世纪30年代中学生国文程度“低落”的讨论），但是成体系的、科学的写作教学研究实践和丰富的写作教学研究成果，大大提升了这一时期写作教学研究水平，为新世纪写作教学研究与教改实验提供了可借鉴的经验。

新中国成立后，特别是1978年改革开放以来，写作教学研究与实践在写作教学范式、写作知识重构（思维教学、策略教学、知识教学）两个方面取得了一些进展，解决了一些问题，但也面临着诸多挑战。在教学范式方面，写作教学正沿着文章写作、过程写作到真实情境教学的方向持续向前推进；在知识重构方面，分别从思维教学、策略教学和知识教学三个维度选择、提炼和开发写作教学知识作为教学内容，填补学生已有写作经验与完成真实写作任务所需经验的落差。其中，写作思维教学开始关注学生的言语思维特点，创设写作情境，开发写作知识，建构科学的写作教学体系；写作策略教学则通过分项训练、关注过程、聚焦思维，基于交际情境，展开精准指导；文体知识教学则由序列化转向情境化和微型化发展。

2017年以来，我国普通高中阶段、义务教育阶段先后颁布实施新的课程标准。新课程标准在写作教学方面体现以下写作教学新理念：（1）写作教学的终极目标指向学生核心素养的培养；（2）以“学习任务群”的方式呈现和组织课程内容，融读、写于一体；（3）“教—学—评”的一体化。在新一轮课程改革的背景下，中学语文老师在写作教学实践层面遇到许多挑战。首先体现在现有教材的局限，义务教育阶段写作教材是依据《义务教育语文课程标准（2012年版）》编写的，写作单元体现了情境写作的取向，提供了形式多样的写作任务情境以及文学文体、实用文体和小论文三大类写作知识体系，但在写作教学实践层面也存在诸多困难，诸如写作任务情境脱离学生的实际生活，写作知识不能有效解决学生写作的困难，缺少切实可用的评价工具，等等；其次是老师已有学科教学知识的局限，老师们的写作观念亟须更新、写作教学知识难以满足教学的需求；第三是写作教学评价的局限，注重结果而忽视表现、注重知识学习而忽视学生素养提升的评价观念和实践经验，严重限制了老师的写作教学探索与实验。

在这种背景下，许多语文老师迎难而上，在教育部门的指导下，大学相关领域的研究人员与中小学老师针对写作教学“卡脖子”的问题，协同实践、更新观念，在教改实践中重构学科教学知识，开展教改实验，改进写作课堂教学，促进学生核心素养的形成。在这一过程中，涌现出了一大批优秀的基础教育阶段教学团队，产出了一大批教学研究成果。其中，深圳市龙华区向浩老师的语文教学研究与实践团队，就是语文老师队伍中的杰出代表。2014年以来，作为龙华区初中语文教研员，向浩老师带领龙华区初中语文教研团队先后在写作教学、语文大单元教学方面持续发力，出版了

《名师语文课（初中版）》《统编版读写共生写作日常课》《统编版初中语文大单元整体教学设计》等一系列高水平的教改成果。

《36个单元写作怎么教——初中语文单元写作教学参考》紧扣统编版初中语文教科书，聚焦写作元素的开发，在写作过程中通过搭建写作支架来转化核心写作学习元素是本成果的显著特色。写作学习元素主要指的是解决学生在写作中遇到的主要困难和对写作核心知识的疑惑。作为教学内容，写作核心知识具有情境性、整合性和生成性这三大特征。

写作核心知识的情境性。郭晓明和蒋红斌在《论知识在教材中的存在方式》一文中提到，情境认知理论认为，情境学习就是在情境脉络中学习知识与技能，这种情境脉络反映了知识在真实生活情境中的应用方式。这里的情境脉络主要指真实的、具体的生活场景，也包括生活场景背后的社会文化情境。交际语境写作，是一种任务写作和功能写作。“写作任务”是真实的，而且是在特定的社会文化情境脉络展开的，因而写作的话题、读者、目的、角色，都被包裹在文本语境、交际语境和社会文化语境这三重语境之中。正如荣维东在《写作任务要素矩阵：一种新型写作教学法》一文中指出，“它们像‘看不见的手’，以认知语境的形式影响并塑造写作行为和语篇结果”。在任务写作中，这只“看不见的手”为一般的写作知识和写作策略增加了情境条件，使其情境化、条件化。如李平老师的《给妈妈的一封回信》任务写作案例，写作内容的选择、写作方法的运用和语言表达，都指向特定的写作任务。学生完成本次写作任务所需要的写作知识和策略是情境化的，如根据特定读者——妈妈的需求和本次写作的目的来选择材料，用能打动妈妈的细节描写以及劝慰妈妈的口吻等。在写作教学中，老师指导学生写作时，根据需要探索或呈现这些写作知识。

写作核心知识的整合性。贾义敏和詹春青在《情境学习：一种新的学习范式》一文中提到，情境认知理论认为，脱离个体生活的真实环境来谈论学习或能力是毫无意义的，个体与环境的相互作用是形成能力以及社会化的必经之路。基于此，情境化的写作知识，是写作个体与环境相互作用进而形成能力的中介和工具。在真实的写作任务中，情境化写作知识的整合性体现在两个方面：一方面，学生完成写作任务所要调动的知识是情境知识、写作知识和生活知识的整合；另一方面，这些知识不是集中在某个老师或学生身上的，而是分散在老师和学生身上，需要经过师生之间、生生之间的沟通交流，完成这一次写作任务而整合而成的共享性知识。换言之，情境化写作知识具有个体知识整合与学习共同体知识整合两种形式。

写作核心知识的生成性。情境认知非常注重实践共同体在知识学习中的作用。J.莱夫、W.温格在《情景学习：合法的边缘性参与》一书中指出，学习是在周边共同体的学习型课程中有通向心性的参与而发生的。因而，在任务写作中，情境化的写作知识不需要老师提前预设好，而要在课堂教学中引导、组织学生去探索、发现，是在学生与写作任务情境、学生与学生之间互动的过程中建构起来的知识形态。如七年级上册第三单元的写作任务“抓住任务，写好特点”中，“描写人物的知识”是从课文《从百草园到三味书屋》中讨论、发现和提取出来的，充分体现了情境化写作知识生成性的特征。

“搭设学习支架，转化运用写作知识”是本成果的另一特色。有学者指出，理想的知识教学有两个关键特征：（1）知识本身正确、新颖，具有引领性，有助于学科老师摆脱“知识困境”；（2）用有效的手段解释知识，有助于学科老师摆脱知识教学的困境。第二点主要指的是写作知识最好以学习支架的形式呈现，才能帮助学习者达成学习目标。因为知识要经历生成的过程，生成的过程需要老师提供大量的支架，包括“写什么、怎么写”的支架。前者能够激活学生，提取写作的内容；后者能够指导学生进行写作。本书在学习支架的设计与使用方面进行了充分的展示，包括大量的写作例文、形式多样的写作提示等，巧妙转化了核心写作知识，为学生完成写作任务、生成写作能力提供了强有力的支撑。

写作教学是中小学语文教学中的老大难问题，向浩老师的团队能针对语文教学中的难点、痛点问题，在专家团队的指导下作了有益的探索，在写作教学方面做出的成绩是值得肯定的。“路漫漫其修远兮，吾将上下而求索”，以此成果的借鉴、研习为基点，我们希望有更多的语文老师投身到写作的教学实验与研究中来，为构建当代中国化的、科学的写作教学实践体系贡献自己的一份力量。

赣南师范大学文学院 王鸿宇

2023年8月10日

自 序

一、缘起

2015年，我意识到作文教学的问题是语文教学中最核心也是最关键的问题。从这一年开始，我开始了长达八年的初中写作教学研究之旅。组织编写《36个单元写作怎么教——初中语文单元写作教学参考》这本书，主要基于以下几个方面的考虑。

1. 教材的局限

从2016年开始，我们开始使用人教版实验教材，教材中没有编排专门的写作单元，老师们常常把综合实践单元与写作单元等同起来，这是明显的认知上的错误，二者在目标取向上有着本质的不同。由此可见，教材编写更多指向阅读教学和活动体验，缺少对写作教学的关注，因此，在初中语文教学实际中，几乎没有写作教学。2017年9月，统编版初中语文教材投入使用，令人欣喜的是，统编版初中语文教材的每个单元都编排了写作单元。但令人遗憾的是，虽然每个单元都有写作教学安排，而且每个写作单元有相应的主题、任务，甚至还有写作教学内容的介绍，但几乎都是概念化的陈述性知识的介绍，无法指导老师怎么教，更无法指导学生怎么学。另外，36个写作单元的主题和任务与单元中的阅读选文、与其他单元写作任务没有形成一个恰切的逻辑，这让一线老师在看到教材改变的欣喜之余，却又因不知道如何操作而生出新烦恼。于是乎，作文教学再次被放任或闲置起来。

2. 教学的困境

其实一线老师都明白写作教学的重要性，也都乐意开展写作教学研究和实践，但往往成效不大。再者，因为应试教育短视化的特点，老师们就直接把绝大部分精力投放在容易提分的板块上，而果断地放弃了提分“性价比”不高的写作教学。据我观察，目前初中阶段的写作教学，更多体现在考试中的写作和考试后的评讲，再加上一些非常随意的写作训练和讲评，总的来说没有目的性、针对性、系统性，效果较差。即使有一些老师努力教写作，但教的都是一些不能帮助学生解决写作中实际问题的“惰性”知识，即一些结论式的概念。例如教描写，就只是把人物描写中的动作描写、心理描写、神态描写等概念解释一番，然后就让学生写。试想，如果只教概念就能让学生学会写作的话，那直接把概念编辑成册，让学生自学甚至背诵就好了，还需要语文老师逐个讲解吗？这显然是无效的写作教学。由此可见，教材虽然编写了写作单元，但没有在单元中开发相应的写作学习元素，老师们依然不知道要教什么，学生还是不知道要学什么。如果教材中能将写作概念下位的具体写作策略（或称程序性知识）开发出来，甚至转化成帮助学生解决写作问题、完成写作任务的支架，那就能真正促进写作教学的开展了。

3. 个人的实验

从2018年开始，我就尝试围绕每个写作单元设计写作任务、开发写作学习元素、设计写作支架，帮助学生获得有效、有趣的写作体验，让学生主动建构写作知识，让写作知识结构化，形成写作思维模型，提升写作素养。我的实验方法是开发“写作日常课”，实现学生写作日常化。具体而言，“写作日常课”的研究，是以统编版初中语文教材写作编写体例逻辑为课程的基本逻辑，兼附写作知识、写作能力等内在逻辑编写的作文教程。这套“写作日常课”课程是立足于服务初中学生写作训练，通过以读促写、以写哺读、读写共生等读写结合的形式，在三个学年内循序渐进地提升学生写作能力的实践研究。本研究倡导学生写作日常化，即在天天读的同时，实现日日写，真正实现每天都写作、每天都有语用训练的目标。这个实验首先在我女儿身上进行，取得了一定的效果；而后我选择了一所学校进行实验，效果也非常明显。后来，全国一些同行也开始实验，反馈较好。

4. 学本的出版

随着实验的不断深入，实验研究的成果逐渐丰富、完善，到2019年底，《统编版读写共生写作日常课》（全六册）由花城出版社结集出版，除了在各大网络平台发行外，各地新华书店、教育书店也在售卖这套书。甚至很多地方把这套书列入了学校统一采购书籍的目录中。随着丛书的出版，影响也逐渐扩大，包括广东、湖南、四川、河北、河南、安徽、湖北等很多省份的同行都在使用这套书教学生写作，且取得了一定的效果。据深圳某实验校的老师反馈，参加实验年级的作文平均分比同期往届的平均分要高出两分多。除此之外，参加实验的学生不再畏惧写作，写作下笔快、思维敏捷，写作效果整体良好。有了“写作日常课”丛书的成功，2023年，我们再度推出《36个单元写作怎么教——初中语文单元写作教学参考》这本书，希望能为更多语文老师提供写作教学上的帮助。

二、特点

《36个单元写作怎么教——初中语文单元写作教学参考》这本书主要借鉴了功能写作的众多原理，能有效地解决教学中的实际问题。

1. 写作元素的开发

学生写作缺乏的不是概念，而是如何理解和运用概念的下位知识，但这又是老师们不知道如何教的关键所在，同时也是教材没有顾及，或者说没有完全呈现出来的地方。因此，开发写作的核心知识，即写作学习元素，成了作文教学的重中之重。对写作学习元素的开发主要从以下五个方面着手：一是从教材的选文中发掘。教材的选文几乎都是经典，从中发掘写作学习元素既可以帮助学生学会写作，也可以反哺学生阅读学习。二是从课外的经典作品中发掘。尤其是优秀作家的名著名篇，让学生从优秀的作品中汲取写作营养。三是从优秀的学术论文里寻找写作学习元素。基于经验开发写作核心知识是远远不够的，不利于学生体验高阶写作思维，因此要从学术论文中寻找行之有效的方法和策略，将其开发成写作程序性知识来指导学生写作。四是从优秀的研究生毕业论文中发掘写作学习元素。这些学习元素更加系统，有助于学生写作知识结构化。五是从经典的文学理论著作中发掘写作学习元素。选择学生可以接受的知识，以活动的形式让学生体验，在体验中理解和接受。写作学习元素确定后，学生知道“写什么”和“如何写”了，写作能力自然就提升了。

2. 写作支架的搭建

新发掘的写作学习元素与学生的写作经验之间是有鸿沟的，需要老师设计写作支架，让学生在写作体验活动中，攀缘着支架往高位走，最终实现写作水平的提升。老师在教学中主要搭建以下三类支架：一是内容支架，解决写什么的问题；二是表达支架，解决如何写的问题；三是评价支架，解决写得如何，或如何写才能写得好的问题。这三类支架互为支持、相互转化，帮助学生完成写作任务、体验写作过程、达成写作目的。写作学习支架的内核是写作学习元素，学生学习写作知识务必在“做中学”，在活动中自主建构；而支架是活动展开和自动推进的关键，尤其是评价支架的介入，可以帮助学生形成写作元认知，由此可以形成一个“写作目标—写作任务—写作评价”的微循环体系。

3. 写作实践的推广

依据统编版初中语文教材写作单元体例开发完写作日常课程后，先在小范围内开展实验，取得较好的成效。2020年，我被调往深圳市玉龙学校担任副校长，借助这个便利条件，我在一个年级做实验，教整个七年级的写作课。通过近两年的实践，效果良好。于是我开始向全国推广，全国各地的一些老师也跟着实践，都取得了一定的成效。经过实验发现，只要坚持写作日常化，学生写作就能下笔快、思维敏捷、表达流畅，写作质量也会逐步提升。

三、价值

这本书源自一线教学中的问题，积聚了一线老师的智慧，是经过长达五年的实践沉淀下来的思考结晶，因此具有一定的价值，可以解决部分一线教学中的实际问题。其价值具体表现在：

1. 弥补教材缺陷

这本书的核心价值点是写作学习元素、写作支架、写作评价量表和写作任务设计，这些核心价值点是基于教材中的写作概念进行二次开发，真正能帮助学生有效完成写作任务、达成写作目标的核心写作知识和关键能力。此外，这些核心价值点几乎都开发自教材中的语篇，在写作的过程中可以对阅读学习元素进行反刍，实现“阅读—写作—阅读”的深度融合与循环，促进学生语文核心素养的提升。

2. 支持老师教学

初中阶段之所以看不到有效果的写作教学，一是因为写作教学见效慢，二是因为老师们觉得写作教学难，三是改作文太痛苦。首先，这本书支持学生每天写作，让学生在写作过程中体验，在写作体验中悟得，在写作悟得中实现写作知识的自我建构，效果是明显的。其次，因为写作元素等确定下来，就缓解了教学中的“无米”之难，老师也可以知道教什么和怎么教了，也就愿意教和喜欢教了。再者因为有评价量表，维度也非常清晰，评价起来精准、简单又快捷，甚至完全可以让学生自己批改，让评价转化为学生写作的元认知，这样就更有助于学生写作素养的提升。

3. 助力学生发展

后现代课程理论告诉我们，自组织性和自相似性是好课程的显著特点。所谓自组织，是指系统自动地由无序走向有序，从低级有序走向高级有序。在使用这本书的过程中，前期可能需要老师带着学生学习，中后期完全可以放手让学生自主完成，学生可以凭借写作任务和支架，自主组织写作核心知识，自主提升写作能力，由低级有序自主走向高级有序。所谓自相似性，是指分形结构的内在规律。如果把语篇和学生习作看成一个模型，学生作品与教材选文、同伴习作中的某些分形总有很多相似之处，当然也存在一些不相似的地方，学习的过程就是从不相似慢慢走向相似，尤其力争做到与教材选文的分形结构相似，这样学生的习作自然就越来越好了。因此，这样的设计是有助于学生自主发展的。

这本书的写作历时近五年，是用心之作，更是良心之作，请各位同行批评指正。

2023年6月15日于深圳盐田

目　录

八年级上册

八年级下册

九年级上册

九年级下册

七年级上册

绘景之美 抒景中情

——七年级上册第一单元

向浩 刘秋琴

七年级上册第一单元的写作任务为“热爱生活，热爱写作”，要求学生在生活中细心观察、用心体验。第一单元的四篇课文《春》《济南的冬天》《雨的四季》《古代诗歌四首》都以自然之景为主题，“用优美的语言，描绘了多姿多彩的四季美景，抒发了亲近自然、热爱生活的情怀”。因此，可以从“景物描写”的写作训练切入，引导学生用心观察生活。依据第一单元三篇写景抒情散文和四首古诗的文本特点，可以将“景物描写”的写作主题分解为三点：选好景物、写好景色、情景交融。其中“选好景物”是基础，“写好景色”是单元写作的重点，“情景交融”是基于前两点进行大量训练后的提升训练。

一、选好景物

第一单元的写作任务为“热爱生活，热爱写作”，要求学生有对生活细心观察、勤于思考的能力。写作实践中的片段写作训练，关键是要善于发现、观察、感受生活中的点点滴滴。为了更好地落实“景物描写”的选材训练，可以从“指定景物”和“自主选景”两个方面切入。

（一）指定景物

以课文《春》为例，可以精选《春》的相关段落，让学生模仿原文对草、花、春风、秋雨四种景物进行描写。在《春》一文中，这四种景物都有精妙的描写，这四种景物也是日常景物描写时常选择的写作对象，指定这些景物既遵循了课文的文本特点，又关注了景物描写训练的普遍性。以《春》第3自然段描写“草”为例：

小草偷偷地从土里钻（精彩动词）出来，嫩嫩的（叠词），绿绿的（叠词）。园子里，田野里，瞧去，一大片一大片满是的。坐着，躺着，打两个滚，踢几脚球，赛几趟跑，捉几回迷藏。风轻悄悄的（叠词），草软绵绵的（叠词）。（由近及远）

这个文段中，动词、叠词的使用是值得仿写的。“钻”写出了小草旺盛的生命力，“嫩嫩的”“绿绿的”“轻悄悄的”“软绵绵的”，四个叠词不仅写出了事物的色泽、质地、状态，还呈现了画面，增加了亲切感。“由近及远”顺序写景的运用，让景物描写更具层次感[1]。

将这段中的学习元素进行提炼后，老师可以指定学生模仿这些元素完成一段描写“草”的习作，并且提供三个支架——“运用两个精彩动词描写草”“运用两个（或以上）叠词描写草”“按照由近及远的顺序描写草”。举一习作如下：

小草在风中轻轻地摆动着身子，甩了甩身上那些晶莹剔透的露珠，小小的露珠便慢慢地滑落到地面上。站起身来向远方眺望，辽阔无垠的青草铺满了大地，满满的绿色好似要即将溢出蓝天，窜入我们的眼眶。小草，绿油油的。天空，蓝汪汪的。蝴蝶也似乎被这美景吸引了，在草丛中扇动着翅膀，飞来飞去。[2]

“甩”“滑落”“铺”“溢”等动词写活了小草的形态，“绿油油”直接点明小草的颜色，“蓝汪汪”更衬托出小草的青翠欲滴，由近及远的顺序仿佛镜头的运作，让画面越发充实。给学生进行这样“指定景物”的训练，能让学生从小处着眼，把某一个景物写充分。同理，也可以选择《济南的冬天》中的山和水，选择《雨的四季》的夏雨、春雨、冬雨、小雨等进行模仿写作，这都是通过“指定景物”来完成景物描写的选材。

（二）自主选景

“自主选景”亦是景物描写选材训练不可忽视的部分，它能训练学生自主搜集、选择合适素材的能力。同时，让学生“自主选景”，也是引导学生有意识地关注生活、观察生活。例如，可以用《雨的四季》设计训练任务“模仿第2段概写夏雨”。在第2段，作者将笔墨重点放在了“树”和“小草”这两种景物上，通过这两种景物侧面体现春雨的清新美好。在对学习元素进行解析时，要特别强调“侧向思维”法，例如通过写雨中“树”“小草”“空气”等，表达对春雨的喜爱。这里的“侧向思维”法，即通过其他景物的描写来侧面表现主要景物，可以设计写作支架“选择两种不同的景物侧面描写夏雨”。举一写夏雨的习作为例：

夏雨，是清凉的。只见那雨打湿过的地方，花朵露出了五彩缤纷的笑颜，叶片闪闪发光，献出纯净的绿，小草也迫不及待地探出小脑袋，接受这夏雨的洗礼和浇灌。抬头望去，夏雨和蓝天，无缝地衔接在一起，像小姑娘的花裙子上点缀满的碎花，散落在草坪中。一丝丝的雨线，牵拉到地面上，那样的透明，好似嫦娥飞天时，匆忙之中不小心掉下的丝绸。[3]

学生主要选择了花朵、小草两种景物来侧面描写夏雨。花朵“露出了五彩缤纷的笑颜”“献出纯净的绿”和小草“迫不及待地探出小脑袋”，侧面展现了夏雨的润泽清爽，和直接写夏雨比起来，更有新意。

需要注意的是，所谓的“自主选景”不是主观随意的，而是有针对性、有目的性的，要通过景物的联系来寻求景物描写的突破，让景与景之间有关联，进而使描写的画面具有整体性。同时，自主选景也需要反复地训练，比如在《雨的四季》的仿写中，可以加入“选择七个雨中景物来侧面描写春雨”这一支架进行强化训练。举一习作如下：

春雨，真是温柔细腻啊。看，那春雨像母亲的手一般抚摸着过往的人们，轻轻地捶打着行人的雨伞。树叶在风儿的轻轻吹动下，微微地摆动着身子，花儿在小草的映衬和雨滴的滋润下，显得格外娇媚。小鸟也享受这轻柔的春雨，与云彩跳着舞。阳光也忍不住了，从云朵的缝隙处露出点脑袋来，望着这个庞大的世界。雨停了，落叶飘落在湿漉漉的石径上。小孩子也冲出门拾起树叶当玩具，小昆虫们也爬出来了，环视着大地。[4]

学生选择了树叶、风、花儿、小草、小鸟、云彩、阳光、小孩子、小昆虫九个雨中的景物来侧面描写春雨。这些景物的选择并不是随机的，而是彼此之间形成了一定的关联，呈现出一个完整的春雨图景，画面充实而生动。

在学生的写作实践中，我们能够看到学生从一开始的“按写作训练的要求写景物”到“自主选择合适的景物来贴合写作要求”的转变。这其中的提升有一定的难度，因此在每一次片段写作前，可以提供优秀习作给学生参考，为学生搭建进步的阶梯。如在《雨的四季》的片段仿写中，有学生选择阳光、花草、窗户、石子小路和路灯等景物侧面写小雨，写出了雨景的朦胧、清丽之美，为其他同学的写作提供了良好的示范：

小雨斜斜地降临大地，在阳光与阳光之间来回穿梭，透出一片片薄雾。小草晃着脑袋迎接小雨，小花在小雨的洗礼下像出水芙蓉一般娇媚……[5]

从指定景物到自主选景，七年级上册第一单元的写作设计关注七年级学生的认知能力，基于学情，循序渐进地对学生景物描写中的选材能力进行有层次的反复训练，以真正达到“选好景物”的训练目的。

二、写好景色

多姿多彩的自然美景，需要用优美、有味的语言来传达，在学习第一单元的课文时，导语要求“注意揣摩和品味语言，体会比喻和拟人等修辞手法的表达效果”。基于读写共生的原则，“写好景色”是“景物描写”的重点，设计的训练任务应当是最多的，同时为其搭建的写作支架数量亦是最多的。为回答“如何写好景色”这一问题，要基于学生学情和文本特点设计写作训练，达到方法全面、层次清晰、训练扎实的效果。

首先，景物描写涉及的写作方法要作为学习元素和写作支架来全面地实践。可以关注用词、修辞手法、顺序与结构、描写手法、表现手法和景物特点的捕捉等方法，此处重点谈用词、修辞手法与景物特点的捕捉三个方面。

在用词上，学生可以模仿课文作者在描写景物时精准使用的词语，如动词、叠词、形容词、副词等。例如，《春》的选段中动词“钻”的妙用为小草增添了生命力，“嫩嫩的”“绿绿的”“轻悄悄的”“软绵绵的”四个叠词的使用增强了画面感和亲切感，用词的生动使文段充满童趣，学生在仿写时需要依照写作支架的要求使用两个以上的动词和叠词，使自己的语言更生动。需要注意的是，教材将现代汉语语法知识以知识补白的形式分散到各年段，词性便是七年级上册重点学习的语法知识内容。因此，在日常写作中对用词进行频繁的训练，是与教材的语法教学适配的。

修辞则是景物描写最常使用的写作手法。在本单元的写作任务中，涉及的修辞训练有比喻、拟人、排比、对比、夸张、呼告等。修辞的训练与七年级上册第一单元课后的现代汉语修辞知识补白是相适配的，本单元涉及的修辞有比喻和比拟。在设计写作支架时，除了要让学生多次使用比喻、拟人这一类常见的修辞手法，还要关注学生较少接触的修辞手法，如呼告。呼告是由于感情过于激动，突然撇开听众或读者，而直接和所涉及的人或物说话的一种修辞格。《雨的四季》中“啊，雨，我爱恋的雨啊，你一年四季常在我的眼前流动，你给我的生命带来活跃，你给我的感情带来滋润，你给我的思想带来流动”一句便是呼告，一般来说学生会将其归为直接抒情，因此呼告修辞的训练对学生写作手法的积累也有一定的延展作用。

景物特点的捕捉是学生在进行景物描写时非常容易忽视的。写景时，什么值得写，什么只需一笔带过甚至不需着墨，是学生下笔成文前需要考虑的问题。《春》的第6段仿写中，可以提示学生要“写出秋雨的不平常”；《济南的冬天》第1段仿写要“概写家乡的三个特点”，第6段仿写要“运用夸张修辞写出家乡的水的特点”；《天净沙·秋思》改写要“抓住景物的显著特点来描写曲中景物”。写景，无须面面俱到，学生需要写的是这个景的独特之处，尤其是对于作者“我”的独特。以《济南的冬天》第1段为例，老舍通过将济南与北平、伦敦和热带进行对比，概写济南的冬天的三个特点（没有风声、响晴、有温晴的天气），表达了自己对济南的冬天的赞美与热爱。需要注意的是，景物特点的捕捉需要体现写作者自己的意识，即景的独特是写作者“我”认为的独特，这样才能使写作不落俗套。

学生经过相关的片段训练，在“写什么（捕捉特点）”和“如何写（语言技法）”上能够有更具体的提升，使得学生的行文有思路、有章法。如某学生在训练后，在改写《天净沙·秋思》时这样写：

马儿似是听懂我的心事，嗒嗒的马蹄碾过满地残败，踏着流浪的悲音，激起飞尘阵阵。手轻轻抚慰着它，竟不觉晃神，你是何时变得如此消瘦的？而我就这样，在鞍上度过了匆匆的半生……[6]

这段描写既抓住了马的奔跑之态进行细写，也运用了生动的、有一定韵味的语言，这便是学生通过日常写作训练得到的提升。

其次，景物描写的训练循序渐进，层次清晰。以比喻修辞的使用为例，可以设计的写作支架有“分别运用一处比喻和拟人修辞描写花”（《春》第4段）、“用三个不同的喻体比喻秋雨”（《春》第6段）、“用一个比较陌生的喻体来描写冬雨”（《雨的四季》第4段）等。从“使用一处比喻”到“博喻”，再到“喻体选择陌生化”，不断加大难度，对学生的能力要求在逐级提升。又以动词的使用为例，设计的写作支架可以是从“运用两个精彩动词描写草”（《春》第3段）到“用十个（或更多）动词描写夏雨”（《雨的四季》第2段），这也同样体现了训练层级的提高。在用词上，从学习运用较常使用的动词、形容词（实词），到学习运用容易忽视的副词（虚词），实际上也是写作训练的不断深化、细化。

三、情景交融

情由景生，情因象起，人能够透过自然之景或自然中的各种物象，孕育出细腻的思考，生发出丰富的情思，正如刘勰的《文心雕龙》所言：“岁有其物，物有其容；情以物迁，辞以情发。”写景的散文与诗歌通常都蕴含着作者的情感，将写景与抒情相结合，是景物描写训练中不可忽视的重要部分。如模仿《雨的四季》第4段描写冬雨，便可以设计支架“运用情景交融的写法抒发情感”，举一例：

冬天，人们似乎会更加讨厌吧。那冰冷的天气里，冬雨似乎变得更加冷了，打在人的皮肤上，就像冰块一样让人难以忍受。但是，冬雨像一位年迈的老者，似乎不太爱出门了。在某一个晚上，霎时间，冬雨来敲门了。这时，大人们往往都会嗔怪这雨，但小孩子们却冲进雨里欢快地玩耍。我想，这区别也许在于心中的杂念，所以，我们应该抛开心中的杂念，用童心去迎接每一个人，发现他们的优点，用真心欢迎他们。就像冬雨一样，不管人们喜不喜欢它，却依旧把自己的汗水，挥洒给大地，挥洒给人们！[7]

在写景的同时，作者有意识地融入了情感的抒发，如“大人们往往都会嗔怪这雨”“小孩子们却冲进雨里欢快地玩耍”。作者发现大人和孩子对待冬雨的情感截然不同，最终从冬雨中看到了童心、真心的可贵，赞美了冬雨的无私。

又如《雨的四季》第6段中运用呼告的修辞来借景抒情：

啊，雨，我爱恋的雨啊，你一年四季常在我的眼前流动，你给我的生命带来活跃，你给我的感情带来滋润，你给我的思想带来流动。

呼告是作者在叙述某人或某物时，由于情感的激动，突然撇开听众或者读者，直接和所涉及的人或物说话的一种修辞格。老师可以设计支架“运用呼告修辞直接抒发对雨的情感”，让学生学习运用将写景与抒情相结合的写作手法，举一习作如下：

啊，雨，性格多样的雨啊，在每个季节都带给我不一样的感受。春天，你给予万物复苏的力量；夏天，你给予树木滋润的汗水；秋天，你给予人类丰收的喜悦；冬天，你给予大地重生的力量。啊，四季的雨啊，你带给了大地生机，点燃了人们心中的梦。[8]

在学生的笔下，雨的性格变化多样，能给春夏秋冬四季带来生机。他用呼告的方式，如“啊，雨，性格多样的雨啊”“啊，四季的雨啊，你带给了大地生机，点燃了人们心中的梦”等语句，将自己对雨的赞颂、敬仰之情融入对雨的描写中。

总之，在教学中，老师可以将抒情与具体的写法或修辞结合，在写作训练中实现由写景到抒情的自然过渡，让学生写的景不再空洞。

从选好景物、写好景色到情景交融，刚步入七年级的学生能够通过一系列有序的写作任务，完成有层级的训练。本单元的“热爱写作，热爱生活”写作主题有了聚焦点，学生可以从写景的“小”处着眼，发现生活中值得描写的美好，也能够抒发自己对于景物的真情实感，为学生步入初中的写作阶段开一个好头。

参考文献：

[1][2][3][4][5][6][7][8]向浩．统编版读写共生写作日常课：七年级上册[M]．广州：花城出版社，2019.

学会记事的清与情

——七年级上册第二单元

向浩　李一凡

七年级上册第二单元的写作任务为“学会记事”，写作主题是亲情。入选篇目的共同点是以事叙情，以情动人。这也是本单元写作的核心目标。进行写作教学时可以根据不同文本的特点选择恰当的写作训练片段，提取核心写作元素，教会学生“写清楚”，并在此基础之上“写生动”“蕴情感”。这也符合本单元写作的教学要求，即抓住要素、条理清楚地叙述，并且尝试在叙述中借助恰切的语词来表达情感。

一、写清楚

第二单元写作指导中提到，“写清楚是记事的基本要求，一般要写出事情的起因、经过和结果。事情的经过是记叙的主要内容，要重点写，写详细些”。[1]对于七年级的学生来说，写出事情的起因、经过和结果，理清事情的来龙去脉并不难，但写作成果常呈现无重点、无思路的流水账状态。问题在于，学生不知道选择什么样的内容作为写作重点来凸显人物、事件的特点。

记事文章主要叙述对象为人物和事件。人物描写离不开事件映衬，记叙事件也需要有人物活动来衬托。写作教学时要选取“人事合一”“感事生情”的典范作为仿写片段，抓取课文写作叙述的重点和人物塑造的核心。以《荷叶·母亲》为例，这是一篇借物喻人，托荷叶赞母爱的散文诗。可以选择第4—5段（即对荷花的细节特写和大雨侵袭的环境衬托）作为本篇第一次写作学习的范例。红莲作为儿女的象征在自然界的雷声、雨点下风雨飘摇，象征着青年在动荡时代的动摇挣扎，这是全文情感酝酿的一个需要细致表达的重要着力点，同时也是事件的经过。

半夜里听见繁杂的雨声，早起是浓阴的天（环境衬托）……那一朵红莲，昨天还是菡萏的，今晨却开满了，亭亭地在绿叶中间立着。（特写情感凝聚物）[2]

第一个片段是触景，生情的部分在第二个写作片段出现，即第6—9段。卒章显志，揭示主题，情感经过蓄力在这里集中迸发，荷叶勇敢地抗击自然界的风雨，无私地保护着红莲，寄托着作者对母亲力量的赞颂，对黑暗社会的不满，对扶持新生行动的赞颂。这是事件的结果。

雨势并不减退，红莲却不摇动了。雨点不住地打着，只能在那勇敢慈怜的荷叶上面，聚了些流转无力的水珠。（借物喻人）

…………

母亲啊！你是荷叶，我是红莲。心中的雨点来了，除了你，谁是我在无遮拦天空下的荫蔽？（呼告）[3]

学生通过学习两个片段中的写作要素并进行应用，能够自然地对一个事件的“经过”进行详细描写，并有方法地对“结果”进行“冰心式”升华。举一例学生习作：

厨房里的母亲正在烧菜。我靠近她，母亲没有察觉。抬头一看，灯依然亮着，用尽自己最大的能量照亮厨房。（事件经过）灯的光线，虽长短不一，但只要是能达到的地方，必然触及。（情感凝聚物）啊，母亲，您就是那盏灯，（借物喻人）而我就像这厨房。只要有您在，除了光亮，我还飘散着芬芳。（呼告）[4]

经过指导，学生能从“母亲烧菜”的现实联想到“母爱如灯”，行文自然，思路分明。同时，“灯”这一“情感凝聚物”的提出和写作也是一条暗线，充实了文章内容，深化了文章内涵。因此，在经过和结果的写作中反复要求设置“情感凝聚物”，既能够培养学生的线索意识，又能够鼓励学生“从日常生活中撷取细小的物象，捕捉刹那间的灵感，抒发内心丰富的情感，蕴含深深的哲思”[5]。

学生经过不同片段训练，不仅知道了如何选择写作内容及重点，对行文章法也能有更好的了解。如《秋天的怀念》第1段描写了史铁生暴怒无常的表现，可以据此指导学生模仿这篇课文的第1段写生气，学会用开门见山的方式开头，让文章重点一目了然；第4—6段则展现了史铁生与母亲永别时的感人场面，可以指导学生模仿这两段写分别，学会用过渡句和过渡段转换情节和场景，让文章结构更加自然；模仿《散步》第1—3段写课间十分钟，可以练习运用概括时间、地点、人物和事件起因的方式开头，以及用情节陡转表现文章主题。举一例学生综合运用多种“写清楚”支架的习作：

当我把行李拉下车，走向家的那一刻开始，就成了分别。（过渡段）

17：30分，游学结束了，领队张罗着安排同学们回家。（概括时间、人物和事件起因）而我拉着自己的行李箱，迈着沉重的步伐，把那些喧闹声抛在了背后，慢慢地朝家走去。突然，我心中腾起一股极其强烈的不舍，急转身子，飞奔到下车的地方。（情节陡转）人群还没有散尽，领队还在张罗。我凑到她跟前，对她小声说了一句：“再见了，林领队，我会想你的……”她把我一把拉过去，给了我一个紧紧的拥抱……[6]

学生用过渡段和过渡句转换情节和场景，让文章结构更加自然；使用了概括时间、人物和事件起因的方式交代事件，还用“飞奔回头”的情节陡转表现对领队的依依不舍。通过综合使用行文章法的练习支架，文章思路变得清晰、有章法。通过长期训练，学生能够做到记事清楚流畅，表达有逻辑，内容有重点，写作有成长。

二、写生动

写文章，要写美文，不仅要内容真和情感深，语言美也很重要。写作教学要指导学生将作品“写生动”。“作者的人生经验通过精准的言语表达出来，也存活于这些言语中。”[7]解析名家个性化的语言表达，并将其应用到写作之中，对于提升表达功力，培养良好语感有着重要的作用。写作教学时对课文中的学习元素进行提取和解读，生成写作支架，能够助力学生解析并应用名家个性化的语言表达，以读促写，反哺写作能力的提升。

学会记事的写作实践，教材提示要“锤炼语言，学习使用一些能够贴切表达情感的词语或句子”[8]。这是对“写生动”的呼应，同时也是学会记事的程序性知识。写作前提炼、梳理课文中具体的程序性知识，提取学习元素，为学生搭建支架，将学习任务落到实处。解析教材的写作指导，学习要素有二：抓细节和锤炼表情达意的词句。在写作实践中，可以提炼五个小支架来训练词句的锤炼：用叠词进行细腻描写，用副词表达内心敏感，用标点表达依依不舍，用精彩动词描写人物愉悦，用精彩动词、形容词描写活动场景；同时，可以使用“描写所选的情感凝聚物抒发思念之情”“描写某个人的活动来引出课间十分钟”“写一个分歧并交代原因”等支架引导学生关注文本的细节。

如模仿《秋天的怀念》第2自然段写谈话，学生依据支架进行创作：

那天，我一脸病态地吃着早餐，四分之一碗的泡饭和十二分之一的馒头。“怎么又吃这么少?”外婆突然出现在我面前，一脸气愤和责备地说。我一脸不在乎地听着她继续碎碎念，“你一不舒服就要吃药，又不肯喝盐水药……（标点）”她忽然（副词）打住不说了，叹了口气，慢慢（叠词）移步去她房间了。那盐水药，是曾经让我在很小的时候出过大事儿的。[9]

学生使用了叠词、副词和标点三个“写生动”的写作支架，同时词句也经过锤炼，用细节塑造了一个关心孙女的外婆形象。标点写出了外婆回忆过去时的复杂心绪，“忽然”展现“心念一转”的情绪变化，“慢慢”体现外婆动作迟缓，增添了几分心酸。这些细节的展现让情感表达更加细腻，让文章更加生动。

记事生动还有其他的方法，例如精细描写、丰富修辞、巧妙表达等。精细描写，引导学生用动作、语言描写表现人物性格，用神态描写表现人物心情，用童稚俏皮的语言刻画人物形象，描写方法的运用须全方位、多角度；丰富修辞，要求学生用反复、联想、比拟、呼告等修辞进行细致的记叙和描写，增强语言的生动性；巧妙表达，指导学生学会用联想表达感悟，掌握用分层剥笋和内心独白的方式写出内心斗争，意识到用不同人称叙事对表达的不同作用。举一例综合使用三种支架的学生习作：

聊着聊着，时间就过去了一半。我的半边脸像是冻僵了，嘴巴都张不开，说出的“啊”也变成了“额”。赶紧上下蹦跶两下吧，像小弹簧一样用动能增加热量。此刻的我，犹如一个包装袋漏了的冰棍，冷风呼呼地往脖领儿里灌。我的脑海里不禁浮现出“卖火柴的小姑娘”，不知道我现在能不能赶上她。这时，我心想：“我回去写作业吧，教室暖和。而且，白天完成一部分作业，晚上就轻松多了。可是大家正聊在兴头上，我提出不聊了，会不会让姚丹不开心呢？现在时间也剩不了多少了，回去也写不了几道题了。况且，课间休息充分，还有助于下节课的学习。”于是，我决定继续聊下去，但姚丹却全然不知我这段纠结的内心斗争。[10]

这一段描写综合运用了精细描写、丰富修辞、巧妙表达这三种支架，既运用了语言、动作、神态等多种描写方式突出人物形象，还用了借物喻人、联想等手法表现了“我”对寒冷的感受。另外，还用分层剥笋和内心独白的方式写出内心斗争。三种支架的综合运用让文章生动形象。

运用这些方法时，学生须学会关注作者的特殊言语表达形式并进行提炼，需要匠心，也需要功力。学生通过训练抓取细节、锤炼词句、精细描写、丰富修辞、巧妙表达这五大类写作方法，在一个单元的练习中，就能够进行多样化的写作技巧实践。

三、蕴情感

“感人心者，莫先乎情”，文学作品的真情实感是灵魂。教材提到“记事也是为了传达情感，分享体验，因此，还要学会写得有感情。写自己亲身经历的、有真切感受的事，说发自内心的话”[11]。

如何让学生记实事，抒真情呢？除了在日常写作教学中强调之外，还可以设置合理的写作任务。好的写作任务既呼应学生的真实经历，让他们有话可写，又能调动学生的情感体验，让他们有情可抒。在进行写作要求设计时可以从两方面入手：一种是对应一个具体的情境，有情感调动的，如写生气、思念（《秋天的怀念》）；另一种是经历再现的，如写分别、谈话（《秋天的怀念》），课间十分钟、分歧（《散步》）。举一例学生模仿《秋天的怀念》第1段写生气：

今天跳舞回来时，我一身怒火。冲进家门，把鞋一踢，把书包一扔，用力地坐在沙发上，嘴里不停地喘着粗气，睁大眼睛直直地盯着电视发蒙。外婆被我的这个样子吓到了，便轻轻地问我："今天跳舞累着了？""累！累死了！"我用极其大的声音回答道。外婆听了，赶紧蹲下身来，用手轻轻地捶打在我的腿上。我看着外婆，瞬间眼泪涌了出来。只见外婆又喃喃道："看来是真累了……"[12]

学生通过对照史铁生发怒的片段，以及他和母亲的互动，能够自然地联想到自己"生气"的经历，以及家人的反应。这种人人都有类似经验的情境能够自然地调动学生的情感体验。除了设定有特定情绪情感的情境，还可以围绕学生主体，设计开放性强的写作命题，如模仿《金色花》写母亲。有的学生再现了和母亲的生活细节，有的学生描写了母亲辅导自己功课的情景，还有学生选择了母亲的工作场景，展现了母亲的"女强人"形象。题目放宽了限制，让学生结合自身经历自主选择事件，设计思路，这样能够更好地进行情感表达。

除了在设计写作任务上下功夫，还要教学生提升情感表达的策略。第一个策略是"具化情感"，即通过"情感凝聚物""借物喻人""设定场景"等方式，把抽象的情感体验凝聚在具体可感的事物上，让情感也变得可察可感。第二个策略是通过人称设定的方式拉近与读者的距离，强化情感表达，比如使用第一、第二人称叙事，直接表达情感。第三个策略是"细化情感"，即增添典型的生活细节来强化情感表达。著名作家赵树理说过："细致的作用在于给人以真实感，越细致越容易使人觉得像真的，从而使人看了以后的印象更深刻。"[13]不同于"写生动"的细节描写要求学生锤炼词句，"蕴情感"的细节描写特点是典型传神，要引导学生细致体察生活，抓住动情瞬间的典型细节，着力描绘，笔端能够自然流淌情感。举一例综合运用三种策略的学生习作：

假如我变成了您包里的一支笔，为了好玩，我一定要藏得很深，让您看不见我。妈妈，您会认识我吗？

您要是叫道："我的笔呢？"

我一定不会告诉您。我就躲在包里偷偷看您着急。

当您要用笔写作时，就会拿起我，在纸上移动，让我走进您的心里。

我也一定会抬头看您，看着您认真专注的眼神。

当您把我拿给妹妹玩时，妹妹一定会抓着我十分开心。

我会尽情地旋转，在空中飞舞，还一直看着您。

但是您能猜出这是我吗？

您一定不能。那时我就会突然变身，在您面前露出原型。

但您永远不知道，我是从哪里蹦出来的。[14]

学生在模仿《金色花》写母亲时，将对母亲的情感凝聚在“笔”上，并设定了三个与母亲嬉闹的场面，学生抓住了生活细节——母亲的手、母亲的眼神和与妹妹的互动，表达了对母亲的浓郁情感。同时第一、第二人称的使用也让情感表达更为直接浓烈，是一篇佳作。

再如模仿《荷叶·母亲》第4—5段写《灯光·母亲》：

写完作业时，外面的天色已是黄昏，夕阳西下，太阳的余晖洒了下来，一大片温暖。当我看向厨房时，那盏灯，依旧亮着。灯光，朦胧，从中间向四周一圈又一圈地荡漾开来。白色的光，逐层扩散，散到最外圈时，变成了一轮乳白色的光晕，诗意而神秘。不一会儿，外面全黑了，是那种很深很深的褐色。灯光下，母亲的身影更加突出和清晰了。她对我的爱，融进灯光里，遍布我周身。[15]

学生选取了妈妈做饭的典型细节，展开特写，抓住了处于同一个场景的“灯”作为情感凝聚物，着力描摹灯光的细节，还用环境描写衬托、凸显了母爱如灯光般柔和、温暖，给读者留下了深刻的印象。

这种以技巧为领，以经历和情感为纲的情境设计能让学生写有依凭，写有指向，写有指导，学生有话说，有体验，便能自然为文。

写清楚、写生动、蕴情感是教材单元写作实践的要求，也是写人叙事文章的要点。通过读写与教学点的选择及写作支架的搭建的结合让记事清楚，通过具体写作元素的选择和程序支架的运用让记事生动，通过写作任务的设定和强化情感表达的策略指导让记事蕴情。如此，写作训练就能与教材要求一体化，也兼顾了具体性、专业性和有效性。

参考文献：

[1] 教育部组织编写．温儒敏总主编．义务教育教科书语文七年级上册［M］．北京：人民教育出版社，2016.

[2][3][4] 向浩．统编版读写共生写作日常课：七年级上册［M］．广州：花城出版社，2019.

[5] 人民教育出版社课程教材研究所中学语文课程教材研究开发中心编著．义务教育教科书语文七年级上册教师教学用书［M］．北京：人民教育出版社，2016.

[6] 向浩．统编版读写共生写作日常课：七年级上册［M］．广州：花城出版社，2019.

[7] 王荣生．散文阅读教学设计的原理［J］．语文教学通讯，2012(11)：29-36，64.

[8] 教育部组织编写．温儒敏总主编．义务教育教科书语文七年级上册［M］．北京：人民教育出版社，2016.

[9][10] 向浩．统编版读写共生写作日常课：七年级上册［M］．广州：花城出版社，2019.

[11] 教育部组织编写．温儒敏总主编．义务教育教科书语文七年级上册［M］．北京：人民教育出版社，2016.

[12] 向浩．统编版读写共生写作日常课：七年级上册［M］．广州：花城出版社，2019.

[13] 郑向华．初中语文写作技法与作文训练［M］．长春：吉林人民出版社，2020.

[14][15] 向浩．统编版读写共生写作日常课：七年级上册［M］．广州：花城出版社，2019.

抓住特点 写好人物

——七年级上册第三单元

向浩 刘秋琴

七年级上册第三单元的课文主要是写学习生活，选篇由《从百草园到三味书屋》《再塑生命的人》两篇回忆性散文和《〈论语〉十二章》组成。单元写作主要是基于两篇散文设计的，任务是“写人要抓住特点”，因此可以将“写人要抓住特点”作为写作训练的重点，选择适合仿写的相关课文片段，依据教材单元写作的指导，从三个层面逐步推进写作任务的落实。这三个层面分别为：抓住人物特点、展开人物描写和通过事件塑人。

一、抓住人物特点

单元写作指导中提道：“要写好一个人物，首先要学会细心观察，抓住人物的特点。”写人是记叙文写作的常用主题，对于七年级学生而言，初中阶段的写人写作训练，要学会摆脱人物形象虚假扁平的“假”写作，不能千篇一律地写人。从文体大类来看，记叙文是散文的一种类型，正如王荣生所言，散文中呈现的，是“这一位”作者极具个人特性的感官所过滤的人、事、景、物[1]。因此，写人，要写作者“我”眼中的这个人物。如果在“我”的笔下，这个人物的形象和在别人笔下没有区别，每个人写他都是如此，那么这个人物的塑造便是失败的，因为作者并没有挖掘出这个人物值得写的特点。

人的相貌、性格固然有共性，但作为写作对象的这个人物，应当被突出的是其个性，“抓住人物特点”回答的是写人作文“写什么”的问题，实际上是写人作文的“写前构思”。以鲁迅在《从百草园到三味书屋》中写捉鸟雀的片段为例，这一段运用连动描写的手法抓住了闰土父亲敏捷、细致的性格特点。为什么要抓住这样的特点进行描写？因为这是出生农村的闰土父亲与“我”的不同，“我”没见过捉鸟雀，而且心急，即使用了闰土父亲的方法也捉不着鸟雀，闰土父亲的娴熟灵活给“我”留下了深刻的印象，这些特点值得“我”写。因此，可以设计贴近学生生活的写作任务，如“写校园游戏”，在仿写时，可以设计支架“运用连动描写的手法描写校园游戏，细致刻画人物的性格特点”，这便是在引导学生在写人训练的开始，必须要关注自己究竟是要写这个人物怎样的特点。依据写作支架，一位学生在片段写作中这样写：

首先玩游戏的是骆同学。只见她拿着手绢，蹦蹦跳跳地，就是不放下。突然，她看了我一眼，还对我笑了一下，我的心立刻紧张起来，但她就是不放下，从我身边跑了过去，又跑到唐同学后面……骆同学做了个放下的动作，但没有放下手绢。然后骆同学优哉游哉地走了起来，最后神不知鬼不觉地放在了韩同学的后面。而韩同学等我们提醒她才发现，立马弹起身来追骆同学，可骆同学此时早已“逃之夭夭”了。[2]

玩游戏的同学不少，但作者选中的是较有特点的骆同学，通过对骆同学连续动作的描写，较好地将骆同学细致、调皮的特点写了出来，让这个人物在片段中“活”了起来。

抓住人物特点，还可以设计多种细致的写作支架，如“写出老师的外貌特点”“写出语文老师性格特点”“写语文老师讲课时陶醉的状态”等，让学生在丰富的写作体验中去感受。

二、展开人物描写

人物形象的塑造离不开人物描写，具体贴切的人物描写能让人物形象鲜活生动。没有人物描写，人物的特点便无从展现。在设计第三单元的写作任务时，关于人物描写的内容要最多，在指导上主要关注两点：一是描写的简洁与精练，二是方法的丰富与细致。

首先看描写的简洁与精练。如仿写《从百草园到三味书屋》片段，要解析课文中的学习元素：不管是外貌描写、语言描写，还是神态描写，一定要讲究精当，让读者读完后印象深刻。人物描写不能肆意，绝不是写得越多越好，要摒弃不能体现人物特点的描写，每一处描写都应当是有目的性、有指向性的。若写一人的外貌，将他脸上所有东西都写细了，不仅啰唆无味，还难以给人留下记忆点。前期指导时应该让学生思考：如果只能描写一处，你要写他外貌的什么？鲁迅写老师读书，写他“将头仰起，摇着，向后拗过去，拗过去”便很是精当，只写头的动作，因为头的动作最能体现这位老先生的“沉醉”与“迂”。因此，不是要让学生盲目地认为描写要写细，而是要让学生明确，描写的运用要精当，没有“精当”这一前提的“丰富”是多余的。

基于此，可以设计多种任务来练习描写的精当，并设计相关支架。如要求学生运用三个支架来写出老师的特点，包括“在一个事件中运用简洁的外貌描写，写出老师的外貌特点”“在一个事件中运用简洁的语言描写，写出老师的性格特点”和“运用简洁的神态描写，写出老师的特点”。举一习作如下：

在早操的时候，我们高个子整齐地排成一排，整齐地做着体操动作。林老师则叉着腰站在一旁，微笑着看着我们。一双大眼睛扑闪扑闪着，洁白的牙齿毫无保留地展露着。每当我们看向她时，她也正看着我们，往往我们都会对视一笑。“我真是越来越爱你们了。”林老师在对我们“犯花痴”的同时，冒出了这样一句话。我惊呆了，林老师何时变得如此温柔了？难道这是错觉？不过，林老师那迷人的微笑，常常让我倍感温暖。[3]

主要事件是“林老师看我们做早操”，作者运用简洁的外貌描写“一双大眼睛扑闪扑闪着，洁白的牙齿毫无保留地展露着”写出老师外貌的美丽大方，用简洁的语言“我真是越来越爱你们了”体现林老师对学生的温柔关爱，用简洁的神态描写“微笑”“对视一笑”同样突出林老师的温柔。事件虽然不长，但在细节支架的帮助下，林老师性格温柔、待人温暖的特点便生动了起来。

以支架“运用精练的动作描写，写语文老师讲课时陶醉的状态”为例，一学生的习作如下：

朗读课文的时候，林老师一手拿着书，一手在空中比比画画，仿佛是在划着音乐中的各种节拍，身体也有节奏地轻轻摇摆，脸上洋溢着灿烂的笑容。[4]

这位学生运用精当的动作和神态描写将老师读课文时陶醉的状态写得很是生动、有画面感，没有让读者感到赘余、啰唆，这便是较为理想的效果。

接着看方法的丰富与细致。在挖掘课文选段的学习元素设计写作支架时，要将外貌描写、语言描写、神态描写、动作描写、心理描写、细节描写等人物描写方法的训练作为重点，同时还要关注描写角度、用词的训练，这样才能设计得比较全面。而且，要对每一种描写方法进行详细的解析与指导。

以人物的心理描写为例，要将心理描写的写作支架细化，让学生能够真正在具体方法层面掌握心理描写。如仿写《再塑生命的人》第3段，可以将间接法作为描写人物心理活动的一种方法，即通过人物外表、神态、表情以及景物、环境等描写来衬托其内心活动。举一习作如下：

下午的时光悄然而至，我要上老张的课了。我忐忑不安地坐在座位上，双手不停地摩挲着，两只脚不听使唤地一会踩着地面，一会儿又轻轻抬起，屁股也在板凳上左右来回移动着，眼睛还在时不时地望向教室门口。时间在一点一点地消逝，张老师却没有出现在门口。我的心快跳到嗓子眼了，轻声嘀咕了一句："哎呀，这也太让人难受了。"[5]

作者通过自己动作和神态的细节，如"双手不停地摩挲""两只脚不听使唤地一会踩着地面，一会儿又轻轻抬起""屁股也在板凳上左右来回移动""眼睛时不时地望向教室门口"等，侧面展现出自己对上张老师的课的紧张害怕。

间接心理描写能够表现人物的复杂心境，感染力强，是比常见的直接心理描写更进一步、更蕴藉、更含蓄的描写方法，这种方法能够打通学生对多种描写方法的认识，神态、动作等外显的描写实际上都是为了展现人物内隐的心理，如此一来，学生对心理描写的认识亦能更加深入。

又如模仿《再塑生命的人》第4段描写紧张的心理，可以为学生搭建三个表现紧张心理的写作支架——"运用比喻表现紧张心理""运用第二人称追问的方式表现紧张心理"和"运用内心独白的方式表现紧张心理"。比喻能使心理活动更加生动形象；第二人称追问的方式能拉近作者与读者的距离，同时便于感情交流，增加感染力；内心独白能真实展现心理活动。举一习作如下：

朋友，你可曾有过千斤的重量系在一根头发上的那种紧张情绪？你的手心里的汗珠就像无数只蚂蚁一样惹得你心神不宁，你的眼神飘忽，生怕不好的事情发生。上课铃响，老师迈步走进教室，他脚踩的每一步，都仿佛踩在我的心上。我的内心绝望地喊道："不要发卷，今天不要发卷！"但事事不能都尽人意。[6]

作者用"千斤的重量系在一根头发上"和"汗珠就像无数只蚂蚁"的比喻形象地展现了自己的心神不宁，并且以第二人称的方式对泛指的"朋友"进行追问，仿佛就在读者面前，很有感染力。同时，还用"不要发卷，今天不要发卷！"这一情感强烈的内心独白直接展现了自己的心理活动。篇幅不长，但紧张的心理展现得淋漓尽致，很容易让人产生共鸣。之所以能训练到位，实际上得益于对选篇文本的细读，和对其中写作学习元素的细致挖掘。

如此一来，描写人物心理的方法便非常具体细致了。许多学生在平时的写作中，更多关注外显的外貌、神态、动作等描写方法，常常不知如何下笔展现人物心理，写出来的心理描写也难以出彩，归根到底是因为不了解心理描写方法的丰富性，实际上间接心理描写和直接心理描写的具体方法是很丰富的。通过这种训练，学生在写作中对人物心理的描写水平有了明显的提高。

总体来说，要通过关注描写的简洁精练和方法的丰富细致来设计写作支架，先让学生学会如何描写"准"，再教学生如何描写"好"，让写作的设计有层级，循序渐进；有深度，细化训练。

三、通过事件塑人

正如教材写作指导所言："'人'从来都不是孤立存在的，而是处在一件件事情中。要把人写'活'，写成'他自己'，就要把人放在事件中写。"人物的一切外显活动和内隐心理都需要在一定的事件背景中才符合逻辑，只有以事写人才能塑造好人物形象。

通过事件塑人，首先要选定事件。一个人身上发生的事很多，但要写的一定是能够体现人物特点的事。在设计训练任务时，可以设计给定事件的写人训练，如"模仿《从百草园到三味书屋》写校园游戏"和"模仿《再塑生命的人》写争执"，也可以设计让学生自己选择事件的训练，逐步提升学生的选材能力。

通过事件塑人，还要关注如何写好一件事。这实际上是与七年级上册第二单元“学会记事”相衔接的训练内容。上一个单元的写作训练的重点便是要将事件“写清楚”“写生动”“蕴情感”，因此学生在第三单元训练时，可以有所迁移，帮助自己在学会记事的基础上，学会记“事中人”。如模仿《再塑生命的人》第9段写争执，可以为学生提供一种比较常见的记叙文构思模型：“交代事件内容、原因—从双方角度记叙事件发展过程—对事件的认识和看法—再续事件—收束结尾”。以一名学生的习作为例：

早晨起床，我和外婆就穿不穿外套这件事情发生争执。外婆说今天冷，必须穿外套，而我认为穿外套太麻烦。外婆没有再说什么，走开了。我把门重重一摔，坐在床上喘着气。穿外套在我眼里就是麻烦至极，到哪儿都要穿一件厚厚的衣服。而且穿外套是在冷的时候才穿，今天根本就不冷。外婆默默地把外套收了起来，出门了，我也就穿着清凉的短袖上学去了。[7]

首先，作者先简单总写整件事“我和外婆关于外套的争执”，接着交代外婆和我发生争执的原因，然后分别从外婆的角度和我的角度记叙事件的发展，接下来阐述自己对事件的看法，最后讲清事件的结尾，进行收束。在这个模型的帮助下，学生基本能将一个事件写完整、写清楚，能关注到事件中不同人物的态度，并且阐述对事件的看法，还能表达一定情感。通过这样的训练，学生能够有效避免写事与人的时候交代不清、重点不明的问题。

第三单元“写人要抓住特点”，要通过抓住人物特点、展开人物描写和事件塑人三个层次来进行有序的写作训练。在设计本单元的写作任务时，还可以特别关注与前面两个单元写作训练内容的衔接，达到巩固的效果。

参考文献：

[1] 王荣生. 散文教学教什么 [M]. 上海：华东师范大学出版社，2014：7.

[2] [3] [4] [5] [6] [7] 向浩. 统编版读写共生写作日常课：七年级上册 [M]. 广州：花城出版社，2019.

写作思维的轨迹

——七年级上册第四单元

向浩　李一凡

七年级上册第四单元的写作任务是“思路要清晰”。刘勰在《文心雕龙》中说过：“意授于思，言授于意。”意思是写文章要通过认真地思考来安排写作内容，再根据内容确定语言的形式。实际上，刘勰所说正是写作的思路。作者内心各种思想活动催生了写作的意念，表达欲望最强烈的“意”就是文章的中心。在纷繁无序的相关内容中选择写作的重点，并按照一定的逻辑来安排顺序和详略，使文章言之有理，这就是行文的“思”。确定了内容和重点，再综合应用各种描写方式对过程展开生动具体的描述就是“言”。我们可以按照这样的思维轨迹来展开写作，使文章思路清晰、层次分明。

一、意：中心要突出

“思路是作者经过对客观事物的观察、认识，形成印象、看法、态度、感情之后产生的。”[1]也就是说对生活的观察产生思维内容，而思维中心决定思路的轨迹。因而，文章的中心，即对事物的看法、态度、感情、印象是表达的核心。

文章中心的表达是主观的，但中心的表达方式是可学习的。进行“思路要清晰”的写作教学时要对议论文、记叙文写作中心的表达进行训练。对应到课文中，可以提炼“中心句的位置和作用”“观点的提出和论证”（《纪念白求恩》）、“记叙中的议论句”（《走一步，再走一步》）和“观点的完整叙述过程”（《诫子书》）四类学习元素[2]，要求学生完成四个写作任务。

学生完成写作任务的过程，就是议论文观点表达、记叙文中心提炼的过程。通过第一个任务，引导学生从概念上厘清不同段落位置的中心句的作用，并通过文段概括学习提炼中心句；第二个任务是从概念到实操，引导学生对观点的提出、论证和总结进行实践，写出开头和结尾两处的中心句，也是对前一任务的呼应，举一例学生习作：

小凯是正能量的青年偶像之一，他那坚持不懈的精神，值得我敬佩。（提出观点）他是公司的第一批练习生，随他加入的还有很多人，但到最后只有他一个坚持了下来，其他人都中途退出了。这些放弃的人，有的说训练太苦，有的说舞蹈太难，总之都没有坚持下来。（反面论证）但小凯对每一个舞蹈动作，对每一首歌，不仅都学下来了，还做到精益求精。其间他没有一句怨言，始终坚持自我，保持初心。（正面论证）我们一定要学习小凯那种坚持不懈的精神。（得出结论）[3]

可以看出，学生能够提炼出人物的精神特征——坚持不懈，并且从正、反两方面展开论述。有中心观点，有论证过程，有总结提升，前两个任务的训练能够让学生初步形成中心意识，经历提出观点、证明论证、总结升华的一个完整写作过程，明白内容为中心服务，表达层次分明，主题中心突出。

前两个任务主要针对议论文训练，第三个任务则训练学生对记叙文中心提炼升华的能力，教学时搭建“运用议论表达方式写出克服困难后的感悟”这一写作支架，也就是对记叙文的中心进行议论性表达。根据训练任务要求，学生在完成“一次克服困难的经历”的记叙内容后，进一步通过议论揭示中心思想，表达情感。举一例学生习作：

我一下就领会了“风雨之后见彩虹”的深刻含义。生活的魔力真大，一次如此普通的登山徒步，却让我深刻领悟了苦尽甘来的真正意蕴。生活，是我们真正的伟大导师。（运用议论表达方式写出克服困难后的感悟）[4]

通过训练，学生能够掌握“夹叙夹议”这一记叙文的中心表达方式，并且学会将生活观察凝结为生命经验，行文自然，中心明确。在议论文、记叙文中心表达的训练结束后，再通过“围绕《诫子书》写读后感”这一支架对中心表达进行一次完整的、综合的训练，即完成第四个任务。通过四次逐层深入、全面具体的写作指导，学生就能够明确中心的重要性，了解中心表达的一般方法，设定好文章思路走向的终点，再自然成文。

二、思：顺序有逻辑

孙有康的《写作语汇新说》提道："文章想合乎逻辑，要求作为思维线索的思路，必须合乎思维的形式和规律。而思路是文章构成各种因素的综合反映，因此，把文章构成各种因素有机地结合起来、融为一体的过程无疑也要合乎思维的形式和规律。"[5]也就是说，写作确定中心之后，要按照合乎思维规律的方式将写作素材有机组织起来，让读者读得舒服流畅。

文章常见的顺序安排主要有事件发展顺序、空间顺序、逻辑顺序等，这也是老师写作教学的重点。除了这些常见的思考方式之外，"创新思维之父"爱德华·德博诺提出，可以通过"平行思维"和"推进思维"，让思考找到正确的方向[6]。举例来说，桌上有面包、桌上有黄油、桌上有汤等，所有这些都平行存在；站在人群里的陌生人都是平行存在的，但是一个女人朝着她认识的一个朋友走过去，就是"推进的"。

平行式思考的关键问题是：还有其他的什么吗？推进式思考的关键问题是：接下来是什么？我们可以运用这样的思考导引，帮助学生谋篇布局。针对"推进式思考"设计循序渐进的学习过程，首先是通过《纪念白求恩》进行议论文论证思路的梳理，列写"引论""本论""结论"的写作提纲，接着加以练习，推演实践这一过程。在记叙文的推进思考训练中，可以特别设计顺叙描写、从特写转到内心独白、从环境描写到概括叙述、变换人称叙述、通过改变叙事节奏描写事件发展的不同阶段等写作指导及实践。举一例说明，模仿《植树的牧羊人》第6—8段刻画陌生人的写作训练，可以搭建两个支架：运用概括叙述的方法记叙和陌生人交往的非主要事件，运用扩充叙述（特写）的方法记叙和陌生人交往的主要事件。举一例学生习作：

我找到了座位，但饮品还没有做好，担心自己等下去拿饮品的时候，位置又被人占了。纠结之中，我鼓起勇气请求那位姐姐帮忙。（概述）

“您好，能帮我占着这个位置吗？我的饮品还没有做好。”我看着那位姐姐，期望得到她肯定的回答。她点了点头，但没有吐出任何一字。“她真是太不爱说话了。”我心想。不过，她点头时的那一抹微笑，非常灿烂，非常温暖，像清晨的一方阳光，让人印象深刻。于是我放下心来，安心地去排队等饮品了。（扩述）[7]

学生在这次训练中先将找座位、拿饮品、担心被占座等与中心无关的事情概括略写，再扩充“找其他顾客帮忙”这一能够凸显文章中心的主要事件，通过补充细节，运用语言、神态、动作、心理等多种描写手法进行描述，凸显文章中心。在这样的架构指导下，学生结合中心安排内容详略，习作自然流畅，有重点，有细节。

在“平行式思考”的写作训练中，同一主题下的习作任务可以提供多条实践途径，包含人物刻画和情节推动等诸多方面。举一例说明，“模仿《植树的牧羊人》的第3—5段描写陌生人”这一写作任务中，可以搭建正、侧面描写和作者评价的支架，学生在老师教学的基础上参考给出的学习元素解析，了解使用支架的一般方法和作用，再按照支架顺序完成写作。如下文：

在咖啡店排队买东西的时候，我前面站着一个姐姐，高挑的个子，齐肩的长发，很有气质。她正在看手机，周围的喧哗声似乎与她毫无关系。轮到她了，她浅浅地看了一下菜单，随意说出了一个饮品的名字，就快速地闪到一边去了。（正面描写）营业员姐姐似乎还要跟她说几句什么，但看到这个情景，也转身准备去了。（侧面描写）我觉得这是一个高冷的女孩，不太爱说话。（作者评价）当她拿了饮品跟营业员说“谢谢”时，我发现她的声音非常好听。我目送她的身影走出大门：一头棕黄的头发，一件简单的白色T恤配上纱裙，简单却很精致。（作者评价）[8]

学生正面描写排队买东西时所遇顾客的语言、动作，侧面描写营业员的反应，凸显了人物特征，适时加入了作者评价。同时，塑造的人物形象也有转折变化。这位同学在支架指导下的描写语言虽简单，但却不显单调，人物形象丰富，层次分明。学生通过数十次这样的训练，遇到不同主题的习作会自觉地进行推进式思考和平行式思考，并且有法可依、有迹可循。

三、言：描述应生动

将思维用语言文字一步步记录下来，就形成了思维的轨迹。如果说文章的“意”与“思”决定了作品思路的方向，那么精巧生动的语言描述就美化着思路的“弧度”。语言学家濮之珍说：“人类思维反映客观现实，在社会实践基础上形成感觉、知觉、表象等反映形式。感觉、知觉、表象构成人类的感性阶段。人类思维也会从感性认识上升到理性认识。”[9]因而，学生在习作中，既要能生动地描述客观现实、形成感知、描绘形象，又要能发展推断、抽象概括，两者常常交织，好的写作者能够交替使用形象思维和抽象思维，丰富写作内容。

在“言”的描述上，写作教学要强化学生不同思维方式的应用。我们可以这样进行：通过不同的表现方式强化形象思维的训练，如模仿《走一步，再走一步》的第8—17段写一次克服困难的经历，搭建“运用丰富的心理描写、动作描写表现面对困难时的恐惧”和“运用他人的语言描写、神态描写以及环境描写来渲染困难”的写作支架，来帮助学生强化困难程度和恐惧强度的描写。训练学生从描摹客观现实到反映感性知觉，如模仿《走一步，再走一步》写克服困难的经历，通过特写困难和用内心独白的方式衬托困难，再如模仿《植树的牧羊人》第2段写曾去过的陌生地方，在学习元素解析中特别强调环境描写的原则：“在记叙中穿插环境描写，其原则是环境描写要为中心服务。在写的过程中要注意两点：一是情和景要和谐统一；二是抓住景物特征，描写生动具体。另外，在叙事中穿插环境描写，次数不宜太多，篇幅不宜太长。”[10]同时通过支架搭建，提醒学生要在环境描写的基础上形成心理变化，穿插心理描写。举一例学生习作：

那是在2016年，我坐着一辆小型面包车来到了曼彻斯特。放眼望去，大片大片的绿色铺在道路两侧。（环境描写）但是，我感觉这里不算繁华，甚至还显得有些冷清。我想：这里不是英国啊？怎么感觉一点都不像发达国家的样子？（心理描写）在宽阔的草坪中，也不时会看见一座草垛，好似这附近有农场似的。（环境描写）看到这样一片景象，我有些失落，但同时也安慰自己：“这说不定还没有到城里呢？到了城里应该就繁华了。说不定这里比伦敦还要高大上呢。”（心理描写）[11]

客观描写和感性知觉的反复交替能够强化客观形象，深化抒情形象，还能够推动情节发展，学生经过方法论的指导能够较为轻松地完成这样一条思维轨迹的构建。除此之外，还可以设置写作任务指导学生完成从形象思维到抽象思维的交替，如前面模仿《植树的牧羊人》的第3—5段描写陌生人的训练中，通过作者的评价刻画陌生人形象就是一次抽象思维的训练。

通过多次写作思维训练，学生能够运用不同的写作手法描摹客观现实，强化感性认识，抽象提取概括，并且通过形象思维和抽象思维的交替，完成写作作品的“优美弧度”。在每日写作片段训练的基础上，指导学生最终完成教材单元写作实践中《________二三事》作文训练，选取十个已练习过的效果好、质量高的支架进行整合训练，支架的选择呼应“意—思—言”的思维轨迹，兼顾中心强化、平行思考、递进思考、行文章法、语言质量的训练，学生完成整篇训练后，根据写作完成情况和同伴建议进行写作小结，老师完成最终点评并反馈修改意见后，“思路要清晰”的单元训练即完成。

整个过程从小步练到整合练，循序渐进，设计思路符合科学的思维发展研究成果，可以帮助学生养成良好的思维习惯，完善思维系统，构建好作者的写作思维轨迹，让习作脉络清晰，层次分明。

参考文献：

[1] 孙有康．写作语汇新说［M］．广州：暨南大学出版社，2015.

[2][3][4] 向浩．统编版读写共生写作日常课：七年级上册［M］．广州：花城出版社，2019.

[5] 孙有康．写作语汇新说［M］．广州：暨南大学出版社，2015.

[6] 德博诺．教你的孩子如何思考［M］．冯杨，译．太原：山西人民出版社，2018.

[7][8] 向浩．统编版读写共生写作日常课：七年级上册［M］．广州：花城出版社，2019.

[9] 濮之珍．濮之珍语言学论文集［M］．上海：复旦大学出版社，2018.

[10][11] 向浩．统编版读写共生写作日常课：七年级上册［M］．广州：花城出版社，2019.

抓住主心骨　方有好文章

——七年级上册第五单元

向浩　刘秋琴

七年级上册第五单元的主题是“人与动物”，选篇由《猫》《动物笑谈》《狼》组成。第五单元导语中提出的学习要求是“在把握段落大意、理清思路的基础上，学会概括文章的中心思想”，与此相对应的单元写作任务为“如何突出中心”。基于单元课文和写作的主题，可以将“如何突出中心”作为训练重点，并且大量设计“人与动物”相关主题的写作任务，从三个层面逐步推进写作任务的落实。这三个层面分别为：合理选材，明确中心；方法技巧，凸显中心；议论表达，深化中心。

一、合理选材，明确中心

中心，是文章中传达出来的作者的基本观点、态度、情感和意图，也就是作者写作文章的主旨所在。文章选什么材料，写什么内容，都要围绕主心骨，否则便会思路混乱、叙述模糊。

为了让学生学会围绕中心合理选材，可以设计两个层次的训练：第一个层次是较为简单的给定中心再选材的写作训练，第二个层次是稍难的自行明确中心再选材的写作训练。

首先，结合课文《猫》的相关选段，设计“写动物的可爱”“写动物的懒惰”等写作任务，学生在写作时基本要围绕“对动物的喜爱”这一中心进行选材和写作。在具体选材上，也要有更细致的支架。如“模仿《猫》第15—16段写一动物”，并给出支架“选择不同的时间点描写某动物，写出它的变化”，呈现写作对象不同时间下的状态，能够使作者的写作意图得到强化，这样指导学生，能够拓展学生的选材思路。某学生在这一支架的指导下进行的部分习作如下：

虽然阿婆一直嘟囔着要把那只小花猪送到集市上卖掉，可一直还只是嘟囔而已，小花猪依旧披着它的黑斑大衣，摊着白肚皮日日躺在猪栏角落……随时都是一副安然养神，准备修道成仙的姿态。冬去春来，它的兄弟姐妹们都长了一个个头了，唯有它身子骨是拉长了，肉却没长多少，显得格外苗条清秀。阿婆气了，干脆拿了个漏斗，每日喂食时往它嘴里一塞……就这样连过了两月，这猪就被催成个圆滚滚了。[1]

学生运用了表时间变化的关键词“冬去春来”“连过了两月”，写不同时间点小花猪的状态，由此展现了小花猪随着时间变化外形也变得更加圆润的特点，非常生动地塑造了一只懒惰的小花猪形象，幽默的语言让他对小花猪的喜爱自然流露。

其次，结合《动物笑谈》选段设计的写作任务，只给定宽泛的写作内容，指导学生自行确定中心后再进行细致选材，给予学生更大的自主权，如“描述某种动物的生活现象”“描述跟某动物玩耍的场景”“写动物的恶作剧”“写动物趣事”等。

家门口的公园偶尔会有一只流浪猫出没，这位“高冷的贵族”闲庭信步，漫步在夕阳下的公园里，也斜着眼打量世界，仿佛世界与它无关，享受着专属于它的自由时光。一开始给它喂食的时候，它仿佛早就嗅到了美味就在不远处，却完全不敢靠近我，只敢在附近踱来踱去。当我假意离开的时候，它才敢放松警惕大快朵颐。慢慢熟起来之后，它不再怕我，每天定时定点地等候在老榕树下，它睁大眼睛望着你，高冷里仿佛有了一丝柔情，还发出“喵呜”的享受的声音。我乐坏了，果然功夫不负有心人。于是我光荣地成为一名无雨无阻、定时投喂的“猫奴”。[2]

上例学生习作，任务便是让学生模仿《动物笑谈》描写与动物玩耍的场景，学生选择了喂养流浪猫并和它逐渐亲近的场景，辅以动作、心理等描写手法，体现了学生对于猫咪的关心与喜爱，非常真实。

同时，为了帮助学生更有条理地组织写作内容，可以在模仿《狼》的写作训练中设计“仿写提纲”的任务，给定的写作支架是“模仿《狼》的行文思路‘遇狼—惧狼—御狼—杀狼—笑狼’列写提纲，记叙一段和某动物相处的经历”。

提纲：遛狗—离狗—找狗—丢狗—想狗

记叙经历：一天下午，我跟小狗在楼下玩耍时，小伙伴来找我打篮球，我兴冲冲地跑了出去，把小狗独自扔在了楼下。等到傍晚回来时，跑遍了楼上楼下都看不到小狗的身影，接着我和弟弟又去了河边，去了公园，去了篮球场，似乎哪里都有着它棕黄色的、毛茸茸的身影，但我们却找不到。

小狗走丢了之后，除了对它的想念，我也一直为这件事自责，后悔地想那天下午如果自己没出去打篮球多好，然而小狗走丢却已成为不变的事实。小狗再也没有回来过，我家自此再也没有养过狗。[3]

学生通过列写提纲“遛狗—离狗—找狗—丢狗—想狗”，条理清晰地展现了自己与狗相处到粗心丢狗的经历，然后在记叙中围绕自己与狗的经历，展现自己因为贪玩而丢狗的悔恨自责。模仿《狼》的行文结构列出提纲，不仅能帮助学生更充分地考虑表达的内容，而且能防止偏题，更有利于表达中心。

二、方法技巧，凸显中心

相比合理选材，方法技巧是从更微观的层次为凸显中心搭建路径。总体来说，凸显中心的方法技巧主要有详略得当和抓住细节。

详略得当是指根据表达中心的需要，决定材料的详略。叶圣陶先生将组织文章比作组成一个圆球。圆球有一个中心，各部分都向中心环拱着。一篇文字的各部分也应环拱于中心，为中心而存在。要使各部分环拱于中心，就得致力于剪裁。剪裁的依据便是以是否与总旨一致为标准[4]。对作文材料进行剪裁以达到详略得当的目的，进而凸显中心，是本单元写作训练的重要任务，如“模仿《狼》第2—4段记述与某动物之间的经历”。

《狼》在第2段详写狼的行为，突出了由狼制造的紧张恐惧的氛围；第3段详写屠户的行为，暗示着形势的转变，屠户不再像第2段一样处在明显的劣势；第4段均分笔墨写屠户杀狼，突出了狼的狡诈和屠户的智勇。结合写作任务与《狼》巧妙的文本结构，设计三个写作支架，分别是：

1. 模仿第2段，一边写人，一边写动物，并详写动物，突出动物特点。如：

我和弟弟都喜欢狗，在我俩的不断央求下，终于在初中时，我们家养了第一条狗。小狗刚满两个月，有着棕色的毛发和一双又黑又圆的眼睛，十分可爱。[5]

2. 模仿第3段，先写人，再写动物，并详写人，略写动物，突出动物的特点。如：

我和弟弟把小狗照顾得十分细心，在阳台的角落为它做了窝，每天都把它的饭盆洗刷得干干净净，放学一回家就围在小狗旁边。不过小狗看起来并不开心，每天夜里都呜呜地叫唤，一副郁郁寡欢的模样。[6]

3. 模仿第4段，边写动物边写人，均分笔墨，突出人和动物和谐相处的主题。如：

爸爸白天要上班，抱怨不胜其扰，妈妈说因为小狗想念狗妈妈才这样的，它还没有适应这里的生活。这样叫唤的日子过了一个多月，我们慢慢发现小狗叫唤的次数越来越少，时间也越来越短，我和弟弟以为它逐渐适应了这里的生活，于是十分开心。[7]

动物与人之间笔墨详略的变化，能让学生逐渐领会每一处详略安排的意义，最终达到凸显中心的目的。

抓住细节是在详略得当的基础上，进一步运用具体的写作技巧以达到凸显中心的目的。要顺利地抓住细节，要明确谁是主要写作对象、谁与文章的中心息息相关，谁就需要更多的描写，作者的写作意图往往就通过大量着笔的部分体现出来。

在第一至第四单元的写作任务中，已经设计了大量的写作手法训练，如描写方法、修辞手法等，这些写作技巧在第五单元的写作中仍然可以巩固。第五单元中设计的抓住细节的相关训练主要可以分为两种：第一种是学生已经较为熟悉的描写方法和修辞手法，第二种是从本单元课文中挖掘对学生而言较为陌生的表现手法。

这些手法主要出现在《动物笑谈》第19段的仿写训练中。

一个是曲解法，即抓住对方的一个语词，加以歪曲的解释。故意绕开事实，进行貌似不合理的解释，往往能制造幽默的效果，如：

这只鹦鹉还有一样好把戏，它可以跟猴子和小孩子的丰富想象力比美，也许是因为它对我母亲的热爱而触动了灵机吧。

一个是岔断法，指故意岔开原本的话题核心，将话题导入出人预料的结局，如：

我们家的客人常常会在这棵树前一站半天，想不出我们为什么把它打扮成这个模样，也不知道我们是用什么法子把毛线缠上去的。

作者在这里却有意撇开了“我”的解说，直接强调客人“一站半天”的异常举动以及对“我”家人的误解——以为这是人的行为[8]。

这两种方法正是《动物笑谈》的作者能在行文中流露出丰富的幽默感的原因，也正是这两种方法，让《动物笑谈》这一篇带有科普性质的文章不显枯燥，反而灵动风趣。这些手法对学生来说较为陌生，却又是课文选段中闪光点，加以训练能让学生的写作能力有所拓展。举一习作如下：

我家的小狗就像表里不一的公主，无论白天玩耍时表现得再怎么开心，吃饭的时候再怎么狼吞虎咽，到了夜晚还是止不住地哀嚎起来，那嚎叫的声音仿佛遭受了巨大的委屈，如泣如诉，不绝如缕。为此，老爸曾多次表示过抗议，白天要去上班的他实在不胜其扰。出于对小狗的爱，我和弟弟在老爸面前总是好言相劝，说小狗是想家了，再过几天，它准就不嚎叫了。于是，我们都期待着这样的日子到来，直到那天下午之后，我们再也没听到小狗的叫声，也再也没见到它淘气的身影。[9]

作者先用曲解法，对小狗夜晚的嚎叫进行有意的“曲解”，认为它的叫声“仿佛遭受了巨大的委屈”，让这只昼夜“表里不一”的小狗的形象变得生动有趣起来，也体现作者对这只小狗的喜爱。最后一句使用岔断法，写再也没有听到小狗的叫声，也再也没见到它的身影，结局出人意料。

在实践中，我们能发现，虽然这些“陌生”的表现手法的运用有一定难度，但学生仍然能够在写作实践中有一定的收获。

总体而言，在第五单元凸显中心的方法技巧训练层面，要与之前的所学所练形成良好的衔接，同时亦在扎根文本、读写结合的基础上为学生开拓更为广阔的写作视窗。

三、议论表达，深化中心

议论是对事物的分析、评论，是阐明作者思想观点的重要表达方式。通过议论，作者能够展现自己的理性思考，挖掘记叙的事物背后的深层意蕴，以达到深化中心的目的。在具体写法上，可以先叙后议，也可以先议后叙，但都要注意事理结合，理从事出。如模仿《动物笑谈》第3—4段分析动物生活现象，课文选段中劳伦兹依据自己对小凫生活的观察，经过分析后得出了清晰的结论，这“一事一议”使文章呈现出理性思考的美感。据此，在片段模仿写作中，可以设计“分析动物生活现象并猜想出结论”的写作支架，一位学生的习作如下：

塘里的鱼儿们抱作一团，如同集体出游一般，朝着相同的方向摆尾；可一旦有一颗石子在附近划起涟漪，惊动了一条鱼儿，其他的一个个便争先恐后，互相冲撞，完全没有了先前的秩序井然。其他的同伴并不知道发生了什么，但都作鸟兽散，四散奔逃。没一会儿，鱼儿发现自己并没有受到伤害，又迅速聚集到一起，仿佛完全丢掉了之前惊慌的记忆。

因此我才发现：常说“如鱼得水”，这鱼儿在鱼群里固然灵活，但隐藏在其中的时候，常常也有不明所以、随大流的时候。[10]

这位学生不仅拥有细腻的观察能力，更有较为透彻的分析总结能力。他通过观察发现鱼儿往往是聚集出游的，即使有涟漪惊动导致的四散，也只是暂时的，不久后鱼儿便又迅速聚集。这个现象引发了学生对于“如鱼得水”背后是鱼儿随大流的思考。他在这个片段中呈现的“一事一议”，甚至带有些许哲思的意味，值得读者品味一番。

又如模仿《狼》全文仿写提纲和感悟。《狼》的结尾议论精辟，文章的中心、作者的感悟均在其中，耐人寻味：

狼亦黠矣，而顷刻两毙，禽兽之变诈几何哉？止增笑耳。

精妙的议论表达能展现作者的思考，深化文章中心，让文章余韵无穷，值得学生学习运用。据此，可以设计写作支架“运用议论表达方式，结合这段经历写出自己的内心感悟”。

这其实是鼓励学生在议论中加入抒情色彩，结合二者更好地体现文章的中心。一名学生依据支架完成的片段如下：

小狗走丢了之后，除了对它的想念，我也一直为这件事自责，后悔地想那天下午如果自己没出去打篮球多好，然而小狗走丢却已成为不变的事实。小狗再也没有回来过，我家自此再也没有养过狗。不要因为自己的贪玩而忽视了别的生命，否则这种自责悔恨会永远跟在你的身后，这是我反复提醒自己的。[11]

对于小狗走失的事实，作者非常自责，并进行了反思，认为是自己下午出去打篮球忽视了小狗而导致小狗走失。事实已经无法改变了，作者也因此吸取了教训，提醒自己不能忽视生命，给自己留下自责悔恨。作者通过议论的方式写出了真实的内心感悟，让人读起来也有所启发。

第五单元的“如何突出中心”主题的写作任务主要有合理选材、方法技巧和议论表达三个层次。突出中心，在文章写作方法中是一个宏观的主题，要将其落实到微观写作实践中，离不开学生在前四个单元进行的扎实的写作训练，因此，本单元要在结合具有单元特点的写作任务的基础上，延续之前诸多写作训练点，帮助学生巩固强化。

参考文献：

[1][2][3]向浩．统编版读写共生写作日常课：七年级上册[M]．广州：花城出版社，2019.

[4]叶圣陶．怎样写作[M]．北京：中华书局，2007：13-14.

[5][6][7]向浩．统编版读写共生写作日常课：七年级上册[M]．广州：花城出版社，2019.

[8]向浩，童庆杰．“笑”感缘何而生[J]．中学语文教学，2022(1)：60-63.

[9][10][11]向浩．统编版读写共生写作日常课：七年级上册[M]．广州：花城出版社，2019.

定位作文的“象—想—联”

——七年级上册第六单元

向浩　李一凡

七年级上册第六单元的写作任务是“发挥联想和想象”。学生将语言文字塑形，落在纸面上成为鲜活的语言形象，联想和想象能力的高低是其创造性的关键。值得注意的是，联想和想象的概念是有所区别的。联想，是指“从一件事物想到另一件或者更多事物，又能使它们彼此发生联系的思维活动”。想象则是“将原有的印象进行加工改造，重新确立新的形象的思维方法”[1]。一种着重于寻找联系，一种着重于创造构想。但实际写作中，二者常常交织使用，其思维过程与汉字的“取象、蕴意，摄物象与意义于一体”[2]的造字原则类似，都是一个“取象—构想—联系”的过程。

写作者先确定一个可发展的表象，然后构想一个与表象有联系的事物，与现实共存的是联想，超越现实的是想象，最终将“想”和“象”用言语思维联系在一起，联想和想象的思维流程就完成了。联想和想象往往是共生共长的，因而世间万物才能在笔下生成千变万化的组合，产生奇妙的反应。当然，效果如何还是要看写作者发散延展的思维能力，这是我们可以赋予学生的“锦囊”。

一、取象：沉淀表象，发展丰富性

将生活表象加工成语言形象的过程，起点至关重要。大脑中的表象越丰富，人的想象力就越丰富，原材料的质量影响着成果的质量。通过参考教材课文这样的优秀成品，可以反向调集可参考的表象，引导学生在生活和作品中“扩大观察范围，获取表象的量”，并“有意观察，从视觉、听觉、触觉、嗅觉等方面积淀静态表象和动态表象，提升表象的质”[3]。这需要学生具有文学敏锐性。

敏锐性的培养，先从了解开始。第一步，通过选摘和对比的方式让学生了解联想及想象的文学表现。可以设置这样的操作任务：对比《风俗通》和《女娲造人》，在《女娲造人》一文中，把作者联想、想象的内容画出来。《风俗通》中对女娲造人的记载为："俗说天地开辟，未有人民，女娲抟黄土做人。剧务，力不暇供，乃引绳于泥中，举以为人。故富贵者，黄土人；贫贱者，引絙人也。"[4]对比和圈画结合的形式给学生的思维流向提供了导引，在对比中形成反差，突出事物本质，也展示了联想和想象的文学表现及作用。第二步，让学生把作者联想和想象的内容中最精彩的内容摘抄下来。根据喜好进行自由摘抄能让学生发现"双想"（即联想和想象）之美，意识到自己的想象类型偏好。第三步，通过老师点评让学生了解联想和想象生成的途径，如相似性联想（从橘子想到外形相似的黄色气球）、相关性联想（从橘子的功用想到维生素C）、相反性联想（从橘子联想到枯瘠的土地无法生长出橘子），还可以创设新情境，发展新方向，补充新细节，展开自由的创新型联想和想象。

接下来，可以进入取象的实际应用。在第六单元的写作训练中，可以设置丰富的联想和想象的任务。从方向上看，设计人、事、物三大类的思维起点，能涵盖到创作原点的各种样态。以《天上的街市》为定篇，可以设置"发挥想象叙述牛郎织女闲游""发挥联想和想象特写流星、灯笼，表现祥和、温馨的气氛"以及"借助月亮的传说展开联想和想象"[5]的任务。过程中，可以分门别类指导学生，如写人可以从外貌、语言、神态、动作、心理等方面展开创想，补充能够突出人物性格和品质的细节；写物可以从特点、形态、大小、颜色、功用等方向进行联想和想象；写景可以调动五觉（视、听、嗅、味、触）；写事可以从叙述六要素等方面补充情节，通过议论、抒情等表达方式彰显主旨和情感，还可以综合有之。举一例学生习作：

月仙

光色清寒，微风流转，
琼楼玉宇间一袭玉影翩然，
原来是嫦娥仙女直往外赶。
"我的玉兔不见了，许是找吴刚去了！"
嫦娥急急忙忙飞往月桂。
只听伐木铮铮，吆喝起伏，

分明只有吴刚一人弯腰伐木，哪里见得玉兔身影。

“我的玉兔不见了，许是找蟾蜍去了!”
嫦娥回身，腾云起步。
方才忆得，
又到捣药时，玉兔必然忙于事务。
只得停步落脚，孤身回屋。
屋内屏风清影，烛泪低落；
点心形若人影，孤苦伶仃。
人间万家灯火，
天上孤冷清寒。
知心人不见，
说话友空悬，
月仙真非仙。(有删改)[6]

学生的作品落实学习支架，写人时抓住嫦娥的语言、动作、心理等方面发挥想象，补充细节，体现了月仙寻兔的急迫；写物时抓住屏风烛泪的特点，想象屋内点心的样态，体现了嫦娥心中的孤寂；写景则调动五感，看万家灯火，听铮铮之声，感清寒之意；写事则写出了起承转合，写出了情节的突转和曲折；最后通过议论点题。这是一篇综合应用的佳作。

从形式上看，可以设置给定表象的发散描写，也可安排不规定起点的自主选择表象的描写。以扩写《天上的街市》第二节为例，可以设置发挥联想和想象描写“缥缈的天空”“美丽的街市”的任务，也可以让学生列举五件（或更多）“陈列的物品”。这实际指向了两种流向的思维训练，学生既能由单一表象进行天女散花式的发散想象，又能在想象的情境中进行多个表象的反向罗列。例如学生这样写道：

灿烂的银河在夜空中延伸到天的尽头，忽明忽暗，和皎洁的月牙一起点缀着单调的夜。夜空中，仙人们一定在忙碌着自己的生活吧，忙着吃饭穿衣，忙着吟诗作画，忙着捣药织布，就像人世一样热闹，充满着烟火气，否则这闪亮的银河为什么这么像人间的街市呢？（“缥缈的天空”的想象）这街市中必然陈列着人世间罕见的物品，（“美丽的街市”的想象）可能有太上老君的紫金葫芦吧，还可能有赤脚大仙的蒲扇，有刚刚在蟠桃园采摘的仙桃，有织女织好的布，还可能有和孙悟空那根一模一样的金箍棒，那样的话，我一定要买一个。(物品表象的陈列)[7]

学生从“缥缈的天空”和“美丽的街市”的原点出发，进行发散式联想。写作时不限制情境，充分发挥想象，从多方面展开描写。接着，扩充“街市中陈列的物品”，在明确的情境下发挥想象，罗列出符合情境特点的物品。在两种流向的思维训练中，学生的想象能力得到提升。

具体支架的建构让学生的想象成为源头活水，有所依凭，它教学生广泛深入地阅读，有所指向地思考，以间接指导的方式丰富表象的量与质。学生能够知道，联想和想象的起点不仅仅是物，熟悉的、陌生的、形象的、抽象的、情境的、平面的都可以是能利用的表象，这些能想到的观念和事物的“五光十色”的组合就能让文章充满张力。表象范围扩大了，质量提升了，自然思绪奔涌，文思丰富。

二、构想：陌生表达，发展新颖性

丰富的表象是好文章的第一步，而妙笔生花的重头戏在想象的成品，构想结果的新颖性至关重要。现代心理学“差异原理”表明：“人的知觉和敏感性跟眼前的图式与心中熟悉的图式之间的差异度有关。只有那些与心中的图式不是完全雷同和完全无关的图式，即与内在图式具有一定差异性的图式，才能引起人的敏锐的知觉。”[8]也就是说，在写作时，要先根据主题调集丰富的表象材料，通过想象、联想的形式进行恰当而陌生的言语组块，这样加工改造、重组折射出的成果，即“作者的审美表征”[9]，就能够既在情理之中，又在情理之外，就能让读者产生浓厚的研究欲望。因而，陌生化、个性化的言语表达和超脱平凡的构想路线就成了探究重点。

针对不同课文的文本特性，可以对联想、想象的成果类型进行多样的开发，如写作情节上的错位设置（《皇帝的新装》），阐发不同角度的多元寓意（《蚊子和狮子》），改变体裁写法的综合训练（《寓言四则》）等[10]，这些构想成果的类型涉及情节、主题、人物、体裁，其形式是丰富多样的，产出也是别具一格的。以仿写《皇帝的新装》第1段为例，可以建构三个写作支架：设计一个“既在情理之中、又在情理之外”的想象点展开故事情节；运用夸张修辞、侧面描写强化主人公的某一特点；运用与人物身份相冲突的事件表现人物角色的错位感。在支架指导下，学生会进行一次完整的想象过程，从想象点的确立，到形象的强化，最后落脚在事件设置的冲突感，其重点放在了人物形象“冲突错位”的戏剧张力。来看指导后的学生习作：

在我小的时候，小林一直是我崇拜的偶像，他是我们村里上天入地，无所不能的一个小孩。（想象点）他有着一手爬树的好功夫，我们望而却步的、又圆又粗的大槐树，他只消十秒便可以从树根爬到树梢，我们都怀疑他有着瞬间转移的技能。（夸张）小林比我大三岁，按理来说，这个时候的孩子应该沉浸在学习中，不过小林并不是这样，他喜欢树林，喜欢池塘，喜欢田野，总之只要和学习无关的事情，他似乎都喜欢。（身份错位）[11]

想象点的选择合乎情理，但夸张手法的应用将合乎情理的形象“言过其实”，却更加突出了人物的特质，产生了戏剧效果，支架的搭建让叙述和想象很流畅，有真实感。但和学生身份冲突的情节设置则让读者有异质化的感受而更能引发兴趣，让人期待接下来的故事发展，人物形象张力十足。

联想和想象的陌生化表达，还可以从词、句和章的角度展开训练。词语训练，可以引导学生发挥想象，进行超常的词语组合，比如模仿《天上的街市》中“不信，请看那朵流星”一句，给“月亮”搭配一个超常的量词，并说明理由；还可以引导学生利用“通感”进行词语混搭错位，如模仿《你是人间的四月天》中“笑响点亮了四面风”一句，用通感想象牛郎织女的闲游过程。句法破格，可以设计特别的行列排布和语序倒置，帮助学生进行句法的陌生化表达。比如扩写《天上的街市》的第二节，设置阶梯一样的诗行排列，每一行比前一行多一个字。再比如模仿《你是人间四月天》中“雪化后那片鹅黄，你像；／新鲜初放芽的绿，你是”一句，改写《天上的街市》的第二节。章节的陌生化叙事可以引导学生从不同视角展开想象、叙述故事，比如从骗子的角度续写《皇帝的新装》；还可以调整叙事顺序，发挥想象，为故事加入一个小插曲，比如在《天上的街市》中插入一则故事。

举一学生习作综合说明：

你看，那丛圆圆的月亮后面
牛郎俯首低语，
织女转头娇羞，
拍拍手，是身边兴奋的大娃和二娃
抖三抖，是手边摇晃的灯笼

吓得织女急忙回头，
看那长袖一舞勾住灯，
却不慎倾倒了半盏星灯油。
甜甜的灯油变成叽叽叫的喜鹊
颤颤巍巍划出一线璀璨辉煌的光流。（有删改）[12]

这则小诗充满想象力，将“丛”作为月亮的量词，写出了牛郎织女见面的幽微；灯油是甜甜的，用通感表现再会的甜蜜，这是词语的陌生化表达。第二节每一行比前一行多一个字，整首诗的诗行形同鹊桥；“拍拍手”“抖三抖”的语序倒置突出了见面的活泼感，这是句法破格的陌生化表达。这首小诗插在《天上的街市》中间，作为见面的小插曲，这是章节的陌生化叙事。从字词到句法再到章节，处处可见的巧思升格了诗歌的表达，让写作有质量。

新颖的构思和陌生化表达让读者对联想和想象的成果眼前一亮，日常的写作训练帮助学生大开脑洞，为创新成果提供多样的思维路径。

三、联系：分析综合，发展逻辑性

联想和想象的思维过程的起点和终点之间需要联系，这种联系不是杂乱无章的，而是有规律的。心理学家称之为联想联系，“联想联系正是有条不紊地把信息保持在大脑中的心理基础，保证人能够迅速检索出所需要的信息，随意使用所需要的记忆材料”[13]。也就是说，教学时，要帮助学生把单一、随机的写作提示梳理总结成普适的、清晰的思维通道。如此，学生日后便可顺着这些通道将联想和想象变得更加简单和快速。

首先，要打通所学，我们平时练习的夸张、比喻、对比、拟人、插叙、补叙、倒叙等都是让不同事物间发生联系，广义来说，都可以将其视为联想和想象的一种分支。明确了这一点，在本单元的写作训练结束以后，学生依然可以灵活地、多样地、有策略地在其他单元的写作练习中，充分地实践联想和想象这种思维活动。

其次，可以指导学生将单元内训练联想和想象的写作技巧分门别类，建立联想和想象的思维库。如从方向的角度可以分为相似、相关和相反；从内容的角度可以梳理出人、物、事的不同联想和想象点；从语言表达的角度可以整理出字、句、章的陌生化表达方法；从叙事方法的角度可以通过改写、续写、补叙、插叙等方法训练联想和想象能力。以上内容在上文均有论述，此处不再赘述。

第三，联想和想象的新颖性表达固然重要，但不可杂乱、突兀，创作的逻辑性和合理性也必须关注。比如在《皇帝的新装》的仿写训练中，可以设计通过副词表现人物心理变化和矛盾的写作策略，这种陌生而有趣的言语组织方式，可以让学生的言语模块更加细腻自然。例如有学生这样写道：

那天下午，蝉鸣得叫人心烦，林荫下的微风也是那么的燥热，就是这时，小林来找我玩。我们那天没有爬树，没有骑车，也没有玩弹珠，只是在田野的高地上捡石头，小林在前面走着，我在后面跟着，每逢捡到一颗好看的石头，他就转过身来朝我炫耀，我的心里烦躁极了。小林在前面继续走着，忽然雀跃着仿佛发现了一件宝贝，走过去一看，原来是一件废弃的铁卷尺。小林把铁卷尺伸出来想看看它的长度，他在前面一边走一边伸长着，我为了捉弄他，走上去猛地踩在铁卷尺上，只听见小林“啊”的大叫一声，然后就痛苦地躺在地上，握着铁卷尺的手血流不止，我在旁边呆呆地看着，双腿不听使唤，额头上也沁出了汗珠。[14]

虽然故事简单，辞藻也不够华丽，但是对人物心理的联想却显得十分自然，文字成果表现得十分流畅，这正是丰富副词使用的功劳。学生根据写作元素对副词使用的具体指导，恰当地在动词、形容词、全句以及其他副词的前后准确地添加不同副词，使文章读起来流畅自然，也让联想和想象更具真实性。除了在语言表达的流畅性上下功夫，还可以从评价的角度帮助学生审视自己的作品，判断联想和想象的合理性。比如在完成综合写作训练《想象十年后的我》时，可以提前列出评价标准：（1）大胆想象，但要符合性格发展的逻辑；（2）不仅要想象自己的生活，还要想象十年后的社会发展；（3）要在具体的情境中展开故事；（4）通过一件或几件小事，结合语言、动作等的描写，具体地展现你的性格、心态；（5）具有真实感；（6）人物的言行和性格与现在的表现相符；（7）故事发展和情节设计要合情合理，令人信服；（8）情节发展保持一定的连贯性。通过作品评价的标准反哺联想和想象的创作，可以让学生兼顾新颖性和逻辑性。举一例学生习作：

时间犹如流水，现在已是2033年。

每天清晨，当太阳从东方缓缓升起，我便会从梦中醒来。按一下手机按钮，“机器人保姆”便会帮我做好早饭，放好热水。我急匆匆地吃了早饭，感应式电门自动打开，我开车向单位飞驰而去。现在的交通已经不再像十年前那么拥堵，马路上架满了立交桥，错落有致，车辆行驶井然有序。

到了单位，我全神贯注，准备迎接新一天的挑战。

“让一让，让一让！”

“准备病床，走！”

“马上送手术室，通知各科主任会诊。”

“纱布、止血钳……缝合……”

我是急诊科的一名外科医生，26岁的我整天忙碌在手术室中，每时每刻都充满了挑战，因为我的手中掌握着世界上最宝贵的东西——生命。也许是受上一辈的影响吧，我从小就把当医生作为我的理想，所以我一直为理想奋斗、拼搏。终于，功夫不负有心人，我的梦想成真了。对于我来说，每一次手术都是挑战，所以我竭尽全力，做到最好。每个人的成功都不是一蹴而就的，我也会有力不从心的时候。我呢，就是这么火辣地生活着。

生活的色彩缤纷变幻，有时亮丽，有时难免灰暗。而我在最灰暗的时候遇到了她。我们相识、相知、相爱，并且有了爱情的结晶。

“我回来了。”

“怎么样，累不累？”

“爸爸！”

经过了一整天的忙碌，我回到家中，耳边环绕着的是亲切的问候。美丽善良的她接过我的外套，活泼顽皮的他给我递上拖鞋。就这样，充实的一天过去了。闲暇时，我还喜欢和“驴友”去登登山，看看海。虽然如今的天没有那么蓝，如今的海也没有那么清，但我还是一如既往地享受生活。因为我依然年轻，怀着满腔热血的我不能虚度任何一分钟。

如果说生命是一首歌，我们不知道它最后的休止符在哪，那么就别多想，让我们好好地、快乐地唱这首歌。当歌声停止时，这支完成了生命的曲子，会被爱我的人和我爱的人永远记住。

这一篇作文将个人的职业追求和社会变化融合在一起，并通过几件具体的小事展现了“我”在事业上的专业和专注，以及对美满家庭的向往。情节设计新颖，故事连贯，合情合理，是想象作文中的一篇佳作。

值得一提的是，联想和想象的新颖性和逻辑性训练也可以同步进行，比如可以用设计续写的方式来进行“猜测性想象”，要求学生可以在事实文本的基础上，合理地猜测《皇帝的新装》的结局。先在写作元素解析中进行详细的指导：首先，剧情要连贯，不能有跳脱感；其次，新人物要伴随情节发展有所介绍，不能盲目出现；最后，要有引人入胜的好剧情，不能狗尾续貂。这是基本要求。然后以“人+地”“人+事”“人+言语表达”“社会团体+变化”[15]的具体支架设计来细致地导引学生的思维流程，让猜测性想象中起点和终点之间的联系变得切实可循。

皇帝在内臣的簇拥下，在傍晚才游完了整座城市，他内心一直嘀咕着：难道市民们说的是真的吗？不行，我要再问一下我的大臣们。回到宫殿上，仅穿着内衣的皇帝佯装生气，大声审问着臣子：“你们可以看见我华贵的衣服吗？”大臣们在殿下跪着，低声唯唯诺诺着：“没……没有。”

“哼！那两个裁缝呢？”皇帝大声质问着。

“被邻国金昌国的皇帝聘请走了。”内臣回答道。

“嗯，他们的国王可以看见这两个裁缝织出来的衣服吗？”

“可……可以。”

皇帝坐在奢华的宝座上陷入了沉思：金昌国的国王可以看见衣服而我却看不见，这不是意味着我很愚蠢吗？这事不能让金昌国知道。

“下令重金再次把两个裁缝聘请回来，就说我对他们的作品十分满意，需要再订购一件。”

“是的，皇帝。”内臣们答道。[16]

这一篇想象习作实际上回答了几个问题：骗子去哪里了？皇帝会怎么做？市民会怎么议论？国家会怎样变化？也就是“人＋地”“人＋事”“人＋言语表达”“社会团体＋变化”的具体问题。新人物的出现有旧人物的介绍做衔接，拓展适度，主题鲜明，表达顺畅有逻辑。

学生通过分析和总结，可以形成自己的思维快速通道，再通过多次综合新颖性和逻辑性的训练，在思维的广度、深度和技巧的运用熟练度上都能有所提升。言语经验和知识通过短时间、多频次的言语实践，融会贯通，转化为联想和想象的言语能力和智慧，促成创造性和合理性的共生。

在联想与想象的写作实践中，学生通过支架的引导，慢慢做到储存表象保质又保量，构想成果陌生又新颖，联系构建合情又合理，长出“千里眼”“顺风耳”，让“想”的世界变得不同凡响。

参考文献：

[1] 孙有康. 写作语汇新说［M］. 广州：暨南大学出版社，2015.

[2][3] 吴秋华. 三种类型语文思维的培育路径［J］. 教学与管理，2020(2).

[4][5][6][7] 向浩. 统编版读写共生写作日常课：七年级上册［M］. 广州：花城出版社，2019.

[8] 陈红. 语文，为共生而来：陈红共生教学新思路［M］. 石家庄：河北教育出版社，2013.

[9] 童庆炳. 陌生化与审美体验［J］. 文学自由谈，1995(3).

[10][11][12] 向浩. 统编版读写共生写作日常课：七年级上册［M］. 广州：花城出版社，2019.

[13] 方道. 写作学概论［M］. 合肥：安徽教育出版社，2016.

[14][15][16] 向浩. 统编版读写共生写作日常课：七年级上册［M］. 广州：花城出版社，2019.

七年级下册

写出人物精神

——七年级下册第一单元

向浩　刘秋琴

七年级下册第一单元的主题是“杰出人物”，选篇由《邓稼先》《说和做——记闻一多先生言行片段》《回忆鲁迅先生（节选）》和《孙权劝学》组成。第一单元导语中提出的学习要求是“透过细节描写，把握人物特征，理解人物的思想感情”，与此对应的单元写作任务为“写出人物的精神”。在七年级上册第三单元，学生已经训练过“写人要抓住特点”的写作主题，由“特点”到“精神”，是由表及里、由浅入深的训练，是对学生的写作能力的进一步要求。本单元的写作，应当设计写人题材的任务，从三个层面逐步推进写作任务的落实，分别为：典型细节，展现人物风貌；写作手法，突显精神气质；精准议论，升华文章主旨。

一、典型细节，展现人物风貌

一个人的内在品质和精神追求往往在细节处得以彰显，因此，抓住“外在”的典型细节，便是拿到了展现人物“内在”精神风貌的钥匙。如在《说与做——记闻一多先生言行片段》一文中，闻一多先生为学术锲而不舍、呕心沥血的形象便是通过“闻先生也总是头发凌乱”“饭，几乎忘记了吃”“夜间睡得很少”等典型细节来呈现的。

要让学生抓住典型细节，首先不是要教学生把事情写细的技法，而是要让学生明确写人的目的是展现这个人物什么样的精神，然后再围绕着要集中展现的精神，有针对性地挑选相关细节。在教学时，可以与七年级上册第五单元的写作训练“如何突出中心”联系起来，帮助学生融会贯通。在写人叙事类作文中，所要展现的人物精神正是文章的中心所在，学生同样需要围绕中心进行合理选材，确定典型细节的过程，也是对材料进行剪裁的过程，通过典型细节塑造人物，突出文章中心。所以，在某种意义上，选好典型细节，是写作的“前过程”，在写前构思中就应当完成。

因此，可以设计“写班主任”“写同学”“写老师”“写好朋友”等写作任务，选取学生生活中熟悉、亲近的人作为写作对象，更有利于学生挖掘人物的内在精神。同时，还要设计相关写作支架帮助学生完成写作任务，如“运用细节描写展现班主任的与众不同”，举一学生习作如下：

老李是我们的班主任，但他与其他班主任截然不同。隔壁两个班的班主任，一位脸上总挂着温柔的微笑；另一位和班上同学打成一片。只有老李，成天板着一张脸在班里巡视。

老李是个不苟言笑的人。有一次，他因普通话不标准，把“面露难色”读成“面怒蓝色”，引起哄堂大笑。他却没有一丝笑意，脸和他的衬衫一样紧绷，仿佛因这笑声打断他而感到不悦。看着他的脸色，大家都识趣地闭了嘴。我们常说，老李是一位“老古板”，他就像一位严父，让人心生敬畏。[1]

这篇习作巧妙地通过描写老李“成天板着一张脸在班里巡视”和“读错词语却没有一丝笑意”这两个细节，展现出老李严肃古板的特点。选取的细节不落俗套，富有趣味，且描写细致，在对比中凸显了班主任的“与众不同”。

又以“选定典型事件展开细节描写，表现人物精神品质”为例，原文再现的是邓稼先在核武器试验中面对突发问题不愿离开的片段，通过这一典型细节展现了邓稼先沉着冷静、不畏危险的精神，学生需要模仿这种选定典型事件展开细节描写的方法，表现班主任的精神品质，一位学生的习作片段如下：

不时有同学因作业不工整、不认真被老李叫去办公室，他总是皱着眉头，一手端茶杯，抿一口，一手拿着作业本，细数同学作业中的问题。“细节决定成败，没有平时的好习惯，哪来好成绩！”老李的语气虽温和，却笃定，同学羞愧地低下了头。[2]

学生通过写班主任细数同学作业问题的细节，体现了班主任一丝不苟、认真负责的品质。这样的片段写作难度并不大，但是在实际训练中，我们也能发现不少同学选取的细节有所偏离，如有的同学想要写班主任的认真负责，选的细节却是同学们上他的课时不敢说话，这样的细节和想要展现的精神并不匹配。因此，在写前指导的时候务必要让学生关注自己选取的细节是否足够“典型”，即是否能够体现学生想要展现的人物形象。

二、写作手法，突显精神气质

在写人文章中，写作手法的巧妙运用能够揭示和突显写作对象的精神气质，同时，写作手法也是作者在写作时展现自己个性化语言的最重要的途径。因此，在具体的写作手法方面，支架要充足，但在设计上要与七年级上册第三单元“写人要抓住特点”有所不同，本单元中写作手法的训练直接指向的是人物的内在品质、精神。具体来看，这一单元的写作手法的训练，除了之前一直都在不断强化落实的常见修辞等的训练以外，还可以从两个方面帮助学生写作“升格”：一是重点关注侧面描写的具体方法；二是在用词上更加生动贴切。

首先，在侧面描写的训练上，可以设计“通过环境描写衬托人物精神品质”的相关训练。在之前的环境描写训练中，我们更加注重的是通过环境描写渲染气氛，烘托人物心情，所以这一单元引导学生通过环境描写衬托人物精神，实际上是更加深入的训练。如“模仿《邓稼先》第34—37段写班主任”的任务，课文片段“戈壁滩上常常风沙呼啸，气温往往在零下三十多摄氏度”便是通过写戈壁滩的艰苦环境衬托邓稼先不怕吃苦、为科学献身的精神。由此可以设计写作支架“通过对班主任工作环境的描写，衬托人物精神”，学生据此完成的习作片段如下：

老李的办公室一尘不染，极为整洁。桌子的左面是一排码得整整齐齐的书，高低有序；右边是放满了文件夹的收纳盒，每一个文件夹都贴有标签，很是规整。桌上没有一丁点儿杂物，倒是有个淡青花瓶，每天都插着娇嫩的鲜花。也不知道课代表每天把一大沓作业歪歪扭扭地放在他桌上时，他会不会因作业码得不够整齐而心生不满？

有同学因作业不工整、不认真被叫去办公室，他总是皱着眉头，一手端茶杯，抿一口，一手拿着作业本，细数同学作业中的问题。“细节决定成败，没有平时的好习惯，哪来好成绩！”老李的语气虽温和，却笃定，同学羞愧地低下了头。[3]

习作中写班主任工作环境的干净整洁，实际上是在衬托班主任一丝不苟、严谨细致的品质。又如“模仿《回忆鲁迅先生（节选）》第45—48段写一位老师”，课文片段着重写鲁迅先生的坐姿，并且通过写不断变化的环境中鲁迅先生的坐姿，为人物制造雕塑感，衬托了鲁迅先生对待写作呕心沥血、踏实刻苦的精神。据此，可以设计写作支架“通过描写不断变化的环境来衬托人物形象”，例如：

我们在巨大的帷幕后站得笔挺，待帷幕拉开，聚光灯的光影倾泻而出，显得异常庄重。老李站在舞台左边的帷幕后的黑暗中，注视着我们。我们抬头挺胸，一动不动，他亦如此，就好像他不是站在幕后，而是与我们并肩站在明亮的舞台上。明明他的位置如此昏暗，我却好像看到了他眼里的欣慰与自豪。音乐响起，我们自信地唱了起来……

老李总是像这样笔直地站着，仿佛这样才与他严肃认真的性格相符。一次，他以前的学生来看他，几个男生围着他说个不停，他也是站着微笑倾听。学生离开时，他也定定地站在校门口，目送他们，直到他们的身影消失在远处的人流中。老李仍然站着，无言，夕阳的余晖带着温暖的橘色，染黄了他的衣裳……[4]

在这个片段中，环境的变化颇有电影的镜头感与画面感。从视觉来看，一个是由黑暗转明亮的舞台，一个是由白昼转黄昏的校园；从听觉来看，一个是由静转闹，一个是由闹转静。无论环境如何变化，班主任老李的姿势都是笔直地站着，眼神都是充满着欣慰与自豪，作者通过不断变化的环境衬托出了老李关爱学生、奉献教育的精神。

其次，在用词上，要对学生提出更高要求，用词要更加生动贴切，甚至能富有韵味。如“模仿《说和做——记闻一多先生言行片段》第3段写一位同学”，课文中，作者用了大量四字词语（含成语）：仰之弥高、钻之弥坚、锲而不舍、目不窥园、足不下楼、兀兀穷年、沥尽心血、无暇及此、深宵灯火……这些词语的运用不仅展现了作者深厚的文学素养，为文章增添了古典含蓄之美，还精准地体现了闻一多先生的学术钻研精神。同时，文中“1930年到1932年，‘望闻问切’也还只是在‘望’的初级阶段”一句借用中医领域的“望闻问切”一词，生动地写出了闻一多先生渴望为衰微的中华民族开一剂文化良方的心愿。由此，可以设计两个写作支架：用十个四字词语

（含成语）写一位同学；运用夸张和词语借用的手法增加幽默效果。例如：

小龙是我们班著名的“诗痴”。他嗜诗如命，嘴里不时喃喃自语。驻足细听，原来是在吟诗。语文老师常夸他，但他却总谦虚地说自己也就处在“格物致知”的“格”的阶段。

小龙有一抽屉的诗集，他常手不释卷，连上课了也浑然不觉，仍如饥似渴地品诗。一次，数学老师已经开始讲题，声如洪钟：“这个e要带根号……”突然，他如鹰一般盯住了双手在抽屉里“鬼鬼祟祟”的小龙，怒喝道：“e带什么？你重复一遍！”“做贼心虚”的小龙被吓得“嘭”一声从座位上一跃而起，慌不择言：“e带……衣带渐宽终不悔……”众人哄堂大笑，仿佛要掀翻屋顶。幡然醒悟的小龙顿时面红耳赤，头都低到尘土里去了。[5]

这个片段写得很生动，一连串的四字词将这位同学的形象展现得淋漓尽致，而“格物致知”的词语借用也基本达到了要求。

由此可见，运用环境描写来侧面烘托人物精神，与通过词语借用引起读者注意的方法，对于学生写作技法的“升格”是行之有效的。但这是有一定难度的，需要在学生写作之前细致地对选取的课文片段进行学习元素的解析，帮助学生更好地理解。

三、精准议论，升华文章主旨

在写人作文中，在叙事主体之外，借助议论，能够对人物的精神品质进行点睛式的提炼，从而升华文章主旨。

记叙文中的议论，大多是在叙述的基础上引出作者的感想、认识，直接写出对所写的人物、事件的感受及主观评价[6]。议论的总旨在于表示作者的见解，在写人作文中，议论便是作者要对写作对象发表一定的见解和评价，和抒情相比，议论是偏理性的。叶圣陶先生认为，议论的路径就是思想的路径[7]。意思是，在作文中发表的议论，实际上是给人一个判断，但这个判断不能突如其来，作者必须把得到这个判断的依据与路径交代明白。因此，精准的议论必须建立在合理的记叙基础之上，二者之间有着紧密的逻辑关系。

在学习议论这一写作方式上，有三种办法：一是训练基础的议论表达方式；二是训练夹叙夹议的表达方式；三是训练递进式结构的议论。

如“模仿《邓稼先》写班主任”，先可以设计比较简单的支架“运用评论方式评价班主任的精神品质”。接着训练夹叙夹议，难度有所提升，学生要在叙事中穿插精准恰当的议论，这种表达方式能使笔法灵活多变、生动活泼，还可以起到提示、过渡、总结等作用。为这一训练设计的支架是“运用夹叙夹议的表达方式写一位同学”。例如：

上周五，班里大扫除，几个同学在班里施展“武功”，有人拿着拖把胡乱拖了一番，地上到处是乌黑的积水，还有人将湿抹布在空中甩来甩去，引来女生不满的惊呼。卫生委员小袁原本站在凳子上细心地擦拭窗户，见状立即喝止他们。

小袁是一个勤劳且负责的人，他极为严格，不允许任何一个人偷懒。“班级的卫生人人有责，你们偷懒，还影响其他同学搞卫生，应该感到羞愧！”他腰板挺直，声音洪亮，大家都听得见，“肇事者”们只得红着脸拖着地，有不服气想回嘴的，转头看到小袁极为严肃认真的脸，只好默默把嘴边的话吞进肚子里。[8]

这篇例文在叙事中穿插对卫生委员的评价，议论得当，很好地展现了人物形象，还在行文中起到了过渡作用。

第三种递进式结构的议论不仅训练了表达方式，更关注了行文的条理结构。《邓稼先》第40—44段中，作者对邓稼先的议论层层递进，从为人角度到友谊角度，再到志向角度，最后用价值角度的议论收束全文，深入地展现了邓稼先的伟大。一学生的习作如下：

老李博览群书，胸中有丘壑，上语文课时常常引经据典，带着我们去品味文章字里行间的深意。因为有他，我们才觉得这本语文书在手里是如此厚重！

老李虽看起来有点儿冷，却有一颗温热的心肠。班里同学出现任何问题，他都会第一时间进行关怀。一杯热茶、几句叮咛、多场长谈，都透露着他为人师的真挚纯善。

他是一位正直的好老师，为人处世都透着一股“执拗”的认真，以一丝不苟的态度做事，深受其他老师和我们的信任。我们敬爱老李！[9]

这位同学先评价老师学识渊博，再评价老师外冷内热，最后点明老师正直的品性，层层递进地议论，让这样一位好老师的形象在读者心中逐渐高大了起来。

总体来说，在写人记叙文中运用议论，能够画龙点睛，更加全面地展现人物的精神，当人物“立”起来，文章的主旨自然得到了升华。

七年级下册第一单元的“写出人物的精神”主题，通过典型细节、写作手法和精准议论三个层次来进行写作指导。写出人物精神，是对之前“写人要抓住特点”的进一步深入，也是对学生写作能力的更高要求。教材的写作任务编排具有序列化的特点，我们也要顺应这一特点，设计具有单元特点的写作任务，同时联结诸多之前的写作训练点，帮助学生巩固强化。

参考文献：

[1][2][3][4][5]向浩．统编版读写共生写作日常课：七年级下册[M]．广州：花城出版社，2020.

[6]夏应红．写好写人作文的策略[J]．文学教育（下半月刊），2014(6)：96-97.

[7]叶圣陶．怎样写作[M]．北京：中华书局，2007：21.

[8][9]向浩．统编版读写共生写作日常课：七年级下册[M]．广州：花城出版社，2020.

情感思维训练的四个步骤

——七年级下册第二单元

向浩　张伶俐

七年级下册第二单元的写作实践主题是“学会抒情”。刘勰说：“情者，文之经也。”情感触发了写作的欲望，也贯穿了写作的过程。缺乏情感的文章只是辞藻的堆砌，没有抒情，就无法达意。因而，这一单元写作专题的设置体现了教材编写者的匠心，也是学生实现从写人、写事到抒情、达意，再到深化主旨的一次重要转变。指导学生开展本单元写作，可以从定情、生情、凝形、结思四个层面展开创作设计，情感逻辑是“以情感记忆为前提，并且以情感—信号系统为材料的思维活动方式”，其核心是“情感和形象的艺术想象”[1]。依照情感逻辑，抒情创作的第一步是定情，即根据抒情对象来确定直接抒情还是间接抒情；第二步是通过不同事物的短时或长时刺激生发出一种生活情感的冲动；第三步是以情而作，将原发情感加以沉淀、过滤、分析、比较、改造，使之转化为艺术情感，生成艺术形象；第四步是梳理和联结情感结构线，把灌注、渗透情感的形象结构组合起来，形成作品的基本情调。

一、定情：选择抒情方式

抒情方式一般分为直接抒情和间接抒情。直接抒情就是直抒胸臆，形成诗文的直率风格，常常具有震撼人心的效果，一般面对宏大的抒情对象时选择直接抒情，且往往以第一人称的方式抒发情感。《黄河颂》中大部分内容都是直接抒情，例如：

这里，我们向着黄河，唱出我们的赞歌。

我们祖国的英雄儿女，将要学习你的榜样，像你一样的伟大坚强！像你一样的伟大坚强！

间接抒情，往往以借景抒情的方式呈现，这种抒情方式含蓄婉转，情感意味悠长。例如《老山界》中有这样一段景物描写：

满天都是星光，火把也亮起来了。从山脚向上望，只见火把排成许多“之”字形，一直连到天上，跟星光接起来，分不出是火把还是星星。这真是我生平没见过的奇观。

看似在写美丽的夜景，实则在写残酷战斗生活中战士们的乐观精神。

直接抒情，抒情主体自我十分突出；而间接抒情，抒情主体自我比较隐蔽。在《土地的誓言》一文中，当作者自我情感非常饱满时，常常用震撼人心的直接抒情，例如：

我必须回去，我从来没想过离开她。这种声音是不可阻止的，是不能选择的。这种声音已经和我的心取得了永远的沟通……我常常把手放在大地上，我会感到她在跳跃，和我的心的跳跃是一样的。

但当作者情绪平和时，便用间接抒情抒发悠长情韵，例如：

故乡的土壤是香的。在春天，东风吹起的时候，土壤的香气便在田野里飘起。河流浅浅地流过，柳条像一阵烟雨似的窜出来，空气里都有一种欢喜的声音。

这样抒发对故乡的情感，温馨而浪漫。因此，在写抒情类作品时，关键一步就是要让学生根据抒情对象和自我主观情感的强烈程度，来选择直接抒情或间接抒情，然后再开展下一步写作。

二、生情：触发情感

情感思维的初始起点是“情动于中”，只有触发自然的生活情感，才能产生创作冲动。而初中生规律的学习生活，单一的生活体验让他们鲜能体验到多样而深刻的情绪变化[2]。我们可以沿着学生的学习生活向内延展，利用课堂教学，挖掘语文学习材料的情感资源，“帮助学生把课文作者的情绪、文中人物的情绪，转化为学生自己的情绪积累”[3]。通过提供情感触发的情景，帮助学生“应物斯感，感物吟志”。

我们可以安排三类主题的训练任务作为情感触发点，分别是景物、事例和情感。一是将景作为情感触发点。面对某种景物，若内心有所触动，则可借所见之景抒发内心情感，如《黄河颂》中描绘的黄河之澎湃，往往能触发学生对母亲河的敬畏、赞颂之情。二是将事例作为情感出发点。通过一件或几件典型事例触发学生的情感，可以是学生熟悉的生活体验，也可以是跟学生有一定距离但震撼人心的体验，如《老山界》中记叙的行军之艰难曲折便是极好的情感资源，可以让学生模仿着写一段冒险经历。三是将情感作为情感出发点。即用课文中作者的、人物的情绪来触动学生的内心，有感而发，如《土地的誓言》中作者对东北故土沉痛的眷恋之情，感人至深，可以让学生模仿相关段落抒发思念之情。如此一来，三种维度的设计，既可以和课文材料关联，又能从不同角度激发学生的情感体验，激活学生的生活体验，让学生有话可说，有情可抒。例如学习完《黄河颂》一诗后，可以设计“赞颂校园”的写作主题，唤醒学生生活记忆，写成诗篇。如：

我是一个迷糊的小小探险家，穿梭在日常的校园/ 有人在叫我吗？飘荡的响铃声忙忙/ 我要绕路去看那只懒洋洋的大橘猫，就在拐角的操场/ 追它到图书馆水晶般透亮的落地玻璃窗，未料撞见一个虔诚的读书模样/ 有人在叫我吗？谁忽然听到老师的呼唤，飞一般地跑回七年二班的课堂/ 哦，亲爱的校园！您用教育之魂熔铸着中华民族的血脉/ 您如宽容慈爱的母亲，悄然感化了一个个顽劣稚童无知的心灵/ 您是知识的高尚殿堂，一代代懵懂学子在这里沐浴启蒙的光芒！[4]

学生结合自己的校园生活经历，以诗歌的形式，抒发自己对校园的真情实感，在这个过程中能够感悟到情感的抒发必须有真实依托才能打动人。

三、凝形：转化形象

生情是抒情创作的关键一步，但需要注意的是，强烈的生活情感并不等于审美上的艺术情感，如何从感动自己到“感染人、熏陶人、震撼人，满足读者的审美欲求”，还需要一段冷处理，就是“将原发情感加以沉淀、过滤、提炼、改造，使之转化为艺术情感”[5]。这是最重要的一步，大部分写作教学也止于这一步，没有教学生具体的、可操作的抒情策略，就等同于开源不疏，情感外溢却不达根本。艺术情感需要写作者通过艺术形象传达，也就是古诗词常用的“状思象之无形于有形”的“借境”之法。因此要因势利导，通过写作支架帮助学生将迸发的生活情感用不同的方式凝结成形，升华情感，生成艺术形象，借助形象感染读者，实现艺术情感的升华。

在日常写作中，依然要以直接抒情和间接抒情这一普遍分类认知为纲，进一步研究两种抒情样态的特点，开发出更具体的知识。对于直接抒情，可以引导学生注意人称的呼告和强化情感的作用（如模仿《黄河颂》，用第二人称直接抒发对校园的赞美之情），注意不同描写方式直抒胸臆的表达效果（如模仿《土地的誓言》使用心理描写直接抒发思念之情），注意不同修辞的直接抒情效果（如模仿《土地的誓言》使用比喻直接抒发思念之情），并训练学生运用各种写作技巧直接表达情感。如：

我的母亲是春风，润物细无声地用她的耐心和细心培育着我；（比喻）每当我趴在我母亲的肩膀上，仿佛有一种力量可以使我放松，让我越来越依赖我的母亲了。（联想）每当母亲来看我，初到时我是兴奋不已的，甚至在夜晚辗转反侧；但当母亲又踏上了回家的路途时，我的内心犹如烈火在燃烧，那种骨肉分离之痛是难以形容的，是心塞还是心痛？（心理描写）[6]

通过训练，学生学会将情感凝结成春风、烈火，或者设置一个联想的场景以更加生动地直接抒发情感，艺术化地处理情感。

对于间接抒情，不同训练任务的主题实际上规定了抒情的大方向，如设计赞颂校园的写作任务来训练“借景抒情”，设计写冒险经历的任务以训练“缘事抒情”，抒发思念之情则综合叠加各种抒情方式以强化情感。规定了大方向后，重要的是采取怎样的具体方式凝结形象，寄托感情。除了训练学生运用不同的修辞和描写方式等常规的间接抒情方法，还可以设计几个有趣的支架：用险景写乐情，间接抒发冒险时的快乐心情（模仿《老山界》第12—18段写冒险经历）；从视觉、听觉角度，用乐景写乐情，间接表现乐观精神（模仿《老山界》第23段写冒险经历）；通过景物数量的变化写情绪的变化（模仿《土地的誓言》第1段抒发思念之情）等。学生运用支架进行写作时，就无形中将间接抒情的方法内化到知识结构中，完成了学习元素的输入和写作实践的输出。举一例从视觉、听觉角度抒发冒险时快乐心情的习作：

朋友听了我的话，也慢慢地放松了绷紧的神经。我们唱起了歌，给自己壮胆，让自己的内心安定下来。此时岛上那些独特的建筑仿佛也变柔和了，不再“面目狰狞”；（视觉）猫儿们的叫声也从刺耳变得可爱；树叶被风吹动，那声音中仿佛有不可捉摸的声响，有时像春蚕吐丝，有时像群蜂飞舞。（听觉）此时此刻，因为战胜了心魔，我们一路沿着指示牌，也不知什么时候就回到了住处。[7]

从习作呈现来看，学生通过情感触发、原文回忆、学习元素解析、支架搭建、优秀习作参考等步骤，能够看得见、摸得着、用得了间接抒情表达的具体方法，而且能够自然地将情感凝结到目之所及、耳之所闻的形象之上，实现情感的间接表达。总的来说，本单元写作的匠心设计在于抒情知识结构化，而且帮助学生将情感和形象凝结统一，塑造一个内在主导、焕发共情的艺术世界。这也提示我们的写作教学不能大而化之，要递支架、小步导。

四、结思：逻辑串联

抒情化散文除了感性与诗兴，还有智性与理性的一面。情感的焕发往往是放射状的“一往而深”，而写作者的情感思维应当是在实践中借助逻辑思维的形式进行情感判断，表示情感态度，指导、支配、影响实践[8]。也就是说，抒情文写作离不开逻辑思维对情感形象的黏结，除了教学生抒情，还要教他们理性地架构文章，形成合理发展的结构体系，从而达到文章“形散，神不散”的效果。

以《老山界》为例，可以通过分析《老山界》的架构思路引出文章的架构之法，在学习元素解析中传达记叙文写作顺序的知识体系，可以设置“列写一段家庭旅游经历提纲”的任务，并要求学生“按照时间、空间的顺序梳理行程”，并且“将家庭活动和个人活动分开罗列”，这两个支架实际上就是帮助学生搭建文章的逻辑顺序和行文思路。学生通过模仿《老山界》的全文架构很快能够列写出“家庭旅游”这一主题文章的结构[9]：

时间	地点	家庭活动	我的活动
7.16	波士顿	走自由之路	吃波士顿龙虾
7.18	洛杉矶	玩转环球影城	深度体验哈利·波特主题馆
7.20	圣地亚哥	走进圣地亚哥老城	体味当地独特文化
7.23	旧金山	跨过金门大桥	与大桥拍照留念

按照这样的思路呈现作品，学生的文章线索是清晰的，架构是明显的，而且任何一个模块都可以按照已有的训练点进行抒情表达：通过描写地点可以借景抒情；通过细化活动可以缘事抒情；通过详写家庭成员的互动可以直接呼告，直抒胸臆；从了解历史的角度入手可以咏史抒怀；通过放大地标还可以托物言志。主线确定了，抒情点就可以“天女散花式”地辐射而不显杂乱。

除此之外，各个任务的写作支架之间的序列也要有巧思，要能让学生按照支架顺序自然成文。比如支架的设计可以从视觉往听觉延伸；可以从直接抒情到间接抒情，最后让有特色、有意味的景物组成叠印的像电影镜头一样闪现的画面，来加大信息容量，加强情感冲击力；还可以从人物描写的情感抒发到景物描写的情感衬托等，每一个片段练习都是一种逻辑的思维延伸。最后的单元写作训练，可以让学生综合运用之前多个支架的学习，来使最终呈现的作品情感充沛、层次清晰、发展合理，达到好文章的标准。

丰富的抒情训练，让学生经历从情感触发到形象凝结，再潜移默化地完成智性、理性的“组装”和联结，实现了从生活情感到艺术情感的升华，完成了从自我情感的生发到有路径、有策略、有层次地感染人、感动人。学生完成整篇训练后，根据写作完成情况和同伴建议进行写作小结，老师完成最终点评并反馈修改后，“学会抒情”的单元训练即完成。

运用“情感思维”有策略地实现抒情知识的教学化、实践化是本单元设计的匠心所在，在刺激学生的生活情感后，通过小步走、整合练、全指导、细支架的引导跟进，帮助学生完成情感的“改造”和“变形”，最终达成“情动于中而形于言”的艺术效果，踏入抒情创作的艺术宫殿。

参考文献：

[1] 童庆炳. 文学理论教程 [M]. 5版. 北京：高等教育出版社，2015：298.

[2] 庄涛. 写作大辞典：新版 [M]. 上海：汉语大词典出版社，2003：22.

[3] 郑桂华. 散文写作中的抒情 [J]. 中学语文教学，2016(5)：38-44.

[4] 向浩. 统编版读写共生写作日常课：七年级下册 [M]. 广州：花城出版社，2020.

[5] 樊斌. 情感思维与抒情文写作 [J]. 长江大学学报（社会科学版），1991(1)：32-37.

[6] [7] 向浩. 统编版读写共生写作日常课：七年级下册 [M]. 广州：花城出版社，2020.

[8] 黄治正，杨安仑. 论情感思维：对于人类思维特别是艺术思维的一种设想 [J].求索，1981(3)：70-76.

[9] 向浩. 统编版读写共生写作日常课：七年级下册 [M]. 广州：花城出版社，2020.

抓关键细描摹　塑人物显品格

——七年级下册第三单元

向浩　范春霞

七年级下册第三单元的人文主题为“关注小人物，发现人性光辉”，单元写作任务为“抓住细节”。本单元选录的四篇课文，均展现了小人物的不足与伟大，体现了某种人生境界，而且运用细节描写塑造的人物形象可谓典范。依照编者意图，我们不妨紧扣教材开展读写结合活动，一方面，从教材中挖掘写作元素，关注细节的真实性、典型性、生动性；另一方面，从学以致用的角度，聚焦到人物类习作，根据表达的需要，抓住肖像、动作、语言、环境等细节描写，塑人物、显品格、表情感，从而达成单元写作要求。

一、画其形

素描法绘形貌。描写人物类文章一般遵循由外而内表现的写作规律，迪斯雷利曾说过：“外貌是人内心的表露：其行呆若木鸡，其神也一定愚蠢。”若要为读者展示出人物的神韵，凸显人物的年龄、职业、身份、性格等特征，往往借助肖像细节描写，对人物的身材、容貌、服饰、打扮、表情、仪态等进行细致入微的描写。我们可以为学生提供示例支架，如鲁迅先生勾勒长妈妈的体态特征、勾勒其农村中年大妈的特性时就用了素描法：“我们那里没有姓长的；她生得黄胖而矮。”

那什么是素描法呢？素描本为绘画术语之一，即用线条描写，单色的、不加彩色的绘画，这里借用过来指作文时，在语言上不尚华丽，只着意朴实[1]。《台阶》中“他的脚板宽大，裂着许多干沟，沟里嵌着沙子和泥土”，作者为了表现父亲终年劳作的辛苦，对父亲的脚进行描画，“宽大”“裂着干沟”，线条简单明朗，符合人物身份，特点明显。

我们在教学时不妨开展“跨学科学习任务”，采用插画法，给要表现的人物先画像，尽量凸显人物的外形特点，通过美术的手法，抓其标志性特色，达到对人物的初步认识，如头发、服饰、身形等。先勾勒出人物形貌，再依此发挥想象，用文学的语言描摹，达到“画中有人，人中有画”的境界。

举学生习作的优秀片段为例：

他相貌英俊，高挺的鼻梁上架着一副厚厚的眼镜，只是，头发像一棵棵稚嫩的初春的小草，稀稀疏疏地、软弱无力地趴在他的头顶。（傅琳惠）

数学老师代清林，我们习惯性地称他“清林”。清林衣着极其简单，两件灰不溜秋的夹衣便能满足他秋天着装的需要。他瘦得好似一朵病恹恹的黄花在风中随风摇曳，最不给他加分的要数他天生营养不良的毛发，稀疏的头发在他宽阔的脑门上立得格外耀眼，头发紧贴头皮，油光可鉴。（张哲祺）

两位同学运用素描法绘人物之形貌是成功的，都抓住了代老师的头发来描画。傅琳惠同学用比喻的修辞手法，将其比作“初春的小草”，写出了头发的稀疏，画面感极强。张哲祺同学则用动词来传神，一“立”一“贴”，表现出清林老师头发稀疏的特点，加上“油光可鉴”一词的妙用，在诙谐的调侃中将代老师的“中年味”表现得淋漓尽致。读罢，有了茨威格写托尔斯泰的风味，这里的细节既有几分真实、细致，还为人物形象起着“抑”的作用。由此可知，细节描写是最生动、最有表现力的手法，它往往用极精彩的笔墨将人物的真善美和假丑恶和盘托出，让读者欣赏评价，使文章的描写更加细腻、丰富[2]，使人物一出场就有了标志性的记忆。

二、道其言

语言传真显特性。语言是个性的镜子，正如鲁迅先生说，“人的语言能使读者由说话看出人来”。单元写作指导中也提到，细节要注意典型，“细节贵在精而不在多，要善于抓住最能反映人物性格特征的细节来写”。本单元阿长与老王的语言极其经典，是我们教学时必须提供给学生的示例支架。鲁迅先生为了展现阿长的善良与温情，又要符合她一个粗人的身份特征，就抓住了她语言方面的细节：“哥儿，有画儿的‘三哼经’，我给你买来了！”将“山海经”说成“三哼经”，“有画儿的‘三哼经’”这样的言语是为保姆阿长量身打造的。细节描写是对人物、景物、事件等表现对象的细微刻画，一个动作、一句话、一个眼神，往往能起到以小见大、画龙点睛的作用[3]。不妨引导学生看杨绛先生笔下的老王，话少得可怜，但都符合人物的处境与人物独特的身份、地位以及心境，如“我不吃”“我不是要钱”。

我们在教学中要带领学生看向这些关键处，将阅读与写作关联起来，给学生提供“言为人设抓典型”的写作支架，着力训练学生言语传真、一言抵万金的能力。当然，为了使过程化指导更细致，教学时还可以运用情境法，帮助学生一步一步抵达人物内心，贴着人物来写。如《________的那一刻》这个题目，“走上领奖台”的时刻，如果这份奖励是自己梦寐以求的，当时惊喜得无以言表，会说出什么话？而如果这份奖励属于团队，不应该独属于自己一个人时，兴奋中又有几分歉意，除了心理活动还会如何言语？不同身份、学识、见解的人在这一刻又会如何说话，如知情的班主任、颁奖的老师、合作的团队，在这一刻的表达将是怎样呢？

搭建了示例支架供学生借鉴，创设情境训练学生学习发散性思维。学生接下来的创意表达不俗，如：

十月初，我来到了梧桐道。“飞起来——飞起来——”那是一个年近十岁的男孩，手中牵着风筝线，在奋力奔跑。我朝着远去的男孩吼一声：“跑快点啊！不然飞不起来咯！”也是，一个十岁小孩，跑这么快已经很棒了，我自嘲一声：“唉——老了啊。”夜里的晚风吹来还有丝丝凉意，我缩了缩脖颈。忽然旁边传来吵闹，“我才不信你，这条街的树叶不会变黄，我都长这么大了没见过呢！”小女生尖锐地喊道。身旁的年轻阿姨不甘示弱：“这条街的树过段时间才会变色，妈妈一年也就这么一次带你回来，你怎么见得着？”“老师说过，树叶一般在秋天变成金黄，现在就是秋天！”女儿依旧争论着。一旁是卖棉花糖的大爷，听到这不免笑起来，说：“小朋友，树叶变黄是意味着这棵树走到生命终点了。不是每棵树都愿意变老的，它们也希望放慢速度享受生命尽头的风景啊。”我边啃着棉花糖一边笑道：“大爷您不去芦州小学教书都可惜这一身的才华。”（李思颖）

李思颖同学懂得学以致用，片段中奔跑的小孩的欢呼声“飞起来——飞起来——”；“我”的故作老态的话语“唉——老了啊”；母女的趣味对话；大爷的深邃点睛句“小朋友，树叶变黄是意味着这棵树走到生命终点了。不是每棵树都愿意变老的，它们也希望放慢速度享受生命尽头的风景啊”，都紧贴着人物的年龄、身份、阅历等，合情合理，还与文章的主题契合，即使生命走向尽头，也要放慢速度享受属于自己的风景，这一刻启迪作者深思。由此看来，写出人物精神需要抓住符合人物身份、地位、状态的动作、语言、神态等细节，但不是单纯地描写，细节的描摹是需要服务于文章的主旨的。

三、观其行

习作中具体细致地描写人物的一举一动，人物形象就会跃然纸上，生动鲜活，但需要抓住人物富有特征性的行动、状态进行步骤化、准确化、连贯化的描写。长妈妈有两处标志性动作：第一处是“竖起第二个手指，在空中上下摇动，或者点着对手或自己的鼻尖”；第二处是“一到夏天，睡觉时她又伸出两脚两手，在床中间摆成一个‘大’字”，这样的形态源自作者细致的观察体会，另外也是为了表达的需要。鲁迅先生从“童年的我”的视角来看阿长，乡下保姆长妈妈身上固有的陈规陋习难免对他有种种的束缚与限制，在童年鲁迅先生眼里自然尽是絮叨、粗俗、不拘小节，所以“在空中上下摇动，或者点着对手或自己的鼻尖”这一长妈妈专属说事的动作和“摆”出的“大”字形睡相中，这“摇”“点”的动作和“摆”的状态，最是贴合人物。

这样的细节处理运用到写作实践中，对塑造人物形象大有益处。如：

大伯父虽然是哑巴，但一双灵巧的手却闻名乡里。编笊篱、编竹篮、修锁，样样在行。这不，他又在编笊篱了！他默默蹲坐在院落向阳的一角，左手紧紧攥着一把粗铁丝，右手很小心地提起细细的篾丝头，固定在左手大拇指下，一圈一圈缠绕。只见他右手温柔而神圣地画一个弧，再缓慢而有力地扯一下篾丝，像是音符起起落落，篾丝整齐地绑缚铁丝，一圈又一圈圆轮紧密相依，变成光滑修长的笊篱柄，在阳光下熠熠生辉。[4]

作者为了表现大伯父的灵巧，聚焦到编笊篱这一过程，其中“攥”“提”“缠绕”“画”“扯”等动词一气呵成，自然连贯，辅之以评价性议论。

观其行，还可以用曲笔法，“文似看山不喜平”，对于典型细节，有时不用平铺直叙的方法，而是采用“曲笔”，层层铺垫，设下伏笔，不断设置悬念，有时还故意拖延，直到最后才揭开谜底，给人留下深刻的印象[5]。如“卖油翁释担而立，睨之久而不去”运用曲笔法，抓住“睨之”这一动作神态来表现卖油翁对陈尧咨射技的轻视，为下文写两人的矛盾埋下了伏笔，还有“但微颔之”，以极精练的笔墨引出矛盾，设置悬念。

当然，片段式的作文教学只有立足于整篇写作的背景，对学生写作能力的提高才能真正有意义。

作文教学如果停留在片段构思和立意上，其根本的出发点是着眼于作文教学的技术手法，这样的教学尽管能看到效果和达成目标，但一旦学生进入整篇写作时，这些所谓的技术手法都是很难融合于整篇的。因为随着作者情感或主题表达的需要，技法的选择是因时而异的，所以，立足整篇作文的构思教学才是有意义的教学。

我们在教学时可以给学生提供元认知支架，支持个体管理自己的思维和学习过程，引导学习者进行反思。如：（1）假设你正在为一个朋友写细节，像正在与一个总是愿意倾听和理解你的朋友谈论你的想法那样去写。（2）从最容易的部分开始。你不一定要从头开始，从最容易的部分开始，然后其他的部分就有可能变得容易写了。或学生完成后在下列对应问题后打钩：我笔下人物的动作是他的标配吗？我有凸显他多元的人物性格吗？我的心中有读者吗？我的主要思想清晰吗？我要运用的曲笔法体现出来了吗？我提供了足够的细节材料吗？细节材料会不会过多？

举一单元训练中的学生优秀习作：

“针尖对麦芒”的那一刻

我爸，就是那个代号为“钢针”的家伙。

你第一眼看他的感觉绝对是威严不可撼动。40出头的年纪，不高不矮的身形显得他极其短小精悍。他爱好运动，所以你在他身上看不出一丝赘肉，不像大多数现代中年男人一般挺着啤酒肚。

他的脸白中透黄，黄中透亮，就如古铜色的镜子一般。五官不算出众，但头发却是他最具特点的地方，平头，头发根根直立，就像一只炸了毛的刺猬，但在灯光的照射下更像一根根闪着亮光的钢针。我爸，就像一个可以多频道切换的机器，对不同的人，总有不同的面貌。

在我面前，爸爸的形象可以概括为两个字——严、怒。令我印象最深刻的是我小学的时候：奥数是爸爸对我要求的必修课，但有些题目我却从来没有接触过，所以，我的写题速度也就不言而喻了。爸爸显然对我感到很不满意，他猛地抽出一张草稿纸，同时狠狠地瞥了我一眼，鼓起腮帮子，看向我的眼睛由小变大，瞪得如铜铃一般，而他的眼神又似尖刀一样稳、狠、准，看得我顿生寒意，胆怯不已。在这样的状态下，题是听不进去了，我时刻都想着他会不会打我。就这样，我们便进入了一个恶性循环——他瞪，我惧；他讲题，我不解；他再瞪，我发抖……但他的忍耐程度是有限的，随着一声似要震碎耳朵的拍桌子声，他浑身的汗毛似刺豚般炸开，可谓怒发冲冠，“钢针”一根根倒立了起来，脸红得发紫，眼中杀气腾腾，于是，我，就没有于是了……

我爸是一名高中物理老师，他年年都被学生评为“我最喜爱的老师”。要知道，他在学生面前可又是另一副模样，同对待我可谓天壤之别。记得那天在他办公室里写作业，他在一旁认真备课，他总是自己做课件，他觉得这是为学生们量身定做的，所以总是一丝不苟，认真细致，不像给我讲题一样信手勾勒。下课期间，他的办公桌前总是最拥挤的，学生们可不全是为了问问题，他们三五成群地跟爸爸唠嗑，就像是多年未见的朋友一般亲切，学生们问问题，他就像一台解题机器，转个不停。但他始终都面带微笑，特别和蔼可亲。

我偷偷瞟眼看去，哎，怎么显得这么不真实呢？我爸，就是这样一位“钢针”多面人。（张梓晨）

张梓晨同学笔下的父亲形象很真实也很生动，让读者如见其人，而且着眼于整篇文章的构思。如“他猛地抽出一张草稿纸，同时狠狠地瞥了我一眼，鼓起腮帮子，看向我的眼睛由小变大，瞪得如铜铃一般，而他的眼神又似尖刀一样稳、狠、准”，这里的一“抽”一“瞥”一“鼓”一“瞪”的特定动作的细节描写，将父亲跟自家孩子讲题时的“怒态”描摹得淋漓尽致，大有山雨欲来风满楼之情状。另外，“随着一声似要震碎耳朵的拍桌子声，他浑身的汗毛似刺豚般炸开，可谓怒发冲冠，‘钢针’一根根倒立了起来，脸红得发紫，眼中杀气腾腾”这些动作、神态等细节描摹，很好地将怒发冲冠的父亲与战战兢兢的“我”对立了起来，可就是这样“严怒无常”的人却是学生眼中“最喜爱的老师”，人物形象瞬间立起来，恨铁不成钢的父亲，和蔼可亲、不厌其烦的微笑老师，爱与恨、厌与敬的情感，全用了陌生化处理，留待读者自己去品味。

总之，这一单元的写作训练中，“读写共生”的理念一以贯之，注重开发课文资源，挖掘经典，多角度、多元化提供学习元素，指导学生抓关键细微处画其形、道其言、观其行、塑其神，在写作实践中学会写作，有效达成阅读与写作这一学习任务的目标。

参考文献：

[1][2][3][4][5]向浩．统编版读写共生写作日常课：七年级下册[M]．广州：花城出版社，2020.

以三个追问来突破“怎样选材”

——七年级下册第四单元

向浩 黄中英

七年级下册第四单元从不同角度展现了“中华美德以及时代对这些美德的呼唤”这一主题，单元选篇类型丰富，为单元写作任务“怎样选材”提供了丰富的资源。学生在写作实践中，存在无“材”可写的困境，也有一部分学生有写作素材，却不会合理选择和剪裁。因此，我们可以发掘第四单元相关篇目中有利于训练学生“怎样选材”的学习元素，帮助学生做到有“材”可写，有“材”可选，有“材”可用，进而行文成篇，完成单元教学目标。

一、“材”从哪里来

叶圣陶先生说：“生活如泉源，文章如溪水，泉源丰富而不枯竭，溪水自然活泼地流个不歇。”可见，生活就是写作素材的来源。编者也在单元写作中强调，写作的材料源自生活。我们日常所接触到的各类人物、遇到的各种事情，都可以成为写作时的直接材料；而读过的书、文章等，也可以为我们提供一些间接材料。当然，在所有材料中，最重要的还是自己的亲身经历。因为我们对它感受最直接、最真切，写起来能得心应手。可见，让学生在生活中积累素材是非常重要的。素材积累得足够丰富，写作活动才会开展得顺畅，否则就会陷入“巧妇难为无米之炊”的困境。

积累素材的方式有很多种，我们构建了“概括提炼（点）—分类整理（线）—绘制素材导图（面）”的三步积累素材的模式：第一步，我们搭建了最适合学生积累素材的支架，即用“什么人做什么事，结果怎样”的句式来概括。如在学习《叶圣陶先生二三事》时，我们可以让学生先一一概括每段所讲之事。学生通过模仿这样的句式来概括提炼他这一天中发生的值得记录的事情。第二步，提炼关键词，对素材进行分类整理。如《叶圣陶先生二三事》中，让学生根据关键词“日常交往”“语文方面”来整理，以此把每一个点状的事件串成一根线。学生也可以模仿这种方法，对自己积累的素材进行整理，可以以人物为关键词来整理，如“家人”“同学”“朋友”“陌生人”；也可以以空间作为关键词来整理，如“学校”“家庭”“社会”等；还可以以情感作为关键词来整理，如“伤心”“开心”“后悔”等。关键词是学生根据自己的习惯和需要设定的，不一定要严格按照老师的示例来划定。第三步，绘制素材导图，把依据关键词整理的素材进行系统的整理，变成一个平面示意图。如此，学生以后写作文时，可以根据关键词进行生发，从点到线再到面，绘制作文的素材导图，进而解决无“材”可写的困境。例如有学生绘制如下素材导图（如图1）：

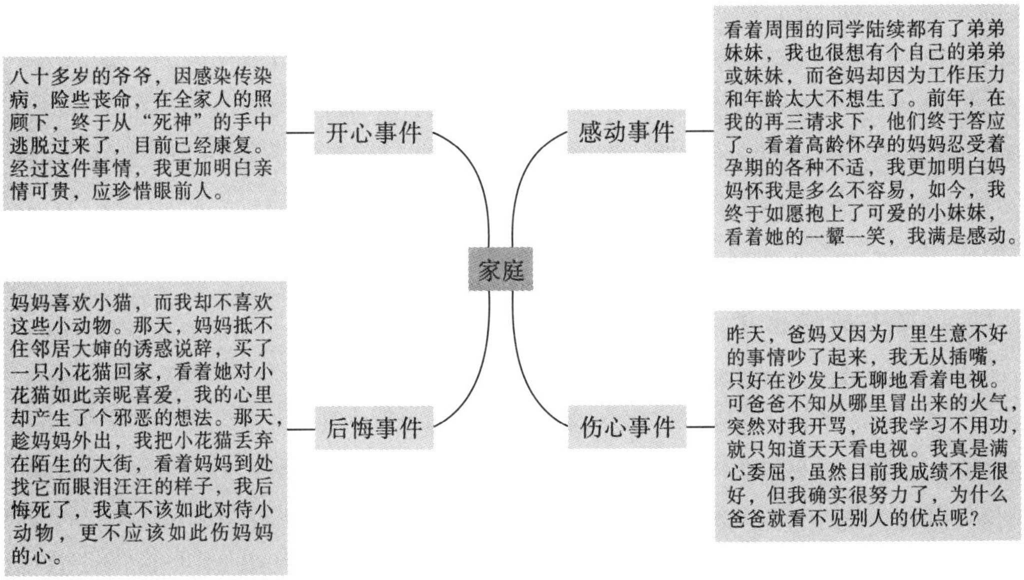

图1 素材导图

学生以空间地点和心理情感作为关键词来绘制素材导图，以“家庭”为第一级关键词，设定素材的空间范围，以“开心”“感动”“后悔”“伤心”等情感作为第二级关键词来整理事件素材，进而围绕情感主题词，采用叙事类文章六要素的结构来概括整理相关事件，如此，形成点、线、面的素材导图。以此类推，如果第一层级为地点，那可以改成更多地方，如车站、菜市场、校园等。同样，第二层级的心理情感主题词也不限于以上几个，还可以根据个人情况进行更丰富、更具体的表达。

这样学生想要完成单元习作——“晒晒我们班的‘牛人’”时，便能查阅自己构建的素材导图，可以先锁定地点为班级，也可以先锁定人物为同学，然后再看班级哪些人、哪些事件让自己佩服、称赞，随后选取该事件来写，这样就解决了无“材”可写的困境。

叶圣陶先生说：“拿起笔来之前，在实际生活里养成精密观察跟仔细认识的习惯，是一种准备工夫。”[1]不要等到写作时才告诉学生要做好“准备功夫”，而是时时处处都做写作的有心人。这是一个长期积累实践的过程，而非一朝一夕一次作文课能解决的问题。养成了精密观察和仔细认识的习惯，生活的源泉便会源源不断地提供丰富的素材。

二、“材”该怎么选

解决了写作素材来源的问题，我们就要在“怎样选材”上面进行深入研究，这也是这个单元写作需要突破的重难点。在具体的日常训练中，我们可以以教材的四篇课文作为例子，提炼“怎样选材”的学习元素，搭建写作支架，通过读写共生、读思融合，让学生通过在阅读课上的学习，以文字和图式的方式来呈现训练效果。

（一）所选之材要突出中心立意

王鼎钧先生说：“如果你不立意，你的材料就是一盘散沙，而且每一颗沙粒都是死的。”[2]所以选材时，首先要围绕中心立意选材。以《叶圣陶先生二三事》为例，可以提炼出第一个学习元素：“选材就是选择适用的材料和素材。选取适用的材料，就是在文章写作中，按照一定的写作意图或中心立意，对所选用的材料进行鉴别、裁剪。”可以设计这样的支架帮助学生整理——归类整理“日常交往”和“语文方面”的事情。例如学生这样写道：

本文围绕他“待人宽厚，品德高尚”这一中心选取了日常交往中的两件事情：（1）叶老恭送客人一定要送到大门外，晚年不能起床也不忘举手打拱道谢；（2）“我”曾去看望叶老，却没有相遇，他立马回复信件表达自己因没能接待“我”和发现“我”住公寓而悲伤。[3]

经过这样概括提炼、分类整理、分析评价的训练过程，加上在七年级上册第五单元已经训练过“写作要突出中心”，学生很容易就掌握这一学习要点。例如学生在写“晒晒我们班的‘牛人’”的文章时，谌茜同学选取班级“牛人”田博文作为写作对象，重点突出他“牛”在钻研，选取的事件为他琢磨、练习演讲能力，终于在市级比赛中荣获大奖的经历。她在习作中这样写道：

说起牛人，“田热热”同学便立刻跳进我的脑海。他大名叫田博文，因为他特别热爱演讲，不论是主题班会课上的分享，还是语文课上的展示；不论是学校重大场合，还是日常同学闲聊，总能听到他慷慨激昂的声音。故而班上同学冠之以“田热热”的名号。

这次，他被选派参加市里组织的演讲比赛，我们都调侃说：“就等着你去碾压其他选手了。”可他只是笑笑，每天不放过任何一点时间，时刻进行紧张的训练。下课时，我们在走廊嬉戏打闹，他却旁若无人一般慷慨演讲；放学后，当我们在网上刷视频时，他却在聆听、钻研“演说家”等语言类节目，学习如何表达；当我们在网上聊天消遣时，他却已经录制好几个朗诵视频发到班级群，让大家点评……最终，看到他拿着市赛第一名的奖状时，全班同学都对这个牛人竖起了大拇指。小小年纪的他，是学校金话筒主持人，是市级、区级比赛冠军，那一张张荣誉证书足以证明他真的很“牛”。

小作者为了突出田博文同学热爱演讲这个中心，第1段用铺排的手法，选取日常学习生活中他热爱演讲的一些场景进行简略概写。接着，在第2段，作者重点详写了田博文为参加演讲比赛，刻苦钻研，最终获奖的事例。不论是简略概写还是详细描摹，作者始终围绕“演讲牛人”这个主题来选材，并对材料进行合理地剪裁，在文中详略分明。同时，第2段多次运用对比手法，把他勤于钻研的细节和“我们”不钻研的懒散进行对比，进一步凸显他“牛在钻研演讲能力”这一中心。

（二）所选之材要真实且典型

确定所选材料都能围绕中心和立意后，我们可以进一步聚焦筛选，真实且典型的材料更有代表性。以《驿路梨花》为例，我们提炼出了两个学习元素：（1）选材要真实；（2）选材要典型。

“社会公德”是一个宏大的主题，《驿路梨花》以“雷锋精神代代传”为切入点，选取了代表不同民族、身份、年龄、性别的一群人：“我”、老余、瑶族老人、一群哈尼小姑娘、解放军战士、梨花，作者通过写他们建造小茅屋和照料小茅屋，既让自己享受到小茅屋带来的温暖，也让后来人享受小茅屋带来的方便，巧妙地表现这一宏大的主题。

为此我们在教学《驿路梨花》时，让学生把文中与小茅屋相关的人物写出来，并且概括每个人物与小茅屋的故事。某学生通过概括分析，在课堂上这样说道：“课文选取的人物很典型，有军有民，有汉族有少数民族，有老有少，有男有女，能代表社会上的很多人。所写的事件也真实且有典型意义。我通过查阅彭荆风的另一篇文章——《我写〈驿路梨花〉》，得知文章中的素材大多是根据作者真实的生活经历进行整合剪裁而来的，很能反映当地的民风。”

经过这样的分析，学生在写“晒晒我们班的‘牛人’”的文章时，开始着意选取真实且典型的材料。例如，有同学选择的“牛人”是李欣怡，想塑造她“写作牛人”的形象，列举了如下事件：第一，她为了创作一部小说，三天三夜都不吃饭、不睡觉；第二，每天坚持写日记，从没有断歇，家里的日记本已经有几大箱子；第三，她还每天坚持晨读一千字，晨跑一千米，在今年的校运会上获得长跑冠军。

这几件事情，确实都能说明李欣怡是“牛人”，那么哪一件事情既真实也典型，最能凸显她是“写作牛人”呢？经过同学们讨论，发现第一件事情中“三天三夜不吃饭、不睡觉”读来不真实。第二件事情围绕“写作牛人”来写，很典型，而且大家每天所见，具有真实性。第三件事情也是讲坚持，但坚持晨跑、晨读的事例没有直接体现出对成为“写作牛人”的帮助，缺乏典型性，不建议选用。学生在习作中最终这样写道：

说到牛人，不得不提到李欣怡同学。她真不愧是写作高手。每一次作文讲评课，老师都会拿她的文章作为范文来点评，班级后面的作文展示墙，每一期都少不了她的作品。她的不少作品更是被发表在报纸杂志上，让我这个“写作困难户”佩服得五体投地。我曾当面请教她，为何能写出那么好的作品。她笑着说：“坚持写日记，把每天所看到的、听到的、想到的等，都写出来，写着写着，你就越来越会写，也越来越爱写了。”

那天去到她家，她从书房里搬出几个大箱子，我以为是什么稀世珍宝，没想到是自从她入学起就开始坚持写的日记。原来她从小就会细心观察生活，然后及时把有意思、有意义的事情记录下来，长此以往，积累了大量的写作素材，有了强烈的创作动机，写作便成了“家常便饭”。看着她如数家珍地翻阅着，我终于明白她牛在何处了。[4]

在这篇习作中，作者想要凸显李欣怡为“写作牛人”这一中心，舍弃了她为了创作三天三夜不吃饭、不睡觉的事例和她每天坚持晨跑、晨读的事例，因为这两个事件在真实性和典型性上有所欠缺。最后，在行文写作中只选择了她每天坚持日记创作这一真实、典型且能突出中心的事件。

作者在第1段先开门见山点出她是写作高手，以她发表了众多作品和班级作文展示墙上贴满了她的作品来突出她是“写作牛人”这一中心，进而在第2段探究她成为“写作牛人”背后的原因——坚持写日记，由表及里，如此，更突出“牛人”背后的精神品质，即坚持不懈、勤于观察等。可见，在选材时，一定要围绕中心，选择真实且典型的材料。与之不符的材料，要大胆舍弃。

三、“材”要怎么用

在“怎样选材”这一作文训练的最后阶段，便是指导学生怎样用“材”，对材料进行合理安排布局，使其言之有序、条理清楚、中心突出。夏丏尊、刘薰宇先生说：“作叙事文的时候，材料搜集好了，就要确定主想。主想一定，然后将材料依主想来选择，与主想有关系的便取，无关系的就舍。但有一点需要注意，就是同一材料应当取舍，不是材料本身的重要与否的问题，而是与主想的关系重要与否的问题。”[5]这里的主想就是立意。如果文章记叙两件事情，这两件事情应当与文章立意有重要关系，即从两个不同的角度来表现立意，那么出现多个材料时就要考虑文章的结构布局。

为了让学生能更明白如何用“材”，我们提炼出了以下四个学习元素：（1）并列法；（2）对比法；（3）递进法；（4）详略法。

在写作训练时，可以让学生从宏观、中观、微观三个角度来理清文章结构思路，知晓如何编排使用素材和谋篇布局，在完成单元写作时，我们可以让学生先绘制“晒晒我们班的‘牛人’”的思路结构图（如图2），例如：

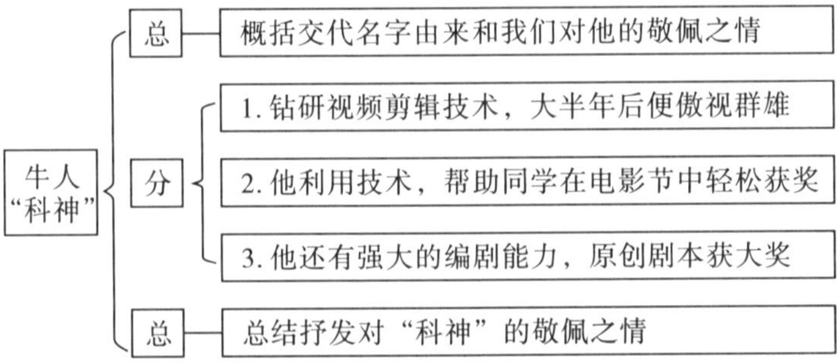

图2 “晒晒我们班的‘牛人’”思路结构图

根据思路结构图，学生完成单元习作。如：

说起“牛人”，“科神”便立刻跳进我的脑海。

因为他的名字中有一“科”字，在学校的种种事迹又很神奇，故而冠之以“科神”的名号，似乎只有这样，才足以表现出同学们对他的敬意与亲昵。

“科神”语言文字功底特别好，所以一入学就被文学社吸纳进来了。可是他又特别热爱戏剧影视，于是常常跨界参与戏剧影视社团活动，学习剧本创作和电影剪辑。后来，电影剪辑的基础性课程已经满足不了他的需求，“科神”便在网络上寻找学习资源，一边学习，一边动手操练，废寝忘食，乐此不疲。只大半年时间，每一个经他手剪辑的视频均得到一致好评，他的视频剪辑技术已经在学校技压群雄。

有一次，我们社区举办电影节，电影社团的同学都摩拳擦掌，想要拿出质量上乘的微电影去评奖，却在后期剪辑上发了愁。原来，大家所学的技术都无法支持这种专业电影的剪辑。临近交片的日子，终于有人敲开“科神”的房门，哭丧着脸向他求救，“科神”却只是微微一笑，两眼放光地说：“多长的片子？想剪成什么样的？”不到一下午，这部微电影便在他的手中完成了。电影社团的同学跑去一看，“科神”用的竟然都是他们从没学过的剪辑软件！而且他的按键速度极快，双手配合默契、操纵灵活，就像那皮影艺人，用一根根手指，为观众呈现着一场场精彩好戏，真乃神人也！而那个同学的作品也因他高超的剪辑技术，顺利突围获奖。

“科神”之神，还体现在另一方面，那就是强大的剧本写作能力。我之前常常踱步到他家，跟他讨论文学，总听他感慨如今的好剧本越来越少。那深沉的语调中，似乎透露着文学精神衰落的悲凉。可他不服气，想用创作来回击。于是遍读优秀剧本，整天躲在自己的小桌前创作、投稿，刚开始总是石沉大海、杳无音讯，但他从没放弃。大约过了一年，他的剧本获奖了，而且是个全国性大奖。我们所有同学都为他感到高兴，因为他不仅仅得到了应有的回报，更为这个时代的精神世界贡献出了有价值的食粮。我想，这也许就是学生的使命吧！“科神”做到了！

“科神”，一位热爱钻研的“跨界生”；一位怀揣理想的好青年；一位乐于助人的真兄弟。与“科神”同在，便与理想同在！如今，我们都各奔东西，但他那天真的笑容、发光的眸子和那熬夜奋战的脊梁，永远珍藏在我的心中。[6]

学生按照“总—分—总”的结构来行文，通过日常生活的相处了解，积累了此素材，于是很快解决了“材从哪里来”的问题。为了突出“科神”的钻研能力，作者在分说其“牛”的事件中，选取了三件真实、典型且能突出其“牛”的事件：第一件事情是废寝忘食地钻研视频剪辑技术，大半年后便达到傲视群雄的水平；第二件事情是在第一件事情基础上，进一步写他用该技术去帮助同学获大奖；第三件事情写他创作剧本为时代贡献“精神粮食”。这三件事情既凸显其专业技术“牛”，也突出了他热爱钻研、乐于助人、永不言弃的精神品质，从事件表象之“牛”深入挖掘背后的精神品质之“牛”，具有典型意义。三件事情在排列上运用层层递进的用“材”方法，从个人钻研发展再到帮助他人发展，最后上升到助力社会发展，选材得当，用材恰切，很好地体现用“材”之道。

总的来说，我们要充分利用教材这个“例子”，开发提炼合适的写作元素，在写作过程中搭建恰切的写作支架，帮助学生从平淡的生活中挖掘丰富的素材，构建属于自己的素材导图，选取真实且典型的材料，最后运用并列或递进等组材、用材的方法，突破“怎样选材”这一瓶颈。

参考文献：

[1] 叶圣陶．怎样写作［M］．北京：中华书局，2009：38-39.

[2] 王鼎钧．作文十九问［M］．北京：生活·读书·新知三联书店，2014：74.
[3][4] 向浩．统编版读写共生写作日常课：七年级下册［M］．广州：花城出版社，2020.
[5] 夏丏尊，刘薰宇．文章作法［M］．北京：中华书局，2009：25.
[6] 向浩．统编版读写共生写作日常课：七年级下册［M］．广州：花城出版社，2020.

状物言情巧联结　文从字顺循序进

——七年级下册第五单元

向浩　邓杨

七年级下册第五单元的人文主题为“哲理之思”，重点学习“托物言志”的写法，单元写作任务为“文从字顺”。单元选篇中的《紫藤萝瀑布》和《一棵小桃树》，“引领写作者看到世间‘难言’的物象，误入‘不尽’的旅途，窥见人的心灵景观”[1]。我们不妨以这两篇文章为范文，从以下两个层面来帮助和引导学生：一方面，解析物我交融、心物交融等学习元素，从内在把握物象与情志的联结；另一方面，从外在的词语准确、语句通顺、语句关联等角度，层进式地学会文从字顺，顺势达成单元写作要求。

一、写景状物：手法多样求“新鲜”

“想要自己的文章写物写得别致，我们还是需要对‘物质’具备新鲜、前沿、反刻板印象的知识，要对物与其旁涉‘关系’具有敏锐和独特的联想能力。”[2]要让文章中的“物”新鲜、生动、形象，需要学习一定的技巧和方法。我们可以从课文中提炼三类学习元素——“化静为动”“通感”“细致观察，逼真描写”，为学生搭建片段写作支架，学习写景状物。

以宗璞的《紫藤萝瀑布》为例，作者将自然界静态的紫藤萝动态化，如“每一朵盛开的花就像是一个小小的张满了的帆，帆下带着尖底的舱，船舱鼓鼓的，又像一个忍俊不禁的笑容，就要绽开似的”。透过这些动态化的喻体，我们似乎感受到了紫藤萝无限的活力与生命力。可以先让学生美美地朗读这些文段，再进一步聚焦，找到喻体：“张满了的帆”“忍俊不禁的笑容”，引导学生想象其形态特征，补充观察到的细节。例如：

每一朵盛开的花都像是一个白瓷酒盅：盅沿儿莹白透亮，向外微卷；盅底晕着青黄色的釉。谁的巧手将它们一个个洗净倒挂，盅壁上还沾着昨夜的甘露，摇摇欲坠。一串花儿从小到大开放着，像是按音阶排布的自鸣编钟、响动的音符，叮叮当当，风至锵然。[3]

“倒挂的白瓷酒盅”“摇摇欲坠的甘露”，将花儿动态、娇滴的形象展露无遗；将“从小到大开放的花儿”喻作“叮叮当当的音符”，更是新鲜别致，作者的愉悦心情跃然纸上。

学生在进行景物描写时，往往会局限于视觉上的颜色、形态，或各感官之间感受的相互割离，导致描写死板僵硬。宗璞的《紫藤萝瀑布》先从视觉上描写紫藤萝的光影、形态，再写嗅觉的香气，直到嗅觉与视觉之间完全相融互通，使得景物增添了一层意境美，延展了想象的界域，例如“这里除了光彩，还有淡淡的芳香，香气似乎也是浅紫色的，梦幻一般轻轻地笼罩着我”。挖掘“通感”这一学习元素，“用形象的语言使感觉转移，将人的听觉、视觉、嗅觉、味觉、触觉等不同感觉，互相沟通、交错，彼此挪移转换”，这样学生的写作难点便迎刃而解。例如：

远远望去，簕杜鹃是一片“铺张”、明丽、绚烂的红火。走近细观，她们的花瓣分明是叶子的形状、布满叶脉般的纹路，可那深深浅浅的红昭示着：她们是花。靠近那些刚开的花儿，鼻尖凑近舒展的三瓣“红叶”间，一丝火红、热辣的花香直往鼻子里钻，仿佛在提醒我：“我是花儿，我是花儿！”[4]

“一丝火红、热辣的花香”将视觉与嗅觉相互打通，写出了簕杜鹃“明丽、绚烂”的色彩，呼应了远望时强烈的感受。

要发现那个“唯一”的喻体，展开逼真描写，前提是对景物做细致的观察，如模仿贾平凹的《一棵小桃树》对景物进行描摹时，可以先引导学生细读第2段：

我深深闭了柴门，伫窗坐下，看我的小桃树在风雨里哆嗦。纤纤的生灵，枝条已经慌乱，桃花一片一片地落了，大半陷在泥里，三点两点地在黄水里打着旋儿。啊，它已经老了许多呢，瘦了许多呢，昨日楚楚的容颜全然褪尽了。

作者先写在风雨中慌乱的枝条，接着由上到下写一片一片掉落的桃花，再进一步细致描绘桃花飘落在黄水里打着旋儿的细节，突出作者对桃树处境和现状的怜爱与疼惜。接着总结归纳出观察视角的变化，以写出不同角度景物的不同特征。

举一习作如下：

“丹唇未启笑先闻”，杜鹃花含苞的时候，已有幽幽的香味儿放出花信。花骨朵儿成了一把收拢的伞，花瓣紧紧相抱，像缄默的唇，严守着一个秘密。

春风吹过几轮，枝头的杜鹃才会轻晃起身子，先是娇滴滴地徐徐舒展着花瓣，尔后是银瓶乍破一般倏地怒放。那花瓣像善舞的水袖，纤细的花蕊是她飞卷的长睫，此时的杜鹃随风起舞，顾盼生姿。可是，很少人看到那花蕊深处，是一丝丝仿若啼血过的裂痕。[5]

“花瓣紧紧相抱”“花蕊深处，是一丝丝仿若啼血过的裂痕”，作者对杜鹃做了从外到内细致入微的观察，不仅让杜鹃尽力绽放的形象深入人心，也为后文的抒情打下基础。

二、情景联结：由物及人觅情思

“如果说散文需要处理的是真实情感的纹理，如何建立物与情之间的关系，就会成为我们现代散文写作训练的重心。”[6]单元导语亦强调：“体会如何运用生动形象的语言写景状物，寄寓自己的情思，抒发对社会人生的感悟。”基于此，我们同样可以提供写作支架，帮助学生掌握情（思）景联结的四个侧面：（1）由物及人，物我交融；（2）以心驭物，心物交融；（3）由物及理，托物喻理；（4）由景入情，情景交融。具体如下：

物我交融指的是“物”与“我”的交融和统一，宗璞在看到紫藤萝时写道：“觉得这一条紫藤萝瀑布不只在我眼前，也在我心上缓缓流过。流着流着，它带走了这些时一直压在我心上的关于生死的疑惑，关于疾病的痛楚……”这打通了“物”与“我”之间的经脉，实现了物与人的融合。举一优秀习作如下：

我屏息凝神地倾听，感觉这一首铃兰之歌不只在春色盎然的绿叶间奏响，也在我的心弦上拨动。这活泼的旋律随风飘荡，带走了城市里一夜的酷热与烦闷。我沉浸在这清晨的音乐中，想跟着哼一首清新脱俗的生命之歌。[7]

作者在描绘了铃兰的形象之后，运用由物及人的方法，“也在我的心弦上拨动”，充满着生命力的流动，虚实相生，时而写花，时而写人，将从花中得到的情绪释放与生命的喜悦自然地传递出来。

承接着由物及人，进一步由人到物，以达到心物交融。正所谓：“心物交融，中国古代文论的一种观念，阐述关于创作活动中的主客关系。一方面要求以物为主，以心服从于物；另一方面又要求以心为主，用心去驾驭物。从表面看来，这似乎矛盾。其实，它们却互相补充，相反而相成。”宗璞由物及人，从现在紫藤萝的灿烂与辉煌中，获得了“精神的宁静和生的喜悦”，然而再次回忆起十多年前“稀落”“伶仃”的紫藤萝后，眼前“开得这样盛，这样密”的紫藤萝，实际已经是投射了作者新生情感的物了，深化了作者对生命的体悟。不妨让学生在由物及人的基础上，带着某种体悟再次由人回到物本身，对物展开进一步的联想与感悟，从而延展物的内涵与意义。举一优秀习作如下：

簕杜鹃又叫叶子花，她没有花儿的容颜，只有叶子的模样，可她那花色和花香已经足够吸引任意一只蝴蝶。那抹颜色与香味才是她的灵魂，就像人身上的气质与品格，在我心中晕染、飘荡。[8]

作者在由物及人、由人到物的相互交融中，自然生成一些人生、社会的思考，以实现由物及理的深层次转化。“托物喻理，是议论技巧之一。借赞扬或详析某一事物，来说明一个深刻道理。此类文章具有寓言性和哲理性，含意隽永深刻、耐人思索，运用此法应注意‘物’的选择。这个喻理之物应该是人们熟悉的、常见的、具体可感的，而且物、理之间应有某种本质上的联系。”优秀习作展示如下：

树和人的一生都会遇到各种阻碍，但是生命的喜悦就在于拔节成长。[9]

从“竹节的磕磕绊绊”给予了竹子拔节生长的营养，联系到人生中的阻碍助力了人的生命成长，文章富含理趣，引人深思。

贾平凹看到那株长得委屈、孱弱的小桃树时，忍不住流露出对奶奶的百般思念，情真意切。一枝一叶总关情，景物的描写往往离不开情感的抒发，或触景生情，或因情设景，从而完成情与景的联结。可以引导学生先勾画出文中景与情、理融通的句段，分析并把握二者的相似点，同时使用“不禁”“忍不住”等表现情感自然流露的词语，以完成二者的联结。举一优秀习作如下：

我的内心震颤了，可怜花儿酝酿了一生，只为这一次绽放，可怜这花的绽放伴随着花心的碎裂。我恍然想到一个母亲孕育十月后的分娩，但我不能想、也不敢想母亲彼时的阵痛。我眼眶顿湿，我懂了，那痛，是母亲避而不谈的秘密；而那阵痛后的果实，却是母亲一生的荣耀……[10]

作者在细致描摹了“杜鹃啼血绽放”的形象后，内心受到触动，情不自禁地吐露心声，“恍然”一词，自然贴切地联想与之相似的母亲十月怀胎的阵痛，实现由景入情的内在衔接。

通过巧妙开发了“物我交融”“心物交融”“托物喻理”“情景交融”等支架，我们帮助学生发现“那些被选择的物象和创作者理解宇宙、理解自然、理解命运之间的关系”[11]，实现学生写作能力的有效迁移。

三、文从字顺：缀词成篇循序进

如果说状物与言情的联结是文本内在意蕴流畅的根本，那么文从字顺则是文本外在言说清晰无碍的基本要求，因此本单元安排了“文从字顺”的写作训练任务，可以在此基础上进行一些细化，设计一项“写读后感”的写作任务。

首先，安排“用词准确，无歧义”的写作支架，引导学生首先从词语的角度入手，注意表述的准确，避免产生歧义。然后，由词到句，设计“语句通顺”支架，提示学生注意句子的通顺，不给读者带来理解的障碍。接着，强调句与句之间的连贯，重点在前后语句关联明确，文意的承接转折要合乎事理。优秀习作举例如下：

（一）树和人的一生都会遇到各种阻碍，但是生命的喜悦就在于拔节成长。（二）我抚摸着竹子那一圈一圈的竹节，磕磕绊绊，令人不悦，而无节之处的竹子摸起来多么顺滑笔直。可是，如果没有竹节，竹子的高度也就到此为止，它永远无法获取更多营养，舒展出如此苍翠的枝叶。拔节成长，才能更接近阳光。那节，是命运安排的“劫”，更是生而向上者的光环。[12]

（二）句是紧接着（一）句中“阻碍”与“生命的喜悦”等展开，两句之间关联明确。

再如：

窗台上烈日灼人，那盆仙人掌上的尖刺在阳光下几近闪光，像武士亮剑，锋芒逼人。我伸过手去挑战这剑丛，一下被扎得渗出血点——真是只不近人情的刺猬！我猛地收回手，后退的那一瞬，我突然看到，仙人掌旁边枯黄的小草，它们在烈日下脱水严重、士气全无。而那仙人掌，依旧翠绿欲滴，仿佛厚厚的肉片里流动着汩汩不息的血液，跳动着生气十足的脉息。将漂亮的叶退化为扎人的刺，以减少水分蒸发，令自己顽强地存活，是仙人掌的哲学。那尖如麦芒的刺，是它绿袍上镶嵌的钻石，是它熠熠生辉的生命勋章。[13]

为了保证情感转折的流畅，作者使用了“那一瞬”“突然”表示情感转折的词语，使得情感由“嫌弃”转变到“赞美”，衔接更自然。

最后，在学习《外国诗两首》的基础上，提取“读后感”这一学习元素，设计“朗读全文，修改润色”的写作支架，循序渐进地引导学生达成文从字顺的习作要求。优秀习作举例如下：

人在不遂愿、不如意时便埋怨生活是个骗子，颓唐于一时的困境。“俄罗斯诗歌的太阳”普希金说，假如生活欺骗了你，不要悲伤，不要心急，因为忧郁的日子要镇静，快乐的日子将会来临。的确，面对人生低谷应有的态度是镇静与乐观。李白仕途不顺时，依旧高歌“长风破浪会有时，直挂云帆济沧海”，人生得意须尽欢，人生失意又何惧。梁启超说“患难困苦，是磨炼人格之最高学校”，可见，困苦面前实在不必悲伤心急，反要借机磨砺自己，为未来奠基。从长远的时间之流来看，现在的忧郁不过是将来快乐的前奏，在学习生活中，我们同样需要永葆乐观，正面现在的困难，相信美好的未来。[14]

“的确”“可见”等提示词的使用，让句子间的关系明了，实现由“读”到“感”的自然过渡。学生写作读后感的清晰思路就在提示词策略的指导下自然生成了。

本单元写作既涉及文章内容层面由物及情的内在联结，又关乎语言层面的言语组织技巧，二者一说意内，一说言表，但并不矛盾，意内的联结一旦明确，意味着思维的清晰，文从字顺便是自然而然的事了。

参考文献：

[1][2] 张怡微．散文课［M］．上海：华东师范大学出版社，2020：120.

[3][4][5] 向浩．统编版读写共生写作日常课：七年级下册［M］．广州：花城出版社，2020.

[6] 张怡微．散文课［M］．上海：华东师范大学出版社，2020：120.

[7][8][9][10] 向浩．统编版读写共生写作日常课：七年级下册［M］．广州：花城出版社，2020.

[11] 张怡微．散文课［M］．上海：华东师范大学出版社，2020：120.

[12][13][14] 向浩．统编版读写共生写作日常课：七年级下册［M］．广州：花城出版社，2020.

语言简明的关键：约为美，核以辨，简而深

——七年级下册第六单元

向浩　雷婧婧

七年级下册第六单元的写作任务为“语言简明”。何为语言简明？“简”即文辞上要尽可能地简要、简洁，不能啰唆，这是对量的要求；“明”即明白、清楚，使读者能够明白无误地接受，这是对质的要求。《文心雕龙》中有很多关于语言简明的论述，无论是“义典则弘，文约为美”“字删而意缺，则短乏而非核；辞敷而言重，则芜秽而非赡”，还是“其取事也必核以辨，其摛文也必简而深”[1]，都指明语言的简明须语言简洁，但非一味地删减字句，所叙述之事还必须在清楚明白的基础上，做到中心明确、文辞简要深远。我们可以围绕“约为美”“核以辨”“简而深”引导学生反复修改，通过充分训练促成写作能力目标达成。

一、约为美：反复修改，力求简洁

语言简明的首要要求是做到语言简洁，这需要反复对语言作细节化修改。我们可以先以课文为例子，引导学生品味课文中的语句，体会语言简洁的精要。

本单元中的课文《太空一日》选自杨利伟的自传《天地九重》，编者在收录时对语言进行了修改。例如原著中“但就在这个时候，火箭上升到三四十公里的高度时”，修改为“但就在火箭上升到三四十公里的高度时”，我们在课上引导学生比较课文及原文片段，体会“这个时候”就是“火箭上升到三四十公里的高度时”，当概要表述与具体表述同时出现，会导致语意重复、不简要，故可以将句子整合为“但就在火箭上升到三四十公里的高度时”。学生通过系列比较阅读，掌握语言简明，避免重复、啰唆的要义。

又如原文中的“我全身用力，肌肉紧张，整个人收得像一块铁。因为很快就有动作要做，所以全神贯注，眼睛一动不动地看着仪表板，手里边拿着操作盒。开始时飞船非常平稳，缓慢地、徐徐升起，甚至比电梯还要平稳。我心想：这很平常啊，也没多大劲啊！后来我知道，飞船的起飞是一个逐渐加速的过程，各种负荷是逐步加大的，要提前做好准备。但当时，没有人有过坐火箭的真实感受，并不清楚会有这样的变化。我一看情况远不像训练中想象的压力那么大，心里稍有释然，全身紧绷的肌肉渐渐放松下来”[2]。编者修改为“我全身用力，肌肉紧张，整个人收缩得像一块铁。开始时飞船缓慢地升起，非常平稳，甚至比电梯还要平稳。我感到压力远不像训练时想象的那么大，心里稍觉释然，全身绷紧的肌肉也渐渐放松下来”[3]。学生通过比较领会到：该段表述的中心为“肌肉变化”，删去与话题中心无关、横生枝叶的部分，可以让表意更清楚明白。

接着，我们可以将“避免啰唆、不堆砌词语、避免字面意思跳跃、不旁外生枝”[4]等语言简明的具体要求，分解落实到每一次写作训练中。如学生在学完《伟大的悲剧》后进行学写和修改的写作训练，“观察同桌，根据其神态（或动作、或语言）来剖析其心理，并用长句来刻画其心理”，并要求“反复朗读习作，删除重复、啰唆的语言”。举一习作如下：

他的手掌试探着“切”在桌子边沿，几根手指头怯生生地立在桌面上。多少次在课堂上，他都试图像今天一样把手高高地举起来。老师的问题，他已构思了缜密周详的答案，他甚至还幻想了老师将如何惊喜地夸赞他。这一次，他还是失败了，那些日子里构筑的“宏伟蓝图”竟与孤零零的手指一样可怜又可笑。昨天的家长会上，老师跟妈妈说，他是个会思考的孩子，希望他多举手，踊跃发言。他也跟妈妈推心置腹，表示会尽力克服恐惧，勇敢做自己。[5]

又如学完《太空一日》后进行学写和修改的写作训练：“描写一段比赛过程，用数词从不同角度描写比赛的紧张和激烈”，并要求围绕“紧张”来写，不旁外生枝。举一习作如下：

11点00分，裁判员一声哨响，毽子抛离地面1米，我左腿微曲45度，右腿曲至

90度，嘴里不自觉地喊着：“1个、2个、3个……”毽子稳稳地立在脚背上。11点00分20秒，用力过猛，毽子在离我脚背3厘米处笔直坠地。来不及多想，一步跨去，弯腰、捡毽子、抛起，整个过程耗时2秒。11点00分35秒，第30个。“低一点，再低一点。”我抬腿速度越来越快，这时右腿约莫只弯曲30度，毽子数从1秒1个，到1秒3个。73、74、75！时间到！[6]

写作完成后，老师引导学生不断修改并归纳提升语言简洁的技巧。如针对语言啰唆、词语堆砌的技法是“删繁就简法”，在上述《伟大的悲剧》的习作中，须删去同义的“形单影只”或“孤零零”，“害怕”或“恐惧”。针对旁外生枝的技法是去次留主法，在上述《太空一日》的习作中，须删去与中心无关的句子：“这只毽子和我平时在家训练时用的那只一模一样。”最后要求学生反复朗读，避免句子因过于简明而造成字面意思跳跃、意思残缺不全或有歧义。学生在实践中，逐步掌握修改的技巧，达成语言简明的目标。

二、核以辨：紧扣中心，表达明确

语言简明还应立足中心谈简明，做到简而不陋，繁而不冗，一切都要为中心表达得明确而服务。为此，我们可以聚焦写作要求，并紧扣本单元课文的题材特点提炼写作元素。

例如，《伟大的悲剧》是学生在初中阶段接触的第一篇传记文学，为了让学生在写作中既学习语言简明须中心明确的要求，又初步感受传记文学的特点，可以设计“在事实框架之下对事件细节、同桌心理、动作进行的想象式补充与描写，凸显同桌性格特征”“在感性的想象与补充的基础上，穿插理性的评判与分析，凸显同桌精神品质”的支架。由于学生第一次接触传记文学，需先解析写作元素：传记文学所写的主要人物和事件必须符合史实，不允许虚构，在局部细节和次要人物上，则可以运用想象或夸张做一定的艺术加工。我们先引导学生品味课文相关句段，从具体到一般的顺序领会写作元素，然后在紧扣题材特点的基础上借助支架，写出同桌的性格特征及精神品质。举一习作如下：

他的双臂无精打采地垂在双腿间，头也缩到贴近胸前的位置。他是真的惶恐啊，那些曾经一站起便言不及义的场景，一再提醒他，这次不过又是一出笑话罢了。突然，他十指紧扣，深深地吸了一口气，身体迅速从椅子里弹起……这个内心饱受煎熬的人，终于跨出了他人生中的一大步。当他在掌声雷动中坐下时，眉眼的笑容漾了开来。[7]

作者通过观察，发现同桌的动作和神态出现了细微变化，于是对动作和神态背后的人物心理进行了想象式的补写："他是真的惶恐啊，那些曾经一站起便言不及义的场景，一再提醒他，这次不过又是一出笑话罢了。"细腻地写出了人物内心的挣扎，后文"突然，他十指紧扣，深深地吸了一口气，身体迅速从椅子里弹起"与前文形成转折之美，突出人物敢于战胜自我的精神品质。最后插入理性的评判与分析："这个内心饱受煎熬的人，终于跨出了他人生中的一大步。当他在掌声雷动中坐下时，眉眼的笑容漾了开来。"表达对同桌精神品质的赞美。若无想象式的补写及理性议论，文章固然简洁，但中心会模糊许多。

又如，为了让学生的写作既能立足中心，又能简而不陋，我们可在《太空一日》的"描写一次比赛过程"的写作训练中设计支架："在'故事时间'的基础上穿插'叙述时间'和'现在时间'，把比赛写精彩"。由于大部分学生首次接触该学习元素，我们需要先对学习元素进行解析：叙述时间即作者讲故事的时间，故事时间即故事本身发展的时间，现在时间是写作时间，然后再鼓励学生写作。举一习作如下：

哨声一响，我铆足了劲，心里呐喊着"拼了"。头，仰得极高；脖子，伸得极长，眼睛，闭得极紧，像公鸡报晓时的"撕心裂肺"，耳边的呼喊声都淹没在呼呼的风声里。(故事时间）当时心里只有一个想法：这是初中第一次运动会，我可是第一棒。(叙述时间）快接近第二棒时，我微睁双眼，手中的棒早已朝目标而去……成功对接。(故事时间）再看到墙上的奖状时，那股不可名状的激动还喷薄欲出。(现在时间)[8]

在接触该学习元素之前，学生写一场比赛通常只会站在故事的时间线来写，单个时间线表现的人物心理比较单一，读者只能感知比赛时紧张的一面。我们可以从上述习作中发现，学生借助写作支架后，增加了叙述时间"当时心里只有一个想法：这是初中第一次运动会，我可是第一棒”和现在时间“再看到墙上的奖状时，那股不可名状的激动还喷薄欲出”，使得人物的心理富有层次：有赛跑和接棒的紧张，也有获奖后的激动与满足；人物的形象更加饱满：读者看见一个敢拼敢挑战且具有集体荣誉感的同桌。因而，文章中心更加明确，语言简而不陋。

三、简而深：字斟句酌，言简意深

语言简明的最高境界在于用最简要的文字传递含义深刻的意旨。本单元最后一课《河中石兽》为笔记小说，语言简洁，无多余修饰，篇幅短小精悍，却表达深刻的思想或观点。我们可以以课文为支架，引导学生领悟：简洁精练的语言也能传递出深刻的意蕴。如文中的两次“笑”十分传神，第一个“笑”是自大自负之笑，轻蔑嘲讽之笑，一个极简的“笑”字显露出讲学家的故步自封之态；第二次“笑”是自信之笑、鄙夷之笑，一位经验丰富、理性稳重的“真行家”跃然纸上[9]。又如，作者运用副词丰富了人物形象：“竟”字反映了寺僧在下游寻找不到石兽的惊讶心情，反观讲学家却用了极为强烈的副词“岂”（“岂能为暴涨携之去”）表达极为肯定的语气，还起到了反讽的表达效果[10]。这些极简的词语都引发了最后的深层思考，让学生领会到：要想让语言简洁，须字斟句酌，做到言简意深。

然后，我们可以引导学生依照严复提出的主张——按“信”“达”“雅”的标准来翻译全文，促进学生进一步体会笔记小说言简意深的语言特点。最后，我们选取全班作业中具有代表性的译文引导学生进行比较，如译文A“它的庙门倒塌在河里”，比译文B“它的庙门倒塌，掉进了河里”更加简明，“倒塌”一词本身就有“掉进”的意思，根据“删繁就简法”，A文用了“在”而非“掉进了”，符合语言简明的要求。此外，还要避免字面意思跳跃，如译文“‘……石兽埋在沙里，（只会）越沉越深而已。顺着河流找石兽，不就（显得）疯狂了吗？’听者信服地认为（这话）是对的。”相比其他译文增加了词语“只会”“显得”“这话”，使得译文准确、连贯，增加的词语也简明古雅，达到“信”“达”“雅”的要求。

综上所述，我们根据教材的写作要求，将语言简明的内涵与要求分解为“约为美”“核以辨”“简而深”，并提供具体可操作的支架，降低了任务难度，让老师从小处教，学生从小处学。

参考文献：

［1］刘勰．文心雕龙［M］．王志彬，译注．北京：中华书局，2012.

［2］［3］杨利伟．天地九重［M］．北京：解放军出版社，2010.

［4］教育部组织编写．温儒敏总主编．义务教育教科书语文七年级下册［M］．北京：人民教育出版社，2018.

［5］［6］［7］［8］向浩．统编版读写共生写作日常课：七年级下册［M］．广州：花城出版社，2020.

［9］于世龙．一波三折，两笑传神：《河中石兽》教学价值浅析［J］．语文教学通讯，2018(14)：64.

［10］李东．《河中石兽》的语气教学［J］．课外语文，2019(28)：183，185.

八年级上册

以新闻的方式学新闻写作

——八年级上册第一单元

向浩　李一凡

八年级上册第一单元为“活动·探究”单元，写作任务为“学写新闻”。新闻是实用类文体的一种，应用普遍，传播广泛，以其真实、客观、及时的特点传导着时代的脉搏。学习新闻写作，可以培养学生观察生活、紧跟时事、独立思考和进行社会实践的能力。教学时可以按照新闻写作单元的体例逻辑，安排消息、特写、人物通讯和事件通讯的写作系列训练，了解不同新闻体裁的特点，进行不同体裁的新闻写作训练。

一、大处着眼：教新闻的体裁

第一单元的写作任务有三：一是写一则消息，二是采用其他新闻体裁进行详尽报道，三是编辑展示新闻作品。其内在逻辑是从大处着眼，根据新闻不同体裁的特点进行多样化的写作尝试，并进行比照展示，以此更好地厘清新闻的体裁特点和写法。

以人物通讯的写作训练为例，首先设置“皆有人可访，皆有事可写”的情境任务——报道班级运动员，并选取《一着惊海天》的经典片段进行写作元素分析。接着，以此为示例，挖掘人物通讯的体裁特点和可参考的写作技法，并作为本次训练的核心学习元素。

写好人物通讯的关键是抓住人物的特点，揭示出具有鲜明个性特征的人物的情怀和思想境界。要求写作中既见事，又见人，通过典型事例表现人物的精神风貌。常见的写法有：（1）通过矛盾冲突表现人物的思想境界；（2）通过人物的行动、对话等表现人物鲜活的性格特征；（3）通过细节描写、心理刻画等展示人物的内心世界[1]。

确定学习元素之后，学生可以根据真实情境进行新闻写作，按照给出的写作支架完成写作训练，如本次人物通讯写作的支架为：（1）通过设计与自己内心、与他人或与环境之间的矛盾，凸显运动员形象；（2）通过生动的语言描写来凸显运动员性格；（3）通过细节描写等展示运动员的内心世界。学生在班级运动会的情境设定中，应用三个写作支架，完成一次人物通讯的写作训练。举一例学生习作：

“保持节奏！再坚持一会儿！”满头大汗的小圳大口大口喘着粗气，豆大的汗滴顺着下巴滑落，滴答再滴答，在炽热赤红的跑道上开出花儿来。

“他不行了吧，看都快到最后一名了。”别班的同学在窃窃私语。这声音太刺耳了！小圳心想：“我可以的！”伴随着一声怒吼，一抹疾驰的身影掠过，这是小圳在用尽全身的力气冲刺，超过了一个人、三个人、五个人。还有五百米、三百米、一百米……赢了！

喇叭里呼告着胜利的讯息：来自七年级一班的小圳同学赛程后半段上演绝地反击，赢得了初中男子一千五百米的第一名。[2]

如此，通过指导学生分析写作范例，归纳出具体的写作支架，再从中提炼出本次训练中重要的学习元素来补充写作知识框架，学生就完成了输入的过程，再通过应用学习支架进行写作演绎，达成输出，真正掌握人物通讯的写法。对于其他的新闻体裁，也可以实施这样的训练流程，在一次次输入和输出的过程中，引导学生学习不同新闻体裁的写法。

对应到具体的课文中，可以指导学生模仿《我三十万大军胜利南渡长江》写开学典礼的消息报道。通过拟写简洁、醒目、概括性强的标题，包含人物、时间和事件的一句话导语，以及按照时间顺序，运用衬托手法，撰写具体、生动、完整的新闻主体，让学生了解消息的简洁、凝练和平实。举一例说明：

深圳中学初中部举行2019—2020学年第一学期开学典礼

九月二日，全体师生齐聚田径运动场，隆重举行深圳中学初中部2019—2020学年第一学期开学典礼。七点四十分，开学典礼在雄壮的国歌声中拉开帷幕，全校师生精神焕发，注视着鲜艳的五星红旗冉冉升起，红旗在青绿草地的衬托下显得格外鲜艳，这是生机勃勃的一天。升旗礼后，深圳中学校长助理以《青春需早为，启航正少年》进行了开学致辞，他鼓励学生志存高远、自律自信、自立自强。随后，大会主持人宣读了2019级初一年级班主任名单，并颁发聘书。乐于奉献、富于创造的深中老师们是托举学生拾级而上的石级，用不懈的努力、不竭的智慧助力学生成长。最后，整个大会在全体新生洪亮的朗诵和整齐的宣誓中落下帷幕。（引自深圳中学初中部微信公众号《志存高远，扬帆起航——2019级初一新生入学典礼》，有删改）[3]

这则消息标题简洁明了，导语概括性强。新闻主体按照时间顺序叙述，脉络清晰。依照学习支架展开训练，学生就能够完成一则结构清晰、符合标准的消息写作。

可以让学生模仿《"飞天"凌空》第2—8段报道运动会获奖同学的"新闻特写"，指导学生选取具有典型意义的一个片段、一个场景或一个镜头展开描写，并使用比喻和对他人的侧面描写烘托人物精神，了解新闻特写的形象化、现场感和生动性的特质。看一例学生习作：

到小深了，他先往后踏了一步，加速冲刺，正对着横竿冲过去，只见身体腾空而起，好像是展翅飞翔的海燕，又像是凌空直上的雄鹰，弯曲的背脊画出一道优美的弧线，那弧线的顶点踩着1.9米的标线轻快地越了过去。"新的纪录！"围观的同学张大了嘴，不住地雀跃，"真是太厉害了！"[4]

学生选取小深参加跳高比赛跃起的那一瞬间进行新闻特写，用三个比喻写出了小深身手的矫健、身形的优美、身体的力量，并且用侧面描写突出了小深跳高的卓尔不群。

可以让学生模仿《首届诺贝尔颁发》采访学校名人，并撰写人物通讯。根据课文范写段落归纳写作支架：在开头用一句话概括通讯内容（包含人物、时间和事件），之后列举人物姓名、所获奖项和主要成就，最后用典型事例表现人物的精神风貌，学生通过写作应用即可明确人物通讯的写作重点是人物思想和事迹。看一例学生习作：

九月三日，玉龙学校首届作文大赛经过激烈的角逐，选出一名特等奖获得者。

这位从几十位优秀学生中脱颖而出的佼佼者来自初三（2）班，他的名字是叶力淇。小叶同学的文章自然流畅，精妙的象征贯穿全文，气势沉雄，有大家之风，获得评奖老师的一致好评。

叶力淇同学好看书，看好书，从初一开始整理的读书笔记已经有厚厚的六本，从童话散文到唐诗宋词，从社会科学到自然哲学，无所不包。老师也惊叹于他丰厚的阅读储备。看来写好文章非一日之功，需要持之以恒的点滴积累。[5]

学生为作文大赛获奖学生撰写人物通讯，用一句话概括了人物、时间和事件，并讲明了主要成就。同时，举获奖学生读书和记笔记的事例体现其勤奋、踏实、好学的精神品质。通过练习，学生一方面积累了优质的写作素材，另一方面明确了人物通讯的一般格式。

还可以让学生模仿《国行公祭，为佑世界和平》写校运会的事件通讯。模仿第1段，学习开头用简练的语言概述事件，说明背景；模仿第2—3段，学习并应用“按照从正到反的层次表现事件主题，详写正面事例，略写反面事例”的写作支架，使得事件通讯主次分明、详略得当、层次清晰、结构合理；再分析最后一段，学习“在事件通讯结尾深入挖掘事件的典型意义，确立富有时代感的主题”。看学生习作范例：

9月5日，全体师生齐聚田径运动场，隆重举行玉龙学校初中部2019—2020学年第一学期运动会。这是玉龙学校的第五次运动会，学生们以饱满的热情、挺拔的身姿、昂扬的斗志迎接这一天的到来！

犹记四年前学校的第一次运动会，只有六个班级，只有一个跑道、一个操场，只有几个项目、几种运动，学生们奔跑跃动，但总觉得意犹未尽。而今，我们的设施齐备了，排球场、篮球场、羽毛球场，还有宽阔的操场、平坦的跑道。我们的项目丰富了，12项个人项目，15项集体项目，共有610人次参与比赛，同学们意气风发，共同奋进，集体的力量在喷发，团结的精神在焕发！

一场体育运动会是合作与竞争意识的演练，体现了生命教育的力量。运动会是一种精神，赋予我们活力和希望；运动会是一种艺术，给予我们协调与大方；运动会是一种力量，让我们更快、更高、更强！少年强，则国强！[6]

经过分段写作训练，学生一是能够明确事件通讯的一般写法，让通讯条理清晰；

二是能够从事件中挖掘意义，让表达由浅至深；三是能够掌握多角度描写事件的方法，让事件充实完整。

由此，可以明确：教新闻写作要从大处着眼，使学生在蕴含着新闻特写、人物通讯、事件通讯的不同学习元素的写作任务中进行写作，在日常化、趣味化的写作情境中练习写作。通过选取突出特点，挖掘学习要素，模仿课文写法，进行多次写作训练，掌握不同新闻体裁的写法，在随文而写的写作体验中逐步提升自己的能力和水平，达成训练目标。

二、小处着手：教新闻的技法

新闻的真实性是写作的核心和首要原则，但这不代表着要牺牲新闻的可读性。语文课标要求对学生进行语言文字训练，而文学化处理也恰是一种新闻优化的方式，即最早在西方流行的“文学性新闻”[7]。这种创造性的非虚构写作在我国20世纪80年代开始流行，越来越多的记者在新闻写作中借助文学作品的生动叙述和写作技巧来增强新闻的可读性，使新闻兼具报道性、文学性、实用性、审美性。

统编版教材将特写、通讯和新闻评论编入阅读任务，既是对新闻写作的文学优化路径的一种呼应，也是对学生写作能力提升的一种要求。教学时可以解析并提取不同新闻记者的个性化语言表达，将之纳入学习元素，学生在解构和应用这些个性化的语言表达时就能反哺文字运用能力。

新闻写作时可以提供三种技法给学生练习：选材、结构和表达。首先在选材上，模仿《国行公祭，为佑世界和平》写校运会的训练任务时，可以提醒学生关注事件通讯的选材。原文提道：

从“恐怖之城”到“和平之城”，南京的命运变迁足证和平是何等珍贵。中国早已成为具有保卫人民和平生活的坚强能力的伟大国家，矢志捍卫世界和平。铭记历史、缅怀先烈、珍爱和平、开创未来，中国一以贯之的和平誓言，彰显坚定的信念、磅礴的力量。[8]

作者通过强调重要意义，赋予了事件时代主题，庄重收尾。由此，我们可以确立

“深入挖掘事件典型意义，确立富有时代感的主题”的选材支架，并指导学生在写作中应用，这既是事件通讯的写作要求，也是创作开展的重要前提。

确定选材后要对材料进行组合排列，安排新闻的结构。在选材的技法训练之后可以设计第二次的进阶训练，《国行公祭，为佑世界和平》第2—3段中，作者先举大量正例，再举日本右翼的反例，层次分明、详略得当、例证充分，批评了日本右翼分子的丑态。模仿教材范例，可以搭建“按照从正到反的层次表现事件主题”“详写正面事例，略写反面事例”的结构支架，帮助学生完成校运会通讯报道的具体内容。看一则校运会的学生报道习作：

9月5日，全体师生齐聚田径运动场，隆重举行玉龙学校初中部2019—2020学年第一学期运动会。这是玉龙学校的第五次运动会，学生们以饱满的热情、挺拔的身姿、昂扬的斗志迎接这一天的到来！

犹记四年前学校的第一次运动会，只有六个班级，只有一个跑道、一个操场，只有几个项目、几种运动，学生们奔跑跃动，但总觉得意犹未尽。而今，我们的设施齐备了，排球场、篮球场、羽毛球场，还有宽阔的操场、平坦的跑道。我们的项目丰富了，12项个人项目，15项集体项目，共有610人次参与比赛，同学们意气风发，共同奋进，集体的力量在喷发，团结的精神在焕发！

一场体育运动会是合作与竞争意识的演练，体现了生命教育的力量。运动会是一种精神，赋予我们活力和希望；运动会是一种艺术，给予我们协调与大方；运动会是一种力量，让我们更快、更高、更强！少年强，则国强！[9]

从习作来看，不同于老套的选材，学生能够关注到运动会场馆、规模、学生精神状态的前后变化，发掘出运动会开展背后深刻的体育精神和时代意义，并能够按照从正到反的次序详略得当地安排写作，较好地实现了训练效果。

除了选材和结构以外，在新闻作品中加入文学元素，增添新闻的文学色彩也是新闻写作训练的重点。如在学写人物通讯的训练中，分析《“飞天”凌空》第2—8段，作者运用了比喻写出了吕伟跳水姿态的优美，写其他人的反应侧面表现了中国人才济济。由此，可以指导学生模仿相应段落报道运动会获奖同学，运用比喻修辞进行描写，并通过对其他人的描写侧面烘托人物形象。模仿《一着惊海天》报道班级运动员时，可以学习课文第22段设置矛盾和对比的手法，写作时设计与内心、与他人或与环境的矛盾凸显人物形象；还可以模仿课文中大量的人物对话和细节描写，学习通过生动的语言描写凸显人物性格和通过细节描写展示人物内心世界等表达方法。学生应用不同的文学技巧支架，可以让新闻写作的内容更丰富，表达更生动，语言更精准。一位学生综合应用支架完成了“校园名人”的单元写作训练：

小吴从此“一战成名”，之后更是因为经常打架、违纪而闻名校内外。（设计与他人和环境的矛盾）家长来到办公室直抹眼泪，老师一听到他的名字就频频摇头，同学对他闻之色变。

初三很快就到来了。在第一次年级大会上，同学们一起看了无腿登山家夏伯渝一生挑战珠穆朗玛峰的故事。那天，小吴的眼睛中，闪耀着奇异的光芒。（细节描写展示人物内心世界）

小吴说：“我想到了自己，我有手有脚，可我却好像用错了地方，为何我就不能做出一番像样的事呢？”（语言描写突出人物变化）

从那天起，小吴开始了新的闪耀。每次上课，他都目光如炬、炯炯有神，打游戏时也没这么专注；每个课间，他都围着老师同学，问这问那，仿佛能听见他脑子发出像风扇运转时的呼呼声；每个晚自习，他都紧锁眉头、一声不吭，好像那思想者的雕塑……（细节描写，与前文进行对比）

“这还是我们认识的小吴吗？”每位老师、每位同学都在惊讶着、赞叹着、表扬着。（对其他人的描写侧面烘托人物形象）

终于，小吴的行动成就了不一样的自己，他终于以一种新而美的方式，再次闻名。[10]

学生习作通过多种写作支架的应用生动地报道了“小吴”这一人物，叙事完整，铺排有序，脉络直观，矛盾和对比的设置增强了报道的可读性，语言描写、侧面描写和细节描写增强了新闻的现实感和感染力，是一篇不错的人物通讯。

经过实践，我们知道了教新闻写作还要从小处着眼，这些兼具新闻性与文学性支架的应用能够增加学生作品的可读性和感染力，使得作品对细节的处理更细致，对人物的刻画更突出，对主题的传达更自然。

三、易处以观：学新闻的评价

不同于一般作文，教材将本单元专列为“活动·探究”，是对新闻写作“知”和“行”提出了要求。在新闻阅读，了解特点之后，要进行新闻采访；在新闻采访，发掘生活之后，要进行新闻写作；在新闻写作，现实应用之后要进行评价展示。这是因为新闻写作有比较明显的程式化特征，其格式、结构和特点均有较明确的要求，因此，教材安排了学生小组互评、自主修改[11]。但是，学生在较短时间内形成的新闻知识框架，还不足以支撑他们进行完整适切的新闻评价，因而教学时还应更多地关注具体评价标准的制定和写作效果的展示。

具体的评价标准有一个基本原则：易处以观，培养学生的读者意识。新闻发出、传达信息之后，读者接收、理解信息，这才是新闻报道的一次完整过程。读者信息的接受度是对新闻写作是否合格的重要评判标准。着力培养学生的读者意识，可以从以下两个方面入手：第一，重视活动过程评价。写作过程要设置多层“读”的活动，让学生在“读”中深化对写作标准的理解。学习课文和学习元素是第一层“读”，优秀习作选登、开拓思维是第二层“读”，反馈评测是第三层“读”。在反馈评测的第三层“读”中，每一次写作训练都要有符合当日训练任务和新闻基本要求的评价标准。长此以往，学生会形成评价的框架模块意识，知道写作效果的实现需要不同技巧的应用。根据标准进行自我评价、组内互评、小组互评时，学生会以读者的身份大量阅读同学的新闻作品，继而观照自我的新闻作品，取长补短，再跳转到写作者的身份，在框架内对不同模块的知识进行再训练、再修改，逐渐完善认知，提升新闻写作能力。第二，增加新闻评价主体。新闻报道往往是对一个群体传达信息，而学生的新闻作品也需要扩大受众范围，增加关注，以此达成新闻这一实用文体的应用效果。老师可以鼓励学生以多样的方式完成教材的拓展任务，在完成写作后，将达成写作支架要求的满分新闻报道进行展示，请学生按照主题分类加以整理，编辑制作成报纸或者不同平台的电子页面（微信公众号、作文纸条、知乎平台、QQ群等）。还可以联系学校媒体，让学生参与到广播报道、校报采写、文学社社刊的发行中。写作训练时设置了情境任务，如校运动会、开学典礼等，老师可以将写作的情境任务还原现实，“写”以致用，在真实的运动会和开学典礼中检验新闻达成的效果。如某校文学社对学生作品进行每周选编，“新闻专题”中刊登的学生新闻作品大大激发了学生的写作热情，展现了八年级“小记者”的风采。将新闻写作和学校媒体联系起来，既能在实践中提升学生的语文素养和媒介素养，又能为学校媒体建设增添活力，强化后备力量，可谓一举两得。

总的来说，要以“新闻的方式”教新闻写作，从大处着眼，培养学生的新闻体裁意识；从小处着手，指导学生新闻写作的技法。再教学生“易处以观”，从读者的角度评价新闻。写作训练应小篇幅、多篇目，让学生经历学、写、评、展、修的多次循环，通过有指导、有标准、有评价的微写作，循序渐进，让学生形成新闻写作的基本知识框架，提高写作能力，提升媒介素养。

参考文献：

[1][2][3][4][5][6] 向浩．统编版读写共生写作日常课：八年级上册[M]．广州：花城出版社，2020.

[7] 司新丽．新闻写作中的真实性与文学化[J]．新闻与写作，2015(3)：107-109.

[8][9][10] 向浩．统编版读写共生写作日常课：八年级上册[M]．广州：花城出版社，2020.

[11] 教育部组织编写．温儒敏总主编．义务教育教科书语文八年级上册[M]．北京：人民教育出版社，2016.

把握文体特征　完成人物小传

——八年级上册第二单元

向浩　刘秋琴

八年级上册第二单元的写作任务为“学写传记”。人物传记是记载人物生平事迹的一种文体。从创作方法来看，人物传记又可以分为历史性传记和文学传记两大类。前者以记述史实为主，行文多用概括性语言，不做过细的描写，但也有若干富于文学色彩的作品；后者则依据历史事实，采用形象化的手法，描写人物在一定历史条件下的主要经历、性格特征、精神风貌、生活状况和社会关系，忠于史实，但也不排斥某些想象性的描写[1]。总体来说，可以将“人物传记”的特点归结为三点：一是选材具有典型性和时间性；二是内容具有真实性和合理想象性；三是手法具有生动性和形象性。

一、选材典型，叙真事

单元写作提示强调，传记要求真实，凡是文中涉及的时间、地点、人物、事件等都必须是准确的，但同时作者也可以发挥想象来填补事实的空隙，生动传神地表现人物。人物小传不是生平履历表，所以要从选材入手，指导学生选择能够体现人物性格的典型事件来进行写作。这一点和回忆性散文有相通之处。如可以从《回忆我的母亲》一文中提炼学习元素，设计选材任务。

要使传记真实可信，首先必须全面搜集资料，使传记所反映的人物生平事迹准确无误，完整无缺。这些资料一般包括五个基本方面的内容：（1）人物的姓名、性别、籍贯、民族；（2）人物的生卒年月；（3）人物的学历、简历、党派、职务；（4）人物的贡献、功绩、科技成果、著作；（5）能反映人物思想风貌本质特征的典型事件[2]。

朱德写母亲的职业、祖籍、住处、家世等，笔墨不多，但却非常准确地体现了母亲一生的艰辛。在这样的环境成长的母亲最大的特点便是“好劳动”，因此他选取了煮饭、种田、喂猪、养蚕等具体、典型的事例来体现母亲的特点。为了完成“给老师立传”的任务，学生可以对某老师进行采访，在采访前，根据需要列出采访提纲。通过采访，收集相关的信息，然后用文字介绍老师真实的基本资料。

采访提纲	
采访目的	了解某老师的成长经历
采访方式	访谈、录像等
采访要点	1. 老师的籍贯等基本资料
	2. 求学路上的重要经历，对人生的影响
	3. 工作后的经历与感受
	4. ……

在采访过后，让学生提炼老师人生中的重要经历，选择典型的事例，具体地表现老师的某个特点。举一例文如下：

刘老师是土生土长的东北人，连大学都是在东北师范大学读，长到24岁才算真正地走出东北，这一步迈得实在有些大，几乎跨越了整个中国，来到了广东深圳。虽然刘老师目前暂居城中村，但是工作一年就在深圳买了新房，让人咋舌。这就不得不提他的家里人，刘老师的父亲是校长，母亲做生意，是一个家境殷实的书香世家。

刘老师真的很拼。作为一个没有早读课的数学老师，每天早上7点就到了班级，叠着胳膊站在那，谁也不敢早上补作业。更不用说日常上课窗外的目光追击，稍微走点神，就会被“点射”，真是让人胆战心惊。[3]

在采访过程中，学生能够收集的信息很多，在收集信息的基础上要有一定的提炼筛选，这篇习作聚焦的是刘老师从求学到工作的主要经历，尤其突出刘老师工作的认真负责。当然，人物的性格特点，可能是与他的成长环境相契合的，也可能是有一定反差的，但只要有典型的事例支撑，就能真实可信。

在教学过程中，学生往往会为细节的素材选择而烦恼。老师的相关事例并不少，选哪一件最合适呢？《藤野先生》的第11—19段便是一个好例子。鲁迅先生为了体现藤野先生教学的严谨负责，选择了检查、指导讲义的事例。藤野先生教鲁迅，是从每周检查讲义入手的。在这个事例中，鲁迅不仅写了检查的频率，还写了修改的细节，更写了老师指导修改的具体语言。这些素材都是通过加工、提炼后，最能体现藤野先生严谨负责这一特征的。由此，可以依据课文搭建出三条写作支架：选择典型事件为某老师立传；抓住典型细节为某老师立传；选择典型语言为某老师立传。在写之前，还可以让学生通过绘制思维导图，多次筛选选材，由此保证选材的真实、典型。举一例文如下：

一天里，我总能看到他暗暗开启四五次“观察者模式”，他有时候站在侧面的窗户往里看，有时候站在后门往前看，我甚至还发现他站在前门往后看，总之，我们的日常就360度无死角地暴露在刘老师的目光之下。

“怎么回事？总能看到你在瞥我！”刘老师的大眼睛一瞪，我的汗孔就开始工作，更不用说他的大手轻轻捏在我的后脖颈上，从手指接触的地方开始竖起一大片的汗毛。我感觉再不认真听课，那只大手就会捏住我命运的喉咙。得，认真听讲吧！看到我的目光聚焦到老师身上，精神也集中起来，那双大手悄悄地离开了我，耳边此时响起一声轻笑，“以后就这样做。”

“普天之下，莫非王土啊，这日子太难过了，欸……”我叹了口长气。[4]

首先，作者选择了刘老师总在窗外或门外“观察”学生的典型事件，接着抓住自己每次瞥刘老师都能被他发现的细节，同时通过刘老师的语言，非常真实且生动地再现了刘老师开启“观察者模式”的场景，凸显了刘老师的严格认真。

二、技法生动，绘真人

没有写作技法的指导，人物小传容易枯燥无味。为了将人物传记写得真实动人，可以从三个方面进行训练：通过丰富的手法写生动；通过复句的使用写流畅；通过叙事情境把握叙事角度与节奏。

首先，从课文出发，提炼学习元素，搭建大量写作手法的训练支架：（1）描写老师外貌、神态、语言、动作、心理；（2）用比喻、夸张、引用等修辞手法写老师；（3）用排比渲染、对比突出、明贬暗褒、欲扬先抑等写特点。可以指导学生在瞄准写作对象特征的基础上，个性化地使用这些写作手法，从而达到训练的目的。如茨威格写列夫·托尔斯泰的外貌便用了排比渲染、对比突出、明贬暗褒的手法，写他忧郁阴沉、丑陋可憎，和他实际上的智慧深刻形成鲜明的对比，令人读起来有惊奇感。再举习作例文如下：

这是徐老师教我们的第三年。当年有一头茂密头发的他，如今的头顶已经像一面能够反光的镜子。那几根顽强的头发还在勉强撑着场面，风一吹，就像被剃了毛的绵羊一样瑟瑟发抖，显得更加可笑、可悲和可怜。更不要说他像黄枯草一样的脸色、像熊猫眼一样的眼睛、像游泳圈一样的肚子了。每当他与优雅动人的语文老师站在一起时，我们都会因为两人的巨大差异而暗暗发笑。

“当年英俊潇洒的徐哥去哪里啦？”我们总是这么问。

可是语文老师告诉我们，这三年来，徐老师几乎没有在十二点前睡过觉。他不是在忙着备课、出题、改作业，就是在忙着和家长沟通、和领导反馈……[5]

作者通过连续三个成排比的比喻，渲染了徐老师外貌的憔悴和身材的臃肿，接着将其和语文老师的“优雅动人”进行对比，更加突出徐老师的疲惫。但这一切“明贬”，皆是为了衬托出徐老师三年以来的敬业负责、用心教育，实是“暗褒”，使徐老师的形象更加鲜明，令人印象深刻。

同散文、小说相比，传记对人物的描摹不一定要细致入微，对撷取的细节进行生动的点染即可。因此，可以指导学生找准“褒”点，再明确相应的“贬”点，运用形象的修辞，完成片段写作，让人物更有“立体感”。

第二，可以结合八年级上册语法知识补白的内容，让学生学会在写作时恰当使用各种类型的复句，使传记过渡流畅，逻辑性强。传记的写作需要有感同身受的情绪表达和心理刻画，也需要有叙事的严谨逻辑和条理性[6]。《回忆我的母亲》的第7段便很好地运用了承接、转折、并列复句，流畅自然地记叙了母亲的为人处世，体现了母亲勤劳善良的性格特点。

每天天还没亮，母亲就第一个起身，接着听见祖父起来的声音，接着大家都离开床铺，喂猪的喂猪，砍柴的砍柴，挑水的挑水。（承接复句：既表现母亲的勤劳，又展现有条不紊的家庭劳作生活）母亲在家庭里极能任劳任怨。她性格和蔼，没有打骂过我们，也没有同任何人吵过架。（并列复句：用两件事佐证母亲性格和蔼）因此，虽然在这样的大家庭里，长幼、伯叔、妯娌相处都很和睦。母亲同情贫苦的人——这是朴素的阶级意识，虽然自己不富裕，还周济和照顾比自己更穷的亲戚。（转折复句：体现母亲的善良）[7]

需要注意的是，复句的使用实质上是为了增强素材之间的有序性和逻辑性，因此要指导学生对素材进行梳理，不能进行毫无逻辑的拼凑。举一例文如下：

班主任张老师很是厉害，既能当数学老师，又能当语文老师。每周一，张老师一来就先把周末作业收起来，先改“老本行”的数学作业，接着“兼职”批改我们的周记。虽然在我们看来是“越俎代庖”，但是语文老师倒是满心欢喜，常常看到他们在一起讨论周记作业，搞得我们胆战心惊。[8]

作者运用并列复句“既……又……”体现张老师能力之强，用条件复句“一……就……”体现张老师收作业速度之快，用承接复句“先……接着……”体现张老师做事有条不紊，用转折复句“虽然……但是……”体现张老师对学生作业的关注。总体而言，几个复句的使用，流畅且清晰地展现了张老师对待学生学习的认真负责，用心良苦。

第三，人物传记的写作要有一定的叙事情境。在叙事情境中，叙事者与故事的关系是最基本的关系，即叙事者以什么身份、站在什么位置、以什么方式进行叙述，叙事者参与故事的程度和叙述本身[9]。从课文中提炼的可供学生学习的元素如下：

改变叙事情境可以变换文章节奏，使行文更加生动。具体方法有：（1）在必要的时候交代文章中故事发展的前因后果，使读者的阅读不产生突兀之感；（2）介绍人物和环境的背景；（3）在人物对话的提示语前加上一些包含作者主观感受的描述性形容词，来暗示作者的感情倾向。通过引用写作对象的原话也可以改换叙事节奏[10]。

作者主观感受的隐形介入就是叙事角度的变化，背景语言的插入有利于增强文章的真实性，也有利于作者掌控叙事的节奏。具体到学生的写作训练时，可以结合课文提供三个易于模仿的写作支架：叙事情景1——写一句对老师的总结性评价；叙事情景2——引用老师的原话；叙事情景3——补充一段背景介绍。举一例文如下：

冯老师一个人，就是一支队伍。

他说："人生就像玩魔方，只要有毅力，扭转过一道道坎，就一定会迎来完美的六面。"

半途接手我们班，可谓是困难重重。可他不惧，扛下压力往肚子里咽，从不透露一点负面情绪。他有智，熬了几个晚上，搭好了班级建设的框架。他用情，每天从早七点到晚七点地陪伴我们，帮助我们适应新的集体。[11]

对学生来说，再难的理论，只要能够从已知的课文出发，让理论落到具体的语言表达上，再进行模仿，难度便大大降低了。从结果来看，学生能够从作者的角度对老师进行评价，并通过引用老师原话和补充相关背景来突出老师的性格特点，就已经是较理想的了。

三、精神凸显，表真情

鲁迅先生抒发了对藤野先生正直无私的精神的赞美，茨威格展现了列夫·托尔斯泰灵魂的深邃、伟大，艾芙·居里写出了居里夫人坚守乐观的精神。给人物立传，只有凸显其精神，才能表达作者对人物的真情。

回过头看"给老师立传"这一主任务，要完成的话就必须搭建充足的支架，来写出老师的精神品质。从表达方式来看，主要是通过训练议论与抒情的表达方式，让学生写出对老师精神的敬佩与赞美。支架可以依次设计为：（1）用总结性的议论突出老师的特点；（2）用有抒情笔调的议论表现老师对"我"的影响；（3）用升华性的议论深化内涵。教学写人物小传，可以指导学生在小传的结尾对前文的叙事进行总结，并通过集中的抒情和议论，让学生写出老师对自己的影响和自己对老师的升华性议论，以小见大，达到深化中心的目的。以一习作为例：

冯老师的最大特点是做事脚踏实地，任劳任怨。每个工作日的晚上，他办公室的灯都是长明的。周末时他也常常在学校批改我们的作业，甚至把我们叫来亲自辅导。

冯老师的用心，像无声春雨感染着我们。他教会我们对待学习要踏踏实实，来不得半点投机取巧。他教会我们对待事情不叫苦、不喊累，尽心尽力地完成自己的职责。虽然他只是我们学校一位普普通通的老师，而正是千千万万的冯老师，托起了我们祖国的未来。[12]

学生见过的老师不少，值得学生记录的，定是对学生而言有深刻影响和独特意义的老师。即使老师为学生做的大多是日常小事，但正是这一点一滴才造就了学生心目中的伟大形象。通过抒情和议论凸显人物精神，学生笔下的老师便“立”起来了。

教材将传记这一独特的文体纳入写作训练的范畴，对老师和学生而言均是挑战。结合教材的写作要求，我们可以降低任务难度，提供具体可操作的支架，关注文章的选材、技法和中心，能够让老师从小处教，学生从小处学，在读写共生中把握传记的文体特征，完成人物小传的写作。

参考文献：

[1] 孙树松，林人．中国现代编辑学辞典 [M]．哈尔滨：黑龙江人民出版社，1991.

[2] [3] [4] [5] 向浩．统编版读写共生写作日常课：八年级上册 [M]．广州：花城出版社，2020.

[6] 王艳丽．感、知、练与传记写作教学 [J]．中学语文教学参考，2020(33)：73-74.

[7] [8] 向浩．统编版读写共生写作日常课：八年级上册 [M]．广州：花城出版社，2020.

[9] 赵炎秋．叙事情境中的人称、视角、表述及三者关系 [J]．文学评论，2002(6)：126-130.

[10] [11] [12] 向浩．统编版读写共生写作日常课：八年级上册 [M]．广州：花城出版社，2020.

多维视角描细节　起承转合写景物

——八年级上册第三单元

向浩　徐梦迪

八年级上册第三单元的写作任务是“学习描写景物”。在七年级上册第一单元重点训练景物描写，学生能够用心观察生活，选择合适的景物并捕捉其特点进行描写的基础上，本单元的教学着重突破景物描写的技巧运用。其中，在描写单独场景或画面的景物时，可指导学生关注观察视角，善用修辞；在整篇以写景为主要内容的文章写作中，引导学生注意整体的结构布局和写作手法的综合运用。

一、透过多维视角突出景物细节

描写景物，首先要抓住景物的特征。特征描写，依赖学生对景物的观察。对于观察能力还在发展中的八年级学生而言，要掌握这一技能首先得从教材的范文中学习他人景物描写的方法[1]。本单元的文体为文言文，文章语言精练短小，描写优美传神，为学生提供了丰富的想象空间。因此，可提取课文片段，从细节特征、多维感官、观察角度等方面搭建支架。

郦道元在《三峡》一文中使用了大量的形容词，如“素湍绿潭，回清倒影”，又如“绝巘多生怪柏，悬泉瀑布”等，准确表述了江水湍急、潭水沉静等细节特征。老师可以先带领学生阅读文章，找到所描绘景物的特征词，抓住“素、绿、清”的色彩特征，抓住“绝、怪、悬”的形态特征，然后展开想象，扩充细节，可适当增加声音特征。例如下文：

等到春天或者冬天的时候，湍急的江水在突出的礁石上撞得粉碎，化作一朵一朵洁白的菊花，细碎的花瓣又随江水旋转着散去。在河岸凹陷的地方，有避开激流的小潭，仿佛从闹市中踱步而出的隐士。清澈沉静的潭水，有着碧绿崎岖的影子，像蛰伏于潭水中糙鳞利爪的猛兽。抬头看去，峭壁似刀削斧凿，柏树在石缝中艰难地寻找阳光，扭曲的枝干记录了追随太阳的轨迹，清澈的山泉瀑布在柏树间飞跃而下，冲刷着枝叶与凸出的岩石，演奏着一曲英雄的赞歌。[2]

作者抓住景物形态特点，充分展开想象，如将江水流动时水花飞溅的情态与花瓣随水而逝联系起来，将潭水中沉静的影子联想作蛰伏的猛兽。这些想象在生动表现景物特点的同时进一步渲染了环境气氛，使读者有身临其境之感。除此之外，“避开、踱步、寻找、飞跃、演奏”等动词的运用，使得景物本体与其喻体、拟体在形似的基础上更添神似，同时也暗含作者观察景物时内心的情感感受。

学生在描述景物时，往往会东一榔头西一棒子，没有章法和顺序。因此，还需提炼相应的学习元素：（1）描写景物的特征，既可以描述人的视觉感受，又可以描述听觉、嗅觉、触觉等多种感受。（2）为了使景物更加丰满、生动，对某一个事物，可以俯视、仰视、近观、远看；可以写动态，也可以写静态。（3）还可以写不同时段中的不同形态[3]。

基于此可以设置两类支架。一是内容支架，即按顺序描写：用“远远望去”开头扩写“两岸连山，略无阙处”；用“从山脚往上看”作为开头扩写“重岩叠嶂，隐天蔽日”。如此可培养学生有序思考的习惯，使行文更有逻辑性和连贯性。二是表达支架，即增加多维视角：增加多个景物扩写写景段落；增加触觉、嗅觉和味觉三种感官来描写景色。学生在使用多感官展开时，更容易发生感觉之间的互通，领略“通感”这一修辞手法的表达效果。例如：

两岸巍峨的山峰耸入云端，飘过的云彩也被山尖划开；明净的溪流清澈见底，能看到撞在礁石上绽放的白花，能看到绕过障碍汇成的旋涡，软软的，甜甜的，又挑逗着旋转开去。阳光从山峰缝隙中艰难地洒下，跳动的水面又将它肆意反射到两侧的石壁上，与石缝中的小草小花交相辉映，五彩斑斓。不管是什么季节，苍青的密林和碧绿的竹子总是站得笔挺，像保家卫国的战士，清风拂过，也只是颔首示意，不曾动摇。猿猴与禽鸟的鸣叫此起彼伏，仿佛撕碎了清晨的薄雾；鱼儿你追我赶，时而潜游，时而越出水面，即将落山的夕阳余晖，也被鱼尾甩了满江。[4]

可以看到，文中出现的景物是非常多的，有山峰、云彩、溪流、礁石等，作者的视线由远及近，从上到下，有一定的顺序性，景物之间的衔接也比较连贯，景物虽多，却不显杂乱。同时，作者以视觉感官为主，辅以触觉、味觉、听觉，描写溪流中的旋涡是“软软的，甜甜的”，感受上的互通写出了水花的轻盈欢快；猿猴和禽鸟的鸣叫也让整个景致更加立体完整。

二、巧用多种修辞融主观情入客观景

没有情感融入的指导，景物描写容易浮于表面，写成观察日记；没有修辞手法，易使景物单调空洞，难以引起共鸣。教材中指出，写景要注意融入情感。相同的景物在不同人的笔下往往是不同的，而同一人笔下的同一景物，在不同心境下，也会发生改变。描写景物时恰当地融入情感，能使客观景物鲜活起来，更具有感染人心的力量。妙用修辞手法，就能更好地达到融情入景的效果。用拟人的修辞手法，以动写静，动静相衬，灵活生动，让人有身临其境之感；用排比的修辞手法，语言凝练整齐，气势充沛有力，抒情淋漓尽致，说理严密透彻[5]。

因此我们可以考虑从以下几个方面设计支架：一是通过拟人以动写静；二是通过排比增强气势；三是通过通感融情入景。习作举例如下：

悬崖峭壁似乎在争先比高，你压我一尺，我便要高你一丈；又像是攀岩者的手臂，艰难但执着地向前伸出，恨不能越过江水，伸到对岸去；又像是高大的怪人，嘿嘿地嘲笑从下方飘过的旅客，只留下一线天光，非得等到正午时分，方肯施舍一点太阳的模样。[6]

原本是静态的山峰，随着乘船旅客的移动，视线所及的轮廓也在发生着改变。学生用拟人的手法，写出了山峰高耸层叠的样子。“嘲笑”和“施舍”这两个动词也传达出作者在面对在大自然的雄奇壮丽时对人类渺小的体悟和发自心底的敬畏。

碧水清潭欢快明亮，苍松翠柏欣欣向荣，悬崖峭壁沉静严肃，丛生杂草喧哗茂密，好不有趣。[7]

“碧水清潭、苍松翠柏、悬崖峭壁、丛生杂草”中一系列形容词准确把握了景物特征，同时这一段排比将山水树木都概括进来，展现了“清荣峻茂”的神韵，仿佛在读者面前将画卷拉远，使其得以觑得全貌，收束全段简洁有力。此段更妙的地方在于将拟人和排比混用，潭水欢快、松柏欣欣、崖壁严肃、杂草喧哗，更是动中有静，静中有动，动静相称，“好不有趣”。

树林和山涧之中显出一片寒冷和寂静，我像一个犯了错误的孩子见到一位清瘦严厉的老师，虽然老师不言不语，但是我的心中忐忑不安，预感到这是暴风雨前的宁静。[8]

从树林和山涧之中“看出”了原本需要“感觉到”的寒冷和需要“听到”的寂静。这种感官之间的互通，将枝叶凋零的树林和流水缓慢的山涧更完整生动地展现在纸上。学生又联想到生活情景，类比此时的心理活动，让人更有身临其境之感。

教材中的修辞手法以比喻最为常见，学生在掌握和运用其他修辞时往往比较生疏。从习作中看，通过针对性的练习，学生运用拟人、排比等手法，将自己的情感注入景物描写，能起到较好的训练效果。将修辞手法、细节特征的支架融合，可使学生对修辞手法的运用更自然，对景物细节的把握更具体，对心理情感的表达更真挚，是一次具体指导下的成功尝试。

三、借助起承转合结构写出景物层次

景物描写不能只是想象式的，更要结合自身的经历，才更加准确生动；也不能只是片段式的，要有完整的文章结构，才能基调清晰、主题明确。从《记承天寺夜游》中可提炼学习要素：

起承转合是一个汉语成语，是艺术创作常用的结构技巧之一，是旧时作文惯用的行文方法，后来逐渐泛指文章的写作手法。出自元代范德玑的《诗格》："作诗有四法：起要平直，承要舂容，转要变化，合要渊永。"起，是立意，是营造氛围；承，就是深化，对主题进一步描写；转，就是扩展，使诗意更加丰富；合，就是收结，使文章有完整的结构和完美的结局。[9]

我们可引导学生模仿《记承天寺夜游》写一次游历，在"起"的部分用叙述的方法写明游历的时间、地点和起因。例如：

2014年8月20日，早晨。今天是军训的最后一天，半个月前我们不远万里来到军训基地，今天就要去戈壁草原上拉练。昨天晚上守夜到十二点才睡觉，以至于现在用凉水洗了两把脸也没能彻底把瞌睡虫赶走。不过时间不等人，部队的纪律就是铁的纪律，再困再累也必须打起精神来。我狠狠地掐了自己大腿一把，走出宿舍。[10]

在"承"的部分用叙述的方法比较详尽地续写游历的经过。例如：

基地要求六点半集合完毕，现在已经是六点二十了，可是同学们还没有做好准备。就三十个人，竟演出了世间百态。有的已经穿戴整齐，在认真地叠"豆腐块儿"；有的收拾好自己的又在打扫整个寝室；有的正在门外水槽处刷牙，见老师过来就把牙刷含在嘴里含含糊糊地喊了一声"老师好"；有的才从外面打了热水回来准备洗头；有的迷彩服还没穿，就一身秋衣秋裤赤脚坐在被子上打开了一包薯片；甚至有的刚刚从被窝里钻出来，迷茫的眼神仿佛在问发生了啥。[11]

在"转"的部分用描写的方式描写游历中遇到的某处景物，灵活运用描写手法，转换各种观察视角，调用各种感官展开丰富的描写。例如：

出发之后我们是最后一队，走了将近两个小时才走到目的地——中国与蒙古的交界地。远处山坡上就有一道铁丝网。天阴阴的，凉凉的，早上不愉快的心情也还郁结着。戈壁草原也与我想象中的大相径庭，没有电脑桌面般连绵的绿色，地上主要是砂石，小草一丛一丛的，比较稀疏，放眼望去都是黄黄的地面。我蹲下去，发现小草的叶子不是片状的，而是管状的，像是微缩版的小葱，我请教了随行的教官，他说这叫“沙葱”，内蒙古人平时就会食用这种草，别看它长得小，根却深得很。[12]

在“合”的部分用抒情、议论的方式围绕描写的景物展开讨论、抒发情感。例如：

老师让同学们来看这棵沙葱，语重心长地跟同学们说：“你们知道吗？戈壁上的植物每年只有短短的几个月能接受雨季的降水，如果错过了，那便失去了生存的依靠和权利。因此在雨季来临前，它们都会提前尽力地拓展自己的根系。我们也一样，要在正确的时间做正确的事情。如果不能按时完成任务，就有可能会错过很多机会。”我们恍然大悟。在回程的路上，我们班走在第一个，高唱军歌，昂扬地向基地走去。天上落下小雨，为我们敲起鼓点，路边的沙葱也挥手示意，称赞队列的整齐。[13]

“起”的部分介绍“军训”背景，介绍“我们”是在极其辛苦、困倦的情况下出发拉练的；“承”的部分展开描述了同学们出发前不同的状态；“转”的部分细节到位，情景交融，心情低落，看到的戈壁草原也荒凉沉郁。最后“合”的部分以小见大，价值升华，与“起”“承”部分同学们精神疲惫的状态形成对比，完成了情感态度的转变。起承转合结构的使用，让文章的脉络更加清晰，也使心情、状态的改变自然流畅。

学生们的学习生活经历还是相当丰富的，校园环境和城市风光也颇多素材，起承转合的行文方式有利于学生组织架构文章，理顺材料关系，从而促进学生的思维习惯转变[14]。通过感官的调动和内容的组织，就能将一次游历完整地记录下来，并有情感的融入和价值的提升。

总的来说，在本单元的教学中，我们要关注文章本身的内容和意义，提供具体可操作的支架，解构文章布局，降低任务难度，借助写作支架练习，指引学生有意识地动用多种感官，观察细节，把握特征；通过写作手法的训练，引导学生自然地运用修辞手法，表达观点，抒发情感；通过文章结构的布局，指导学生完整地谋篇布局，描写景物，记述游历。

参考文献：

[1] 陈剑峰．学习教材技法　实现读写融通：统编版初中语文教材景物描写例谈［J］．学语文，2020(4)：19-22.

[2][3][4] 向浩．统编版读写共生写作日常课：八年级上册［M］．广州：花城出版社，2020.

[5] 李瑜．“起承转合”结构法作文教学研究［J］．教育，2020(4)：12-13.

[6][7][8][9][10][11][12][13][14] 向浩．统编版读写共生写作日常课：八年级上册［M］．广州：花城出版社，2020.

语言连贯的三个关键词：意旨·语脉·语链

——八年级上册第四单元

向浩　刘秋琴

八年级上册第四单元的主题是“情感哲思”，单元写作任务是“语言要连贯”。连贯是一个语义概念，是语篇在语境、语域的制约下，通过各个部分之间的形式连接而实现的语义关联。语篇学中的“连贯”概念是一个西方概念，中国古代文论研究中与其最相近的概念是“语脉”，语脉即贯穿于语篇始终的流动性语义潜势[1]。只有语脉畅通了，句子之间的逻辑关系才能清晰地展现在读者面前，有利于读者理解文章，把握意旨。因此，要在写作中做到语言连贯，可以从三个层次着手：意旨明确、语脉清晰和语链相扣。

一、意旨明确，语言连贯有中心

要做到语言连贯，首先应该保持话题前后统一。语篇不管由多少句子组成，如果没有一个中心，那么句子之间就无关系可言，行文松散导致的最直接后果便是读者理解的困难。在七年级上册第五单元和七年级下册第四单元，学生已经训练了“如何突出中心”和“怎样选材”两个写作主题，和这两个单元相比，本单元更侧重的是在确定中心之后，让学生能围绕着中心组织语言、落笔成文，而不是想到什么就写什么，偏离了话题，模糊了意旨。

为此，可以设计多个围绕一个中心话题进行片段写作的训练，如模仿《背影》围绕“爱”这个话题写父亲（或母亲）的事例，模仿《永久的生命》选择一个话题展开讨论（例如“友谊的珍贵”）。为了防止学生在写作时出现角度单一、语义重复的问题，还要设计支架来帮助学生从多个不同的角度来谈论一个中心话题：分别从话题现象、话题理解两个角度对一个话题展开讨论；从“色彩”“形态”“感受”三个角度描绘“青春期”；围绕“爱”这个话题写父亲（或母亲）的“仔细叮嘱”和“陪伴”（或其他事例）……以《背影》为例，朱自清先生从父亲“看行李”“选座位”和“仔细叮嘱”三个细节写父亲对自己爱得细致周全。可以指导学生围绕“爱”这个话题写父母的“仔细叮嘱”和“陪伴”。又如模仿《昆明的雨》写家乡的小吃，可以设计支架“从色、香、味等多角度介绍家乡小吃”。举一例习作如下：

要说湖北最具特色的美食，那自然就是腊肉了，它可腌可熏，逢年过节，家家户户都得吃腊肉。腊肉表面黑乎乎的，颜色好似凝固的血，让我反胃，可看着父亲津津有味地吃着，我也忍不住好奇地夹起一块，眼睛一闭，和着它身上浓重的烟味，塞进嘴里——这东西竟是这般味道！我心里涌起一股强烈的震撼和崇敬，这简直是我尝过的所有食物中最美味的，连上等的牛排都要逊色几分！实在出乎我的意料。[2]

黑乎乎的“血色”、浓重的烟味和令人惊喜的味道，作者从色香味三个角度充分写出了家乡腊肉出人意料的美味。从多角度来谈论中心话题，有利于打开学生的思路，一方面让语言的组织更加细致有条理，另一方面也让中心更加突出。

围绕一个中心话题来分解写作角度，还可以分解成正反角度。如模仿《白杨礼赞》写一个具体景物，老师可以先引导学生细读课文第6段：

它没有婆娑的姿态，没有屈曲盘旋的虬枝，也许你要说它不美丽。如果美是专指“婆娑”或“旁逸斜出”之类而言，那么，白杨树算不得树中的好女子。但是它伟岸，正直，朴质，严肃，也不缺乏温和，更不用提它的坚强不屈与挺拔，它是树中的伟丈夫！（从正反两个角度揭示白杨树的品质）

作者先从反面写白杨，再笔锋一转，从正面直接点明白杨坚强不屈的宝贵品质，欲扬先抑，正反的对比更加突出作者对白杨的赞美。因此，一个中心话题，如果能从正反两个角度来写，更能体现作者的情感倾向。举一习作如下：

相比于彩云之南的其他景点，丽江的泸沽湖显得并不那么热门，它没能坐落在交通便利的地段，甚至还有点“门前冷落车马稀”的感觉。因此这里没有齐全的旅游配套设施，也没有其他地方那么周全的商业服务。但是，它却因此成了一方净土，它的纯粹，它的宁静，它的高洁，浸润着驻足这里的每一个人。当你看到清透润泽的泸沽湖水时，难道你不神往，难道你不想触碰它的高贵吗？当你看到缭绕缥缈的山岚时，难道你不情迷，难道你不想拨开它的神秘吗？当你吮吸细腻甘甜的空气时，难道你不心醉，难道你不想感受它的纯净吗？泸沽湖便是这样，令人神往、情迷、心醉的，像是一块被遗落在滇西的宝石。[3]

作者首先抓住了丽江泸沽湖“门前冷落车马稀”的特点，写泸沽湖设施不齐、服务不全，似乎对泸沽湖没有明显的好感。但接下来笔锋一转，写泸沽湖冷清无人的背后是一方净土的纯粹、宁静和高洁。它纯粹宁静的一面深深打动着作者，通过一正一反，欲扬先抑，作者对泸沽湖的神往、情迷和心醉便更加突出了。

指导学生从不同角度来组织语言，更有利于突出话题中心，防止学生东一榔头西一棒子。如此一来，亦为语脉清晰的训练提供了良好的基础。

二、语脉清晰，语言连贯有条理

语脉是贯穿于语篇始终的流动性语义潜势[4]。文章“脉络”的流动是有方向的，文章先说什么，后说什么，需要依托于逻辑的顺序，顺序合理了，结构清晰了，语脉才畅通，否则写成的文章读起来必有阻塞不畅之感。

首先，可以从“言之有序”入手，设计丰富的训练支架，如：用表示时间的词联结文句，叙述一件事情来表现父爱（或母爱）；按照由主到次的逻辑顺序描写具体景物；按照先描写后抒情的顺序赞美具体景物；采用由抽象到具体的逻辑顺序展开讨论；运用由个别到一般的顺序分层推进，讨论一个话题。

要根据写作任务的不同进行指导，让学生明白选择怎样的写作顺序，同需要围绕的话题中心是密切相关的。如哲理散文《永久的生命》一文的第4段，作者写道：“生命在那些终于要凋谢的花朵里永存，不断给世界以色彩，不断给世界以芬芳。”作者采用从抽象到具体的逻辑顺序加强议论力度，让读者对生命的理解更加具体可感。这种逻辑顺序非常适用于讨论一些抽象概念的话题，在仿写时可以设计支架，提示学生可以讨论诸如“友谊的珍贵”一类的抽象话题。以话题为“童话的真实”的习作为例：

童话里的美好确实是人们虚构的，但这永远不会磨灭我们对美好的信任和追求。只要我们的心中还留存着对美的信任，那些真实的美好就一定会呵护我们，朝美好前进。我们在每一天晨曦降临时相信美好，实实在在地感受它带来的温暖和光明；我们在每一个果实丰收的秋天里相信美好，实实在在地明白劳动必有回报；我们在每一次同伴的鼓励中相信美好，实实在在地体会人情带来的力量……我们有知而纯真的心，就是生活中一个个真实的童话剧本。[5]

作者巧妙地用人们生活中具体可感的美好来论证童话的真实性，论证中心观点“我们有知而纯真的心，就是生活中一个个真实的童话剧本”，从抽象到具体，逻辑清晰，很有说服力。逻辑顺序还有从个别到一般、从主到次、从现象到本质、从原因到结果等，常用于议论的表达，增强说服力。但如果是叙事型写作，学生往往采用的是时间顺序、空间顺序或事情发展的顺序。总之，无论选择哪种写作顺序，同围绕的话题都是密不可分的。

其次，还要关注“结构清晰”的训练。如仿写《白杨礼赞》第1—4自然段，要求学生运用“分—总”结构描写场景，为具体景物的出场做好铺垫。作者先分说白杨生长的黄土地，再分说黄土地上绿色的麦田，最后总说黄土高原的无边无垠、坦荡如砥，来写自己对这片土地的印象——雄壮、伟大和单调。这种结构和作者运用的“从现象到本质”的逻辑顺序契合，层层深入，层次鲜明。又如模仿《永久的生命》运用“总—分”结构展开讨论，并且在分说部分，分别采用说理和举例两种方式展开讨论。先明确中心观点，再围绕中心分点论证，是说理型文章常用的结构。以一学生习作为例：

选择坚持自我，会很容易受到诸如“恪守原则”“坚守底线”这样的称赞，但选择悦纳周遭的评价和建议，更不失为一种智慧的选择。（总说）我们生活在群体中，很难阻拦周遭对我们的评价，某种程度来说，我们的价值来源于社会和他人的评定，因此这些是生存在社会中的必需品；不仅如此，我们在前进的路上，他人的肯定也可为自己提供能量和进一步向前的可能。（分说：说理）每一次自我想法的表达，都需要更多受众的赞许来把它发扬光大；每一次对弱势群体的帮助，都需要汇集更多的社会资源，众人拾柴火焰高。我们生活在群体里，总是在有意无意中享受着群体提供的资源，为了更好地回报社会，我们有责任成为社会需要的人，这也是我们获得愉悦的最快途径。（分说：举例）[6]

先总体给出中心观点“选择悦纳周遭的评价和建议，更不失为一种智慧的选择”，接着紧密联系中心观点，用说理的方式展开，再用举例的方式更具体地说服读者，结构清晰，逻辑严密。虽然议论文写作对于初中生来说远没有记叙文写作来得熟悉，但是只要对行文结构的逻辑分析清楚，让学生尝试从一些和他们的生活联系比较紧密的、简单的话题入手，学生也能完成任务。

言之有序、结构清晰，做到这两点，语言的组织便能更加井然，文章的语脉亦能一贯到底，读起来自然舒畅。

三、语链相扣，语言连贯有衔接

从意旨明确到语脉清晰，再到语链相扣，是一个从宏观到微观的过程。衔接流畅，就是要让语句的组织一环扣一环，仿佛有环链，将词与词、句子与句子真正衔接起来，形成语脉。关键词、提示语或过渡句等，这些能够帮助语句进行衔接过渡的要素，都是语链。

可以挑选课文中在衔接过渡上有明显标志的语段来进行引导，让学生尝试说出删去这些标志后句子表意上的缺失，并通过指导学生灵活运用关键词、提示语等，让学生最直接地掌握使语言连贯的方法。

如模仿《昆明的雨》第4—6自然段中关联词的运用，来讨论话题“青春期”，支架是用“但是”“因为”“而且”等三个关联词，阐述“青春期不意味着可以随便发脾气”的观点。举一习作为例：

青春期——常被理所当然地“特殊对待”，少年们的叛逆也似乎是这一阶段的必需品，但这并不合情理。因为青春期的孩子虽有自己的想法，却不周全，而且他们受

“青春期就是会叛逆”的惯性思维影响，更容易把自己的焦躁易怒归因于青春期。[7]

通过这三个分别为转折、因果和递进关系的关联词，作者的观点和说理显得非常自然流畅，层层递进，令人信服。

又如模仿《背影》第4段的关联词运用来写父爱或母爱，支架是运用“但”“因为”等关联词，或者“其实”“终于”等副词来联结文句，叙述一件事情表现父爱（或母爱）。运用这些关联词和副词，其实是希望学生能够模仿朱自清先生，写出父母对子女无微不至的关爱，同子女们尚不能感知父母深沉的爱之间的“矛盾”，如例文：

每天早上，妈妈都是五点半起床给我做早餐。早餐常常是不重样的——因为妈妈担心我会吃腻。每当我说起要吃什么时，妈妈就会频繁地煮那道菜，其实很多时候我吃两三次就腻了，但是妈妈还在煮，以为我没有吃够，为此，儿时的我和妈妈发过不少脾气。[8]

母亲的“因为”和孩子的“其实”“但是”之间形成的“矛盾”，正是亲情在现实中的常态。通过这些词，句子之间的衔接和过渡都十分自然流畅，句子间的关系明了了，句子背后的情感也就更好理解了。

需要注意的是，由于支架在设计上更多是贴近课文已有的素材，因此可能会让学生产生此支架是为了训练“连词成句”而非训练写作的误区，也可能会出现学生不顾任务情境胡乱套用关联词、过渡句的现象。因此要注意指导学生如何就任务的情境来灵活使用关联词、过渡句，而非生硬套用。归根到底，让语句之间的衔接过渡更加自然流畅的目的，还是让文章意旨明确、语脉清晰。

“语言要连贯”的写作主题与之前训练过的大多数写作主题相比，独特之处便在于它几乎不涉及写作手法层面的训练，它本质上属于语言学层面上的语篇组织训练。所以从课文段落中挖掘学习元素，提供具体可操作的语言连贯训练支架，目的便是让学生学会如何从词组句，从句组段，再从段组篇，来完成一篇中心明确、思路严谨有序的文章。语言的训练离不开语料，从统编版教材中提炼的语料，正为语言连贯的训练提供了有力的支持，让学生通过读写共生，提升语言运用的能力。

参考文献：

[1] 丁金国．语篇特征探析［J］．当代修辞学，2014(1)：55-64.

[2][3] 向浩．统编版读写共生写作日常课：八年级上册［M］．广州：花城出版社，2020.

[4] 丁金国．语篇现象的多维考察［J］．当代修辞学，2019(4)：62-73.

[5][6][7][8] 向浩．统编版读写共生写作日常课：八年级上册［M］．广州：花城出版社，2020.

搭建三类支架　学写精彩说明

——八年级上册第五单元

向浩　崔铁成

八年级上册第五单元的写作任务是“说明事物要抓住特征”。说明性文章写作对学生的日常生活及逻辑思维训练有着极大的帮助，但长期以来，说明性文章写作教学在语文写作教学中处于边缘化的地位。为降低学习难度，增强说明性文章写作学习的趣味性，依据“说明事物要抓住特征”的单元写作任务，我们可以将说明性文章写作的相关知识分解到日常的写作训练中，用写作支架引导观察行为，将说明方法作为训练重点，重视语言基本功的训练，最后通过评价量表促进学生的自我反思。

一、搭建观察支架，了解说明对象

对事物进行观察和比较是撰写说明性文章的前提。本单元的写作要求有以下三点：第一，既能把握事物的总体面貌，也要观察其局部；第二，要在观察中抓住主体部分和关键部分；第三，要注意表现事物的共同特点。如何帮助学生学会正确的观察方法是这一环节的难点。依据教材要求，我们可以从三个方面搭建写作支架：一是序数词引导，明确观察思路；二是找出“最”重要，抓住关键部分；三是提取中心句，提炼共同特点。这三种支架为学生的观察提供了工具，并让学生把整个观察和思维的过程外显为具体的言语活动。

（一）序数词引导，明确观察思路

《中国石拱桥》第5段通过序数词的运用，由主到次，由整体到局部地介绍了赵州桥的特点，据此文段，我们可以搭建“运用序数词按照由主到次的逻辑顺序介绍学校的建筑物”的写作支架，帮助学生学会由主到次观察事物，从而更好地把握事物的整体面貌。例如有学生这样写道：

学校三楼的“智慧树”图书馆为教师图书馆，馆内功能分区富有特色。第一，以象征君子品格的梅、兰、竹、菊、荷命名5个厅室，意韵深远。第二，每个厅室配以不同色调的桌椅，比如梅厅室除了藏书，还配备了6张乳白色沙发椅、1台显示器供老师们教研、磨课、读书分享使用；竹厅室则放置了1张集休闲、洽谈于一体的现代会议长桌，配备10张凳子。“智慧树”图书馆设计独特，倾情构建了老师满意的“悦读空间”。在“智慧树”图书馆中，老师们不仅可体会阅读的乐趣，还可享受备课、研讨、培训的自我升华。[1]

在这篇习作中，学生先总说图书馆“功能分区”富有特色，紧接着用“第一”“第二”两个序数词，先说5个厅室分别由“梅、兰、竹、菊、荷”命名，意韵深远，接着再以“梅厅”和“竹厅”为例，说明每个厅室都有不同配置，由整体到局部，分两点介绍了“智慧树”图书馆的特色。序数词的使用看似简单，但能够使得学生的观察更有条理，起到帮助学生建立主次逻辑的观念，因为在思考“第一”应该是什么，“第二”应该是什么的时候，学生就已经在进行主次之分了。

（二）找出“最”重要，抓住关键部分

单元写作提示强调，“事物大都有主体部分和关键部分，而这往往最能体现它的特征”，这一思维活动落实到言语形式上，就是以“最”字句式来描述事物的突出特征。例如我们可以设计这样的写作任务，模仿《中国石拱桥》第6段介绍教室，并提供“介绍教室最有趣的一处地方”支架让学生写作。有学生这样写道：

我们学校有54个教学班，每间教室长约9米，宽约7米，放置约50套课桌椅，学生可根据自己的身高灵活调节高度。最吸引我的地方是班级图书角，胡桃木颜色的书柜集储物、置书功能于一体。上面三层用于摆放班级图书，下面是储物柜，摆放班级的卫生用品。下课时，书柜前经常站满了取书阅读的学生。还有什么场景能比这让我们更愉悦的呢？[2]

在这篇学生习作中，学生首先介绍了学校教室的“班级总量”“长宽尺寸”“桌椅规模”等总体面貌，接着便说“最吸引我的地方是班级图书角”，用一个“最”字将说明中心引向了班级图书角，随后便对班级图书角的外观、功能以及日常使用状况进行了说明。一个“最”字的使用，使得学生的关注点更加聚焦，帮助学生省略了无关紧要、千篇一律的细枝末节，起到了四两拨千斤的作用，这样就抓住了事物的主要特征。

（三）巧用中心句，抓住共同点

文章的结构安排体现了作者的观察思路和写作重点，以中心句为首组织段落，可以帮助学生提炼出一类事物的共同特点。《苏州园林》的第5段为学生的说明性文章结构安排提供了很好的示范。

苏州园林栽种和修剪树木也着眼在画意。（段落中心句）（总写）‖（分写）高树与低树俯仰生姿。落叶树与常绿树相间，花时不同的多种花树相间，这就一年四季不感到寂寞。没有修剪得像宝塔那样的松柏，没有阅兵式似的道旁树：因为依据中国画的审美观点看，这是不足取的。有几个园里有古老的藤萝，盘曲嶙峋的枝干就是一幅好画。开花的时候满眼的珠光宝气，使游览者感到无限的繁华和欢悦，可是没法说出来。（摹状貌）[3]

在这一选段中，作者先总写“苏州园林栽种和修剪树木也着眼在画意”，再分说各种树木是如何表现这一特点的，很好地体现了中心句的作用，这段话也是“总—分”结构的范本。因此，我们可以设计这样的任务和支架：（1）运用段落中心句介绍景观的总特点；（2）运用先总后分的结构顺序组织全段。借助这两个支架，学生可以最终完成从观察行为到写作行为的转化。例如有学生这样写道：

佛山梁园奇峰异石造景手段巧妙，尽显岭南建筑特色。奇石与建筑物、景区主题相得益彰，各异奇趣。奇石修饰亭台楼阁，间以竹木、池沼环绕，或立或卧、或俯或仰，千姿百态，极富情趣。相传梁园奇石达400多块，其中以“石庭”最佳，讲究一石成形、成景。汾江草庐中湖水岸边有一座优美的石舫，与其遥相辉映是“湖心石”，屹立于湖中的湖心石周围有鸳鸯、白鹅嬉戏，让人感受到花园式宅第和自然的空间环境的丰富内涵。[4]

在这个仿写片段中，作者先总写“佛山梁园奇峰异石造景手段巧妙，尽显岭南建筑特色”，点明说明对象以及对象特征——“造景手段巧妙，尽显岭南特色”；接着又用“奇石与建筑物、景区主题相得益彰”“奇石千姿百态”两点对中心句进一步说明；顺而往下，再分写“石庭”的“一石成形、成景”，“石舫”与“湖心石”的“遥相辉映”，这两个景观虽然不同，但都体现了“佛山梁园”的“奇峰异石”造景之巧妙。事物的共同特点突出，文段结构清晰。

二、搭建策略支架，介绍说明对象

恰当地引用资料，可以更清楚地说明事物特征。这里的引用资料并不仅仅指“引资料”的说明方法，还包括引用数据、图表、历史文献、研究资料等在内，是一种说明策略。从说明方法上来说，教材中所说的恰当引用资料包括了对列数字、引资料、列图表等说明方法的应用。在初中阶段，我们可以从说明方法入手，着重对“引资料”和“列数字”进行训练。据此，我们可以设计这样的写作任务和支架：（1）仿照《中国石拱桥》第1—2段，运用打比方、引用说明的方法介绍某一事物，和运用作比较、列数字的方法介绍某一事物；（2）仿写《中国石拱桥》第6段，运用列数字的方法介绍教室的主要特点。有学生这样写道：

相比于苏州园林“如在画图中”的美感，广州园林独具岭南水乡的风格，以奇石山水、亭台楼阁、连廊小桥为特征，利用有限的空间，营造出“庭院深深深几许”的美感。单拿已有150余年历史的番禺余荫山房的浣红跨绿廊桥来说，仅有20米，一桥却包含亭、栏、廊、桥：拱桥如虹横卧水面之上，与水中倒影自成一个圆；廊桥横跨水面，将园中的景致分为“红雨”“绿云”；水中锦鲤嬉戏于睡莲中间。置身其中，好不惬意。[5]

在这一段中，作者引用“如在图画中”“庭院深深深几许”两句，对苏州园林和广州园林进行了对比，形象地说明了相比于苏州园林注重“画面”，广州园林更注重于对庭院空间感的呈现，很好地突出了广州园林的艺术特点，而且增加了语言典雅的美感。文中还用了两处列数字，一处是“已有150余年历史的番禺余荫山房的浣红跨绿廊桥”，强调了广州园林的历史感；另一处是“仅有20米”，突出了广州园林的小巧精致，博大精深。

事实证明，当学生熟练掌握这些支架的时候，他们也能够在单元作文练习中运用这些策略，因而大作文的质量也可以得到较大程度的提升。单元写作提示要求以《我的生活中少不了它》为标题，以自己身边的事物为写作对象写一篇说明性文章，试看某位学生在单元习作中的片段：

我现在使用的是温儒敏教授总主编的统编版《义务教育教科书语文八年级上册》，纸质本，纵27.3厘米，横19.7厘米。[6]

作者在这里选择了每天翻阅学习的语文课本进行说明，在这一片段中，作者使用列数字的方法，引用了语文书尺寸的具体数据。语文书虽常用，可是却鲜有人去关注语文书的具体尺寸，但是作为一篇专门介绍语文课本的说明性文章，对课本具体尺寸的介绍就必不可少了。这两个数字足见作者为了能把语文书说明得更加透彻，做了较为扎实的调查工作，严谨细致。

在文章的倒数第二段，作者引用了多位名人关于读书的看法：“西汉刘向说：‘书犹药也，善读之可以医愚。’陈寿则说：‘一日无书，百事荒芜。’黄庭坚也说：‘三日不读，便觉语言无味，面目可憎。’在八年级上册语文学习中，我获得了许许多多的美的享受……”[7]在说明性文章中，借助名人名言可以对事物的特征进行更加准确的说明：西汉刘向的“书犹药也，善读之可以医愚”说明了书对增长智慧的重要作用；陈寿的“一日无书，百事荒芜”以及黄庭坚的“三日不读，便觉语言无味，面目可憎”都强调了养成读书习惯的重要性。文中引用的这三句话言简意赅，意蕴丰厚，增强了文章的说服力。说明性文章写作首先要保证内容的真实性和准确性，所以在指导过程中，我们可以让学生先查阅相关权威资料并作简要摘录，以保证所引用的内容恰当合理。

三、搭建表达支架，生动说明对象

准确说明事物特征还要注意在语言文字的细节上下功夫，用更生动形象的语言让事物特征给人们留下更加清晰的印象。我们可以从三个角度来促成这一目标的达成。

一是在说明方法上要学会使用打比方、举例子等说明方法。打比方指通过比喻的修辞说法来突出事物特征，是一种重要的说明方法。在《蝉》这一课中，法布尔运用了大量打比方的手法来增强文章的趣味性。据此，我们可以设计写作支架，指导学生“用打比方的方法介绍动物”，让学生通过对课文的模仿提升自己的写作水平。例如有学生这样写道：

鹦鹉在取食过程中，常以强大的钩状喙嘴与灵活的对趾形足配合完成。鹦鹉主食树上或者地上的植物果实、种子、坚果、浆果、嫩芽、嫩枝等，兼食少量昆虫，吸蜜鹦鹉类则主食花粉、花蜜及柔软多汁的果实。鹦鹉在吃食时，常用其中一只脚充当“手”握着食物，一眨眼，一甩头，咬下一半，吃进去，简直像战胜归来的士兵。[8]

在这段文字中，作者打了两个比方，第一个比方是把鹦鹉的脚比作“手”，说鹦鹉“握”着食物，生动形象地写出了在进食过程中鹦鹉的脚的功能和作用；另一个比方是把鹦鹉比成了“战胜归来的士兵”，生动形象地写出了鹦鹉在进食过程中的“神态”以及“气质”。这两个比方把鹦鹉刻画得惟妙惟肖，使得整段说明非但不枯燥，反而富有灵气。

应当注意，与其他文学作品不同，运用打比方主要是为了形象地说明事物某一方面的特征，因此老师在指导过程中要提醒学生，打比方应当用来描述那些难以直接表述清楚的特征，还要通过习作后的多重评价来帮助学生反思自己打的比方是否恰当。

二是要学会在说明性文章中综合运用描写、议论等多种表达方式。说明性文章是以说明为主要表达方式的一种文体，但这并不代表其他表达方式不能出现在说明性文章中，多种表达方式的综合运用可以避免文章枯燥乏味。

教材中有大量综合运用多种表达方式的例子。例如，《梦回繁华》中有一段关于汴河漕运的描写：“巨大的漕船，舳舻相接，忙碌的船工从停泊在河边的粮船上卸下沉重的粮包，纤夫们拖着船逆水行驶，一片繁忙景象。”这一段运用了描写的表达方式对《清明上河图》的画面内容进行说明，显得更加生动形象、有画面感。我们可以搭建学习支架，让学生学会用描写的方式描述街巷。例如有学生这样写道：

站在深圳大学北门天桥上放眼望去，入目就是宽阔的深南大道，道路中间有一条宽约十米的绿化带。即使是秋天，绿化带也是欣欣向荣、郁郁葱葱的景象。高大的椰子树亭亭玉立、凤凰木婀娜多姿、油棕树枝条荡漾、低矮的紫薇吐露芳华，行车其间如同自由自在的鱼儿穿梭在绿色的海洋。当第一缕阳光照射在深南大道时，行人们便被唤醒了活力与热情，在深南大道上络绎不绝。当最后一抹夕阳消散时，深南大道又隐去了自己的身姿，在夜晚的摇篮中慢慢睡去。[9]

如果这段文字只用生硬的说明展开，那么必然会丧失掉深南大道的美感，而在说明之外加上描写，文段就显得清新雅致，能够体现深南大道的美感。例如在对深南大道路中间的绿化带进行描写时，作者写道：“高大的椰子树亭亭玉立、凤凰木婀娜多姿、油棕树枝条荡漾、低矮的紫薇吐露芳华，行车其间如同自由自在的鱼儿穿梭在绿色的海洋。”这样的描写既能说明绿化带是由哪些植物组成的，又充分体现了这条绿化带赋予道路的美感。学生在这段文字中完成了描写这一表达方式在说明性文章中的知识迁移，达到了良好的效果。

三是要注意遣词造句，在保证语言严谨准确的前提下追求精致优美。严谨准确是说明性文章语言的基本要求，在此基础上，也要追求语言的精致优美。我们可以从词语运用方面进行指导，可以通过选用副词和四字词两种方式来帮助学生体会说明性文章的语言表达。例如在《苏州园林》一文中，“大多”“往往”“很少”“总是”等副词的使用避免了绝对化，使得表达更准确，抓住这一点，我们也可以指导学生运用副词来准确地描述体育运动。例如有学生这样写道：

每天紧张繁忙的工作后，最好到运动场上驰骋一番，但对于上班族来说，这一要求往往难以实现。其实，无论在哪里，只要脚步动起来，循序渐进，总能达到运动健康的生活状态。长久的运动后，我发现跑步是一门学问，最科学的锻炼方法才能达到最好的效果。[10]

我们看到，学生不仅能够运用“往往”等避免绝对化的词，还能够在合适的语境下使用“总”“最”等绝对化的词语，这说明学生已经能够在课文示例的基础上，借助支架再提高一个层次了。

再例如《梦回繁华》一文，作者在做到语言精确的同时也力求语言上的美感，其中大量的四字词语非常值得学生积累学习。例如原文中这样写道：

在高大雄伟的城楼两侧，街道纵横，房屋林立，茶坊、酒肆、脚店、肉铺、寺观、公厕等一应俱全。各类店铺经营着罗锦布匹、沉檀香料、香烛纸马。另有医药门诊、大车修理、看相算命、修面整容，应有尽有。街上行人摩肩接踵，络绎不绝，士农工商，男女老少，各行各业，无所不备。[11]

在这段文字中，并列结构的短语有“高大雄伟”“罗锦布匹”“沉檀香料”“香烛纸马”等，主谓结构的短语有“街道纵横”“房屋林立”等，我们也可以让学生尝试使用并列结构、主谓结构、偏正结构、补充结构、动宾结构等短语形式，以四字短语的形式进行表达。

例如有学生这样描述过年时候老家的集市：

街上叫卖不断，此起彼伏，摊贩们用高高低低的声音兜售着各不相同的年货。大街上的摊位紧密相接，在熙熙攘攘的人群中根本无法走快，只能跟着人们的脚步，走走停停，边走边看，缓缓前行。走了一圈下来，不知不觉地，手里就提上了大包小包的东西，有香味扑鼻的卤肉、新鲜翠绿的青菜、软软嫩嫩的豆腐、红红火火的年画……总之，只有在这热闹非凡的集市上走上一遭，才算是过了个心满意足的年。

在这一段文字中，学生运用了“香味扑鼻”“各不相同”等主谓短语，“紧密相接”“缓缓前行”等偏正短语，“此起彼伏”“高高低低”“走走停停”“不知不觉”“大包小包”“新鲜翠绿”“心满意足”等并列短语，“热闹非凡”等补充短语，这些四字短语的使用使得整段文字更加精炼、更加典雅，读起来也更加朗朗上口，富有美感。

在教学过程中，老师应当提醒学生，所有文学手法的应用都建立在对事物特征的准确把握上，如果偏离事物的特征，那便是买椟还珠了。

总而言之，说明性文章写作虽然长期被忽视且训练效果较不理想，但是从课文仿写出发，提取学习元素，进行一些简单有效、趣味盎然的训练，在训练过程中以读促写，读写共生，既注重学生对知识的掌握，又注重学生思维能力的培养，就能将说明性文章写作落到实处。

参考文献：

[1][2][3][4][5][6][7][8][9][10][11]向浩．统编版读写共生写作日常课：八年级上册[M]．广州：花城出版社，2020.

表达要得体 应用看语境

——八年级上册第六单元

向浩 崔铁成

八年级上册第六单元的写作任务是“表达要得体”，可以指导学生学习应用文。应用文是在生活中有着广泛用途的一类文体，掌握好应用文的写作，对学生日后走进社会后处理工作及人际交往，都有着重大的意义。单元写作提示强调，要做到表达得体，应当考虑写作的目的，要注意读者对象的特点和应用的场合，以及恰当使用礼貌用语。章熊先生的研究也指出，制约语言得体的因素主要有五项，分别是：内容、对象、场合、目的、手段[1]。依据“表达要得体”的单元写作任务，我们从写作的目的、对象场合、语体规范以及礼貌用语四个方面入手，兼顾应用文的内容和形式，对学生进行循序渐进的应用文写作训练，帮助学生写出一篇表达得体的应用文。

一、明确写作目的，选择表达方式

交际语境写作理论认为：“写作是作者与读者之间运用背景知识，基于特定的交际目的，针对具体语境而进行的意义构建和交流活动。”[2]其中，“特定的交际目的”即“为什么而写”，是写作时必须要考虑的关键内容。只有明确了写作目的，我们才能选择恰当的内容，使用得体的方式，表现合适的态度。例如，感谢他人要恭敬，赞美他人要真诚，批评他人要委婉，邀请他人要诚恳，请求他人要谦卑……

以“规劝他人”为例，当写作目的是“规劝”时，我们应当尽量选择那些阐明此中利害的、抓住对方心理的内容，而尽量避免那些容易引起对方反感的内容，在态度上也应当尽量温和，创造缓和的对话环境。

例如，在规劝某位同学不要乱丢垃圾时，有学生这样写道：

同学你好！你刚刚不小心掉了东西！这小小的一片纸，看上去不起眼，但却差点让我们的街道“花了妆”喽！街道干净整洁，我们才心情舒畅，是不？表面上，随手一丢可以让我们获得一时之方便，但如果每个人都只图一时之方便，那么最终就会人人都不方便！你看，前面就有一个垃圾桶，我们快走两步，让这小东西回到自己应该待的地方去吧！

在这段文字中，该学生先是用“不小心掉了东西”为对方找了个台阶，保全了对方脸面；紧接着又使用幽默的语气，说这片垃圾险些让街道“花了妆”，既缓和了气氛，又委婉地点出了乱丢垃圾给街道带来的不良后果；再然后，又从乱丢垃圾的学生的角度出发，分别从正反两个方面为这位同学考虑：街道整洁，心情舒畅，反之，乱丢垃圾，人人不便；最终为这位同学指明了正确做法，并与这位同学一同前往。整篇劝说站在对方的立场上考虑，避免了直接说教和批评，且语气轻松，更易于被对方接受。

规劝还要格外注意选择合适的表达方式，因为规劝是对他人现有错误行为进行纠正的一种引导，因此，如果规劝方式不当，非但难以起效果，还会让人厌恶，起到反作用。规劝的具体方法如下：

（1）正面劝说，直陈道理。正面进行劝说，直截了当地劝对方应该怎样做或不要怎样做，当然，还要做到有理有据，层层深入。（2）引经据典，借例言理。即借用权威的话和有代表性的例子进行劝说，以加强劝说的力量，使对方信服。（3）直话曲说，委婉相劝。即采取一些委婉的方法，如讲故事、换位推论、打比方、对比选择、设喻联想、情境暗示等，间接性地进行劝说，达到预期的效果。（4）巧用“激将”，“请君入瓮”。劝说时抓住对方的弱点或性格特点，运用“激将法”，“请君入瓮”。（5）以退为进，迂回劝说。在矛盾激化时可采取先退一步的方法，等找到恰当的时机再进行劝说，或先绕个弯子再回到劝说的问题上来。（6）适度褒扬，激励说服。每个人内心都希望得到褒奖，劝说时如果能适时地褒奖对方的能力、成绩或见解等，给予对方适当的激励，有助于消除对方的心理戒备或思想顾虑，进而使对方愉快地接受劝说[3]。

为帮助学生能够根据具体的写作目的选择得体的表达方式，我们可以设计“写一段劝说辞，劝智叟参加移山工作”的写作训练任务。有学生这样写道：

智叟啊，你如此聪明的一个人，为何不发挥你的才智与能力，来规整工程计划，加快移山进度，让我们的后代能更早地享受到平坦开阔的通途大道呢？毕竟“一日一钱，千日千钱；绳锯木断，水滴石穿”，可见做事贵在持久。“靡不有初，鲜克有终”，确实，我们是老了，出不了太多力，但我们还有无穷无尽的后代可以做接班人啊，怎么让我们的后代们也义无反顾地加入这场惊天动地的伟大工程，可能就需要你的支援与帮助了。绘制好蓝图并加入实践大队，让我们的后人也有理可据，有图可寻，有事可依。此事办成，定能流芳百世，留名青史，你舍得放弃这么难得的机会吗？[4]

在这段文字中，作者上来就使用了“适度褒扬，激励说服”的方法，抓住智叟“智”的优点，强调智叟对移山大军不可或缺的重要性，鼓励其加入移山大军；紧接着，作者又使用了“引经据典，借例言理”的方法，用“一日一钱，千日千钱，绳锯木断，水滴石穿”以及“靡不有初，鲜克有终”的名言警句来告诉智叟坚持的重要性；最后又使用“巧用‘激将’，‘请君入瓮’”的方法，为其描述了移山成功的美好愿景，反问智叟是否愿意放弃这千载难逢的留名青史的机会，以此来激发智叟对移山工程的支持。这样的表达更加委婉，始终在对方的舒适区内游走，能够有效避免对方的反感，使得劝说更容易成功。

二、把握对象场合，凸显写作语境

要做到表达得体，还必须考虑读者对象的特点和应用的场合。面对不同对象和场合，我们要选择不同的内容，运用不同的表达方式，也要注意调整文章的语气。例如，针对同一条科学道理，对普通群众的解释和对相关专业的大学生的解释，其方式可能完全不同，甚至语气上也要有所调整。再比如，叙述同一个故事，在庄严的演讲中的讲述和在私下同朋友聊天中的讲述，其表达方式也完全不同。据此，我们可以设计这样的写作任务：把《周亚夫军细柳》改写成白话故事，讲给小学生听，以此训练学生的读者意识。小学生的理解水平较低，注意力不够集中，对新奇事物较感兴趣，因此表达应尽可能地通俗易懂，且富有趣味性，这样才比较得体。例如有学生这样写道：

陛下出宫走访军营那天，我正忙着训练士兵，毕竟马上就要开战，没有什么比这更重要的了。而我的属下一向也以军令为重，没有我的命令，任何来访者都不能随意进入军营，否则当作敌人问斩。包括陛下，没有经过我的确认，也是不能随意进入的，否则谁敢保证那不是敌人冒充的。同时军中有规定，不能骑快马，拜见上级时，当以军中礼仪，不用跪拜，我也都一一执行了。拜军礼的那一刻，陛下秉持着一贯的威严，但嘴角却携带了一丝笑意，仿佛带着一些惊讶、肯定与赞许。我就知道，这是一个识礼有德的君主，值得我为其效忠。因而等陛下临走时，我也没有去送别，而是转身继续去训练我的士兵，想来，陛下也会赞赏我的这一行为，他一定会的。[5]

为能够更加吸引小学生，这篇习作在讲述故事时特地将原文的第三人称改为了第一人称，从周亚夫的视角展开叙述，使小学生更有代入感，情感也更容易得到传递；为照顾小学生的理解水平，作者去掉了故事背景、地名、官职名称、礼仪动作等孩子们难以理解的内容，仅仅将故事主线讲述了出来，并且补上了周亚夫的心理活动，这使得故事内容更容易被理解；为使表达更为活泼，作者更多地使用了短句，在遣词造句上也尽量口语化，这些都使得《周亚夫军细柳》这一故事更容易被小学生接受。

为训练学生对不同场合下得体表达的把握，我们可以为学生提供一些想象中的场景，例如在“劝智叟移山”的写作训练中，愚公和智叟在移山背景下的对话就是一种想象中的场合；也可以为学生提供一些现实生活中会出现的场合，例如“因为要去看牙医而不得不在周二下午向老师请假”；还可以为学生创造一些完全真实的场景，例如在班级里组织一次演讲活动，让学生围绕自己的座右铭写一篇演讲稿，并在课前三分钟讲给同学们听。总而言之，在训练中提供的场合要尽量具体真实，要能让学生有代入感，这样才能让学生真正地在情境中考虑到表达是否得体的问题。

三、区分不同语体，规范语体格式

在不同的言语交际环境下，使用的语体风格也不相同。语体首先分为口语语体和书面语体。其中，口语语体较为亲切自然，书面语体较为庄重严谨。对口语语体和书面语体的了解有助于帮助学生在不同场合下选择合适的语体风格。

在书面语体中，章熊先生又将其分为科学语体、文学语体、政论语体以及事务语体[6]。本单元重点训练的应用文体更多地使用事务语体的风格。在这种语体风格中，既要注意语言的明确、简要、平实，又要注意一些习惯用语的积累，而这些习惯用语中保留了不少诸如“鉴于”“兹”“值此……之际”等古汉语成分，对学生而言相对较为困难。此外，行文的格式也是需要注意的一个重点，不同的场合有不同的要求。本单元的写作训练中涉及感谢信、发言稿、邀请函、倡议书等文体，我们以演讲稿为例，帮助学生明确这类应用文体的语体规范。在“模仿《富贵不能淫》全文写课前演讲稿”的训练中，我们可以先为学生提供演讲稿的标准格式，供学生在写作时参考。演讲稿的标准格式：（1）顶格写称谓语（如：尊敬的老师、亲爱的同学们）；（2）下一行空两格写问候语（如：大家好）；（3）正文；（4）结尾（如：谢谢大家）[7]。其实，形式与内容有着莫大的关系，不同的形式对应着对不同的内容，例如，“顶格写称谓语”，其实是在帮助学生明确读者对象；“下一行空两格写问候语”其实是告诉学生，要根据不同的场合选择不同的礼仪。明确了这些格式以后，学生自然能够代入到情境中，根据读者对象和场合写出合适的内容。例如下面这篇演讲稿：

尊敬的老师、亲爱的同学们：

　　大家早上好！

　　我今天要谈谈我的座右铭，出自《孟子》的“富贵不能淫，贫贱不能移，威武不能屈。此之谓大丈夫”。生而为人，你无法选择你的出身，你的家庭，你的父母；行而处世，你又可能会遭遇困顿，陷入瓶颈，路逢恶人。面对此种尘世磨难，你又将如何自处，如何守身，如何成为一个大写的人呢？孟子给出了我最心仪的答案，那就是身处富贵不迷惑思想，落于贫贱不移志改德，遭逢威武不屈服意志，此之方可谓大丈夫！此为我处世之道，立身之本。谢谢大家！[8]

在这篇习作中，作者先是顶格写明称谓语，接着另起一行，空两格写问候语，规范地使用了演讲稿的格式；在语体风格上，演讲稿属于口语语体中的演说语体，这种语体风格要求行文流畅通达，语言简洁明确，最好还能抑扬顿挫，读起来富有情感，因此作者在写作时运用了大量排比或对称的句式来增强语言的张力。在这一段文字中，作者连用了三个“你的”来强调出身的无法改变，又用“遭遇困顿，陷入瓶颈，路逢恶人”的排比句来列举人生可能遭遇的困境，紧接着再抛出三个“如何”来叩问人生的选择，最后用“身处富贵不迷惑思想，落于贫贱不移志改德，遭逢威武不屈服意志”的排比句为自己的座右铭作出最终诠释，至此可谓是酣畅淋漓，令听者拍手称快。在这段话中，作者既注意了演讲稿的口语化特征，语气抑扬顿挫；又兼顾了本演讲稿是为了解释《孟子》语句的特殊语境，用词较为典雅，二者相得益彰，反映出了作者深刻的思考和充沛的情感。

四、使用礼貌用语，表达真诚尊重

20世纪80年代，英国语言学家杰弗里·利奇（Geoffrey Leech）提出了礼貌原则，1992年，我国学者顾曰国又提出了中国人的礼貌原则，包含以下五点：贬己尊人准则，称呼原则，文雅原则，求同原则和德、言、行原则[9]。

下面结合这五条原则分别谈谈中学生应用文写作中常见的不礼貌现象：

（一）贬己尊人准则

“贬己尊人准则”是指在对话过程中，与自己有关的事物要尽量放低姿态，与他人有关的事物要尽量抬高地位，以示尊重。在这一方面，谦辞和敬辞的混淆是初中生常犯的错误，比如“莅临”“屈驾”“俯就”“雅正”等词语就常被误用，再比如把对方的观点说成是“抛砖引玉”，把自己对他人的指导说成是“不吝赐教”，也是谦敬用法没有搞清楚。此外，字里行间流露出来的语气，也能让人感受到作者态度的尊敬与否。例如教材中所举的例子，在给专家的感谢信中说专家“有较高的水平”，认为专家的讲座“挺不错的”[10]，这些用语都给人一种居高临下的姿态，显得不得体。

（二）称呼原则

“称呼原则”是指在交流过程中要使用合适的称呼语。选择称呼时要考虑社会地位的不同，例如，在邀请函、请假条等文体中，一般不直呼其名，而是在名字后加上职务等称呼以示尊重，例如“×××先生”“×××教授”等。选择合适的称呼语还要考虑彼此的亲疏关系。章熊先生曾举过这样一个例子：某年的高考作文题目要求以“学生会”的名义投诉，有的学生却在信的开头称“叔叔阿姨”，这明显是没有考虑到在这种场合下的称呼问题，显得不够庄重[11]。再比如，在日常习作中，常见的一类题目是以知心好友的身份给某同学写一封信，在这种情况下，如果以“×××同学”开头，就显得生疏了，以“亲爱的×××”则更为亲切一些。

（三）文雅原则

“文雅原则”指的是尽量使用雅言，避免使用俗语。在行文过程中要尽量避免提到让对方不悦的事物，如不能避免，也要尽量使用委婉语。例如在劝慰别人的信中要尽量避免直言他人的缺点；再比如在谈到他人的死亡时，尽量使用“逝世”“离去”等委婉语进行表达。

（四）求同原则

所谓的“求同原则”是指“说、听者在诸多方面力求和谐一致，尽量满足对方的欲望”[12]。这点在批评或者给他人提建议的一类文体中要尤其注意。一般使用的方法是“先褒后贬”，即先说出一番赞美的话，给对方一个“脸面”，这样便使得“批评”这样一种不礼貌的行为能够以一种礼貌的方式展开。

（五）德、言、行原则

“德、言、行原则”是指在行为动机上，尽量减少他人付出的代价，尽量增大对他人的益处（可谓大德）；在言辞上，尽量夸大别人给自己的好处，尽量说小自己付出的代价（可谓君子）[13]。反映在邀请函、感谢信等文体中，就是要尽量表达出被邀请人、被感谢人的巨大帮助，从而让对方感到自己的诚意。

礼貌用语本质上反映的是一个人在交际场合中的态度问题。礼貌用语不只是客套话，恰当的礼貌用语能让对方看到对话过程中的真诚，从而使得沟通更为融洽。除去一些简单常用的礼貌用语外，学生还应当积累一些更为得体、文雅的表达，这样更能体现出一个人的修为和涵养。

叶圣陶先生曾说：“大学毕业生不一定要会写小说、诗歌，但一定要会写生活和工作中实用的文章，而且非得写得既通顺又扎实不可。”在应用文体的训练中，表达得体是非常关键而又灵活多变的一项内容，得体与否总是根据语境的变化而变化，因此这方面的训练应当是即时的、长久的且富有个性的，我们应当对在教学过程中出现的每一处语言不得体的地方进行纠正，并让学生明白得体或者不得体的原因所在，围绕“得体背后的理解与尊重”[14]进行价值观方面的教育，长此以往，学生才能真正地学会根据不同的语境，写出合适、得体的文章。

参考文献：

[1] 章熊，缪小放．简明·连贯·得体：中学生的语言修养和训练［M］．北京：语文出版社，1999.

[2] 王荣生．写作教学教什么［M］．上海：华东师范大学出版社，2014.

[3][4][5] 向浩．统编版读写共生写作日常课：八年级上册［M］．广州：花城出版社，2020.

[6] 章熊，缪小放．简明·连贯·得体：中学生的语言修养和训练［M］．北京：语文出版社，1999.

[7][8] 向浩．统编版读写共生写作日常课：八年级上册［M］．广州：花城出版社，2020.

[9] 顾曰国．礼貌、语用与文化［J］．外语教学与研究，1992(4)：10-17，80.

[10] 教育部组织编写．温儒敏总主编．义务教育教科书语文八年级上册［M］．北京：人民教育出版社，2017.

[11] 章熊，缪小放．简明·连贯·得体：中学生的语言修养和训练［M］．北京：语文出版社，1999.

[12][13] 顾曰国．礼貌、语用与文化［J］．外语教学与研究，1992(4)：10-17，80.

[14] 冯善亮．“得体”的背后是理解和尊重［J］．语文教学通讯，2021(46)：37-38.

八年级下册

畅游民俗画卷　把握仿写妙招

——八年级下册第一单元

向浩　苏凡

八年级下册第一单元的写作训练任务是“学习仿写”。在教学中，我们可以挖掘与“学会仿写”任务契合的写作学习元素并设计学习支架，分别从“营造立体效果，学会描物绘人”“灵活运用多种写作手法，学会场景描写”“模仿文章结构，学会布局谋篇”三个角度入手，指导学生学会仿写。

一、营造立体效果，生动描物绘人

单元写作指导中指出：“学习仿写，要根据内容和表达的需要，选择和确定具体的仿写点。”[1]学生在日常写作描绘景物和人物时，会有简单化、片面化的趋向，若要写出佳作，学会使景物和人物描写更加丰满、复杂，立体感强，至关重要。

在景物描写的日常写作训练教学中，我们可为学生搭建起四个写作支架：（1）选择不同的色彩（色彩浓度）描写景物；（2）调动多种感官描写情景交融；（3）通过联想和聚焦特写，在时空上写出景物的立体感；（4）通过词类活用来增强景物描写的表现力。借助这四个支架，引导学生学会通过色彩浓度的变化，感官的视、听、味、嗅、触等各种感觉的调动、联想与时空聚焦等，使得景物具有“立体感”，从“二维空间”变成“三度空间”，甚至“四度空间”。试看一学生的优秀习作：

瞧！最美不过那一抹淡粉，夹杂在大片大片的透白与嫩绿之中，像极了少女害羞的脸颊，可爱稚嫩，让人忍不住仔细端详。听！这巧夺天工的交响乐，是蜜蜂们的赞曲！蝴蝶姑娘们都不愿错过这曲激昂的赞歌，围绕着淡粉飞舞。低头轻嗅，一阵芬芳入鼻，不由得想起去年春天和朋友一起参观武大，在樱花大道漫步的场景。一簇簇的樱花，也是如此烂漫多姿，远远望去，像是一团团粉白色的棉花云。一阵风吹来，无数樱花花瓣翩然起舞，就像是粉色的轻纱随风飘动，落在地上，又宛如给大地铺上了粉白相间的地毯，让人不禁怀疑身在梦境。[2]

在此片段中，学生很好地利用了这四个支架，“樱花”不再纸片化，而变得有声、有色、有故事。学生运用大量不同的色彩，如“淡粉”“透白与嫩绿”“粉白色”“粉色”“粉白相间”等来描绘樱花的绚烂，让人身在梦中。“瞧！”“听！”“一阵芬芳入鼻”等词语调动了视觉、听觉、嗅觉等感官，景与情相互融合，展现了对樱花的喜爱。与此同时，联想与聚焦特写在此片段中也有运用，学生由此地赏花联想到过去与朋友共赏武大樱花，并聚焦樱花的烂漫多姿、随风飘动。最后，“透白和嫩绿”本是色彩词，这里运用借代的修辞手法，代指花瓣与绿叶，借代的运用使得文字更灵动，表意更有层次。学生借助我们搭建的支架为抒发情感助力，给景物描写增色，使得景物描写不再单调，具有“立体感”。

在写人的片段训练中，为塑造具有立体感的“圆形人物”，依据学习元素，我们可为学生搭建起三个写作支架：（1）选择不同的句式，长短句交替，以及用不同的标点符号来丰富人物语言，从而表现人物性格特点；（2）赋予人物多重性格，让人物真实可感；（3）运用白描式的描写，点染人物性格，让表达简洁，人物真实且生动。让我们来看一则优秀习作：

“方珊珊！怎么回事？又在这边偷偷玩手机？不把这段古文背下来你就不要睡觉！”珊珊踉跄了一下，望着歇斯底里的妈妈，颤颤巍巍拿起书，站在离妈妈不远处，豆大的眼泪扑通扑通地从眼眶里流下来，流过脸颊，掉落在语文书上，笔记晕染开来。“嘈嘈……切切错杂弹，大珠小珠落……落玉盘。”珊珊一边啜泣着，一边小声背诵。妈妈轻叹一口气，轻抚掉珊珊的眼泪，“孩子，今日事今日毕，妈妈不是要故意凶你。只是妈妈想让你懂得，做事情不可以拖延。既然我们做了规划，就要完成它。加油！”[3]

这是妈妈与孩子之间的一次矛盾冲突，在阅读时，我们仿佛切实感受到“方珊珊”的委屈和“妈妈”从歇斯底里到语重心长的转变。这得益于学生能够综合运用课堂支架进行写作。妈妈的形象是片段塑造重点，片段赋予了母亲“急躁”“爱女”“温柔”等多重性格，使得文章更真实、更能引起共情。同时，文章长短句交错，运用逗号、叹号、问号、省略号等多种标点，让语言更丰富，将“妈妈”“珊珊”前后的态度展现出来。此外，运用白描手法，对“珊珊”被“妈妈”训斥后背书情景进行细致描写，丰富人物形象，极简单的语言便较好地展示了不同的人性侧面和性格的复杂性，仿写达到效果。

景物和人物描写立体化，可以让片段语言更加生动，内容更加丰富。我们为营造立体效果所搭建的支架，不仅是描绘景物与人物从单一到立体的过程，也是写作方法从简单到丰富的训练，更是思维层级从简单到高阶的提升。

二、灵活运用多种写作手法，丰富场景描写

本单元写作提示强调，学习仿写需要注意模仿范文的写作手法[4]。写作手法包括表达方式、表现手法、修辞手法等。第一单元的课文里都与“民俗文化”有关，体裁多样，且其中均有“场景描写”。场景描写是对特定时间、地点内许多人物活动总体活动的描写，场景描写要表现出一种特定的气氛，单一的写作手法是不够的。需要让学生学会把握多样的写作手法，综合运用记叙、描写、议论、抒情等表达方式，综合运用象征、联想、借景抒情等表现手法，以及综合运用比喻、排比、夸张等修辞手法，将场面变成一幅生动、丰富而充满感染力的图画。

我们可以选取《安塞腰鼓》中打鼓这一场景，作者运用五个排比和五个比喻描绘出一幅壮阔、豪放的舞蹈画卷。我们可借助排比和比喻这两种学习元素，要求学生写一场比赛，并为此设置三个写作支架：（1）选择三个或以上不同喻体，描写选手比赛时的样子；（2）写三个或以上比喻句，构成排比段；（3）选择三个或以上形容词短语，构成排比，抒发赞美之情。试看一学生习作：

身影似最快的闪电，矫捷的前锋！步伐似健壮的公牛，靠谱的后卫！眼神似最闪亮的明星，强大的力量！动作似流星划过，完美的扣球！赢了，赢了，中国男篮终于赢了！人群中爆发出热烈的掌声！许多球迷甚至泪洒赛场。“男儿有泪不轻弹”，但这

是一场多么刺激、多么热烈、多么激昂的球赛！中国男篮好样的！这眼泪，值得！[5]

这是一场现场球赛，也是一场胜利的比赛。虽没有亲临现场，学生利用写作支架，将中国男篮比赛时的动作，球迷的激动心情以及现场热烈、激昂的氛围展现出来，让人仿佛身临其境。连续的排比将球员们打球的恣意潇洒、酣畅热烈描绘得淋漓尽致，四个连续的比喻句借助不同喻体，将中国男篮比赛时的细节描绘的十分具有现场感，热烈的比赛场面跃然纸上，增强了气势和画面感。

排比和比喻让场景更加“鲜活”了。此外，围绕“排比”这一学习元素，还可以综合训练学生用排比句、排比短语、排比段来描写场景、抒发情感。来看一学生习作：

这身姿，使静淌的血液沸腾了，使场内的空气燥热了，使垂着的双手挥舞起来了！

就好比：平地一声惊雷。

就好比：苏轼“左牵黄，右擎苍，锦帽貂裘，千骑卷平冈”的豪迈。

就好比：久无波澜的冰面迎来了第一个突破口。

冲破了无力，冲破了约束，冲破了自我。是努力后冲破长久以来的压迫、束缚、软弱，是里程碑！

好一个中国运动员！[6]

读这个片段，忍不住心潮澎湃。作者先是运用三个排比句实写场面，将观众们看到运动员身姿后的激动展现得淋漓尽致。读者眼前仿佛浮现出赛场上运动员们矫健敏捷、观众们激动热烈的画面。接着，连续三个“就好比”构成排比段，发挥丰富的联想，虚写场景。最后，“冲破了无力，冲破了约束，冲破了自我”三个排比短语的运用，则道尽了运动员赛场优异表现背后的不易，以及观众们对比赛的认可、赞美与高度评价，同时增强了语言的气势，带动读者的情绪。

三、模仿文章结构，学会布局谋篇

学习仿写“可以模仿范文的篇章结构”[7]。文章结构犹如行文之骨，其重要性不言而喻。初中生在写作练习中，缺少整体布局谋篇的观念，想到哪写到哪的现象时有发生。心中无文章结构，文章叙述没有章法，难免落入无事可陈、无话可说的窘境。要想写出一篇行文流畅、叙事丰满的习作，不能只依赖事件的直接堆积、写作手法的简单堆砌，还要掌握宏观的布局谋篇的结构技巧。

以《灯笼》一文为基础，我们可归纳出四种结构，供学生仿写。这四种结构分别为，“蒲扇形”结构、“甘蔗形”结构、“V字形”结构、“冰糖葫芦形”结构。

在模仿《灯笼》第2段运用“蒲扇形”结构写“笔”这一训练中，为了让学生能够在叙事中引发相关事物，丰富文段内容，我们可以设置如下写作支架：（1）写好“扇柄”，通过叙事引出联想点；（2）写好“扇脉”，联想相关事物；（3）写好“扇面”，将联想的相关事物展开叙述和描写。试看一优秀习作：

读到《秋天的怀念》一文，品味史铁生的母亲对孩子隐忍、伟大又深沉的爱时，心灵不禁轻轻颤动，想到了我的母亲。想起出糗时，她从不会揭穿我；想起有了少女心事，她总是心平气和听我分享，耐心开导；想起获得小小成就，她是我最耐心的倾听者、最坚实的后盾。少年时，我不是什么听话的孩子，一次叛逆过后，母亲的一句话我至今记忆犹新：“打你出生起，我的悲欢已与你无限交织。”母亲总是给予我最大限度的宽容、自由与爱。[8]

作者品读《秋天的怀念》联想到自己的母亲，再而联想到“我”与母亲之间发生的种种。此外，引用令“我”记忆犹新的话语，将“我”少年时期的叛逆与而今的思悟作对比，使得叙述和描写更加丰富。

我们再看一例，此例为“甘蔗形结构”，意即围绕一个点展开，不网状发散，而是一节连着一节，直线向前推进，其中上下两节耦合相连，每节叙述丰满。来看一例学生优秀习作：

一、记得，父亲书桌上那支“老古董”：笔杆、笔套上缠着一道道胶布，笔尖也磨得秃秃的。我常取笑他的钢笔又旧又破，他总是笑笑，不以为意。

二、父亲工作很忙，经常拿着他的“老古董”，伏案至深夜。

三、父亲的生日，我兴冲冲用攒了很久的零花钱，斥“巨资”给他买了一支“英雄”牌钢笔，父亲摸摸我的头，欣然收下。

四、尽管父亲很喜欢我送的笔，可我发现，最常被他紧握的仍是那支“老古董”。

五、我终于忍不住，询问父亲为何老是用一支“破破烂烂”的笔，父亲笑而不语。

六、这天，回乡祭祖。父亲告诉我，我口中的“老古董”“破烂笔”，是爷爷——父亲的父亲，一个最普通的农民，省吃俭用送给考上大学的父亲的礼物。这支钢笔寄托了爷爷对父亲的殷殷期盼。[9]

作者运用“甘蔗形”结构，围绕“笔”这一点直线展开。第一节由笔引发，叙述父亲拥有一支“老古董”；第二节联结第一节，叙述父亲常使用该笔伏案写作；第三节联结第二节，叙述“我”送给父亲一只崭新的笔；第四节联结第三节，叙述父亲仍最爱古董笔；第五节联结第四节，叙述“我”询问缘故；第六节联结第五节，揭示古董笔背后的故事。如此以“笔”为线，节节推进，耦合相连，片段结构清晰而不失波澜与内涵，向我们展现了三代人不同形式的父子之爱。

接着，来看“V字形”结构的在丰满叙述效能上的运用。“V字形”结构，是因叙事时间而形成的一种特殊结构。“V”字的两个顶点是写作时间，两条斜线是指故事时间。意即开头结尾叙述写作时对某事物的所见、所思、所感，中部回忆过去与之相关的人和事。时空交错，既有利于叙述过往事件，又便于当下表情达意。来看一学生习作：

父亲将这“老古董”送给了我。提笔写作，我总会想起父亲。父亲的心和爷爷是一样的，他们都希望自己的儿子笔耕不辍，勤奋苦学。

父亲告诉我，爷爷也是读过书的。爷爷是来陕北插队的知青，后来便留在了陕北。爷爷总是勉励父亲，一定要好好读书，才能见识到更广阔的天地。看着手中这支传了三代的“古董笔”，我心中暗自下定决心，自己一定要像父亲一样：用钢笔书写人生，书写更广阔的明天。[10]

作者开头提“古董笔”写作，由此体会两代父亲的良苦用心；中间插叙爷爷年轻时的故事以及对父亲的勉励；结尾直抒胸臆，再次直接表达对父亲的崇敬以及用钢笔书写美好明天的愿望。片段虽短，情味悠长。一支笔，三代人的故事，两代父亲对孩子的美好期许会如“古董笔”般传承下去。将过去与现在串联，丰满所抒之情，这便是“V字形”结构的魅力所在。

最后来看“冰糖葫芦形”结构，这是指围绕一个点展开相关联想，这个点就像竹签，将其他相关事务串联起来，贯穿始终。如此化抽象为具象，学生更易接受、更快理解、更好运用。再以“模仿《灯笼》第7—11段‘冰糖葫芦形’结构写事物”写作训练为例，看看学生的仿写习作：

最喜欢姥姥家的夜空。这里的夜，不深，但很静。

这里的夜空，星星眨巴眨巴的。明闪闪、亮晶晶，又像一盏盏银灯。“小时不识月，呼作白玉盘。”远离城市喧嚣，这玉盘，大得惊人；这玉盘，白得发光；这玉盘，亮得刺眼。

这里的夜空，充满人间烟火气。你给我一包刚摘的嫩玉米，我送你一大袋丰收的果子。即便入夜了，家家户户，皆是敞着大门，男女老少，皆是笑脸盈盈。这里的夜，多了几分踏实，寂静，却不黑得怕人。[11]

学生以姥姥家的夜空为线索贯穿始终，夜空就是竹签。糖葫芦果分别为夜空中的星星、白玉盘（月亮）、夜空下充满人间烟火气的家乡。片段详细描述夜空下的姥姥家，详略得当，且具有很强的故事感，叙事饱满，达到仿写要求。学生经过学习，能够掌握这种“冰糖葫芦”片段结构，实现写作要求，并且能够结合联想、详写、略写等写作技法，使得叙述更加多元。总的来说，模仿文章结构，可打破学生写作时无话可说、无事可陈的局面，使得片段叙事更加丰满，训练效果事半功倍。

民俗是民间流行的习俗、风尚，是由民众创造并世代传承的民间文化。本单元展现各地民俗风情，运用多种写作手法表达情思。我们从营造立体效果，帮助学生生动描物绘人；从灵活运用各种写作手法，帮助学生丰富场景描写；从模仿文章结构，帮助学生学会布局谋篇，在带领学生领略传统民俗风情画卷的同时，提高学生写作综合素养。

参考文献：

［1］教育部组织编写．温儒敏总主编．义务教育教科书语文八年级下册［M］．北京：人民教育出版社，2016.

［2］［3］向浩．统编版读写共生写作日常课：八年级下册［M］．广州：花城出版社，2021.

［4］教育部组织编写．温儒敏总主编．义务教育教科书语文八年级下册［M］．北京：人民教育出版社，2016.

［5］［6］向浩．统编版读写共生写作日常课：八年级下册［M］．广州：花城出版社，2021.

［7］教育部组织编写．温儒敏总主编．义务教育教科书语文八年级下册［M］．北京：人民教育出版社，2016.

［8］［9］［10］［11］向浩．统编版读写共生写作日常课：八年级下册［M］．广州：花城出版社，2021.

打好三式“组合拳” 突破说明顺序关

——八年级下册第二单元

向浩 徐梦迪

八年级下册第二单元的写作任务是“说明的顺序”。说明顺序主要有时间顺序、空间顺序和逻辑顺序，分别用于介绍事物发展、介绍事物结构特征、介绍事理。但在实际写作中采取哪一种顺序，怎样有机结合，要视具体情况而定。教学时，我们可通过创造需要说明的情境，明确说明的目的和对象，提供合理的顺序支架，让学生在进行一系列由浅入深的写作训练“组合拳”的同时，学习应用分析推理的思维方法，激发科学探究的兴趣。

一、第一式：明确说明对象，选择说明顺序

在说明性文章写作中，说明必须讲究顺序。时间顺序也好，空间顺序也好，逻辑顺序也好，它们本来就是客观地存在于事物的发展过程、事物的构造以及事物之间的联系之中的[1]。任何一个事物都无法脱离时间、空间以及与周围其他事物的联系而存在。也正因为如此，选择何种顺序进行说明就是作者的必修课。其中逻辑顺序的使用又是一个难点，是先总后分、从概括到具体，还是从主到次、从现象到本质，学生往往会无从下笔。

为此，须设计多个围绕明确的说明目标进行片段写作的训练。比如在练习时间顺序时，选择阿西莫夫的《恐龙无处不在》第8—12段作为范例，文中准确给出了四个时间节点：“2.25亿年前”“大约在两亿年前”“大约在5 000万年前”，以及“到6 500万年以前”，准确描述了大陆地形地貌演变的过程，以及恐龙灭绝的时间节点，充分说明了恐龙足迹遍布世界的可能的原因。在设计写作任务时，可以让学生用时间

顺序介绍电脑的迭代与更新。时间顺序是比较容易掌握的单线程的写作顺序，学生通过查找资料，获取准确的时间信息，就比较容易成文。举一例习作如下：

1946年2月14日，第一台电子管计算机在美国费城问世，这标志着电子计算机时代的到来。1956年，第二代计算机开始使用晶体和磁芯储存器。1958年集成电路的发明使得电子元件可以结合到一片小小的硅片上，这一时期，操作系统也被运用到电子计算机上。到了80年代，超大规模集成电路在芯片上容纳了几十万个元件，后来又将这一数字扩充到百万级。这得益于“半导体”的发展。到1958年，第一部真正意义上的个人计算机诞生了。[2]

其实对于电脑来说，发生演变的部分是相当之多的，显示器、主机、主板、外设等，如果在每一个时间节点都介绍一遍显然是不现实也不合理的。作者选择以储存器的材料演变为中心，从电子管到晶体磁芯，从集成电路到半导体，主题明确，不会变成流水账。同时时间用语非常准确，但可以更富有变化一些，不要只用年份，一些相邻年份可以“×年后”的形式表达，这样能表现出电脑更新演变的速度。

除此之外，还须着重训练逻辑顺序的应用。逻辑顺序不仅要考虑事物本身的条理性，还要考虑根据读者对说明对象的认识规律。如向老人介绍手机的五种用途，就需要应用“从主到次”的逻辑顺序，先说明主要特征，再依次说明次要特征。举学生习作如下：

智能手机功能丰富，我们可以借助智能手机完成许多事情。首先，我们可以用智能手机进行视频通话，仿佛对方就在我们身边。其次，我们可以用智能手机拍摄照片和视频，记录美好生活。除此之外，智能手机还是一幅“活地图”，可以指引我们去绝大多数我们想去的地方。智能手机也让购物更加便捷，我们可以随时随地用手机购物。最后，我们可以用它听相声、看大戏或读小说，享受休闲时光。[3]

作者抓住了老人群体对手机的需求，依次从“视频通话、拍照录影、地图导航、网上购物和娱乐休闲”五个方面介绍了智能手机的功能，语言简洁明了、通俗易懂。

顾文海说：“阅读说明性文章，要学会分析说明顺序。说明顺序是由被说明对象的特点决定的。”[4]同理，在写说明性文章时，要想把事物说清楚，讲明白，除了抓住事物的特征，讲究说明的方法外，还必须要合理安排说明的顺序。学会根据说明对象选择说明顺序，能为后续的“连招”打下坚实的基础。

二、第二式：撰写观察日记，使用文学笔法

观察日记是对于各种社会现象和自然现象的观察记录。这种记录可以是完整的记人叙事，也可以是片段的描写。根据观察的对象不同，观察日记可分为：察人、察事、察物、察环境。不同观察对象有不同的说明顺序，比如人物的穿着打扮、语言动作、神态心理等，主要是逻辑顺序；事情的起因、发展、高潮和结局等，主要是时间顺序；环境的布局、陈设、结构、变迁等，主要是空间顺序。

我们可用《大雁归来》的原文作为支架，从最容易把握的“时间顺序”入手，引导学生在两到三个时间点观察某一动物，并用文学的笔法描写其生活习性。文学笔法是指运用丰富的想象、联想以及比喻、拟人等修辞手法，用活泼的形式、通俗的语言，把复杂的事情讲清楚[5]。

以下文为例，作者观察母鸡的习性，若只用一句话写明观察结果——母鸡在午后会鸣叫，这则观察日记就会非常乏味、无聊。然而我们看作者是如何描写的：

到了午后，母鸡便如怨妇一般踱着步，扯长了声音，在院子里幽怨地叫了起来，仿佛是受了多大的委屈一样。而恰好这时人们正在睡午觉，于是烦躁的人便起来打上两棍，只是消停不到两分钟，它又开始长泣起来，让人颇为无奈。[6]

作者运用了比喻、拟人的修辞手法，不仅写出了母鸡鸣叫的习性，更是生动具体地写出了它的状态和给人的感受——幽怨的、绵长的、让人烦躁无奈的。除此之外，作者更是用特殊情况——下蛋后的母鸡与普通母鸡的叫声进行了对比，把观察结果写完整：

可下了蛋的母鸡就是另一种样子了，它拍打着翅膀，蹿上蹿下，发疯般叫着，前奏短促急切，尾声高亢热烈，恨不得让全世界都听到。[7]

作者运用拟人、夸张等修辞手法以及细节和动作描写，传递了观察者的情感，增强了说明的感染力。时间的顺序让文章结构严谨、自然流畅，而生动的文学语言则让文章引人入胜、闪闪发光。

三、第三式：逻辑清晰作推理，言语简洁得结论

如果一篇说明性文章只是描述现象、说明事实，缺少分析推理，没有提出明确的结论，那么读起来将索然无味。如《时间的脚印》一文，通过静态观察来发现现象，用动态分析进行推测，由果推因，逻辑清晰。例如《时间的脚印》的选段：

有一种很粗糙的石头，叫作“砾岩”。你可以清楚地看到，砾岩中包含着从前的鹅卵石。（静态观察）这说明了岩石生成的地方，是当时陆地的边缘，较大的石子不能被搬到海或湖的中央，便在岸边留下了，可是，有时候，在粗糙的岩石上覆盖着的岩层，它里面的物质颗粒却逐渐变细了，这是什么道理呢？这是因为地壳下沉，使原来靠岸的地方变成了海洋的中心。（动态分析）[8]

作者首先通过静态观察，说明砾岩中包含特殊成分鹅卵石这一特征。但说明并没有停留在浅表层面，而是透过观察到的特征进一步展开动态分析，得出石头所在之处经历了沧海桑田的变化的结论。

一篇优秀的说明性文章不仅仅是简单地介绍一人一物一事，更需要深刻、丰富的价值内涵。学生也可学习《时间的脚印》一文中将历史思考和现实认识相融合来推断结论的方式，使文章说理清楚、立意升华。

石头颜色的不同，也常常说明着地球上的变化。红色的岩石意味着当时气候非常炎热，而灰黑色常常是寒冷的表示。（历史思考）如果这里的石头有光滑的擦痕，（现实认识）那很可能从前这里有冰河经过。（结论）[9]

作者从历史认识出发，结合对石头颜色和气候关系的认知，联系对石头的现实观察，得出结论，增加了“时间的脚印”所体现的历史厚重感和纵深感。

除了严密的推理，简洁有力的结论也是一篇优秀的说明性文章所必不可少的。如《时间的脚印》中“从‘死’的石头上，我们看到了地壳的活动”独句成段，强调结论，使结论清晰明了，重点突出。

再看学生写作：

学校的外墙以大气的红色为主色调，但是仔细看上去，你会发现高高的外墙顶上有一道道竖直的白色痕迹，好像斑驳的汗渍。（静态观察、现实认识）**这些痕迹是从哪里来的呢？认真思考不难明白，外墙长年累月地暴露在空气之中，墙缝之间的涂料难免因受到风化而变得松软，再加上雨水的反复冲刷，于是这些涂料便溶解在水里，然后顺着墙壁流了下来，形成了一道道的痕迹。**（动态分析）

外墙之上的“汗渍”，见证了学校艰苦奋斗的辉煌历史。（历史思考、情感升华）[10]

习作第一段介绍学校外观，最后一段用“外墙之上的‘汗渍’，见证了学校艰苦奋斗的辉煌历史”一句话作结，短而铿锵，余味深长。从斑驳痕迹的观察中联想到学校“艰苦奋斗的辉煌历史”，更是情感态度上的一次升华。从静态观察到动态分析，结合历史思考与现实认识，从而得出结论，学生可以品味其中的逻辑顺序，灵活运用说明方法，培养从现象到本质、从特殊到一般的推理总结概括能力。与此同时，作者通过静态观察看到学校外墙斑驳的现象，通过动态分析推理痕迹形成的原因，结合自己对于形成原因的现实认识和对学校历史的思考，最后短促有力地陈述结论并进行情感抒发，完成了一段观察入微、逻辑严密、情理交融的高质量说明。

需要注意的是，学生由于思维深度的限制，有可能强行拔高升华，显得生硬死板。老师要注意指导学生表达真情实感，做到有感而发。充沛的感情基于长久的观察、思考的积累，而不是临时抱佛脚式的无病呻吟。

用清晰的顺序对事物进行说明，是写好说明性文章的基础和前提。很难设想，一个顺序都不清楚的说明性文章会把事物的特征说明白[11]。我们应在课堂中循序渐进，引导学生学会根据说明的对象和目标选择合适的说明顺序，指导学生合理使用文学笔法使行文生动有趣，再结合深刻的历史思考和现实认识，为学生写好说明性文章铺平道路。

参考文献：

[1] 陈景坤．说明顺序中的主观因素试谈［J］．写作，2000(12)：31-32.

[2] 向浩．统编版读写共生写作日常课：八年级下册［M］．广州：花城出版社，2021.

[3] 顾文海．阅读说明文要掌握说明顺序［J］．南京师范大学文学院学报，1999(6).

[4] 向浩．统编版读写共生写作日常课：八年级下册［M］．广州：花城出版社，2021.

[5] 唐惠忠．以文学笔法呈现科学知识：科学小品荐读两篇［J］．初中生之友，2020(C1)：16.

[6][7] 向浩．统编版读写共生写作日常课：八年级下册［M］．广州：花城出版社，2021.

[8][9] 教育部组织编写．温儒敏总主编．义务教育教科书语文八年级下册［M］．北京：人民教育出版社，2016.

[10] 向浩．统编版读写共生写作日常课：八年级下册［M］．广州：花城出版社，2021.

[11] 马正平．中学写作教学新思维［M］．北京：中国人民大学出版社，2003：190.

用好引、感、联　写好四型读后感

——八年级下册第三单元

向浩　张悦彤

八年级下册第三单元的写作任务是“学写读后感”。“读后感”，顾名思义，把读过一本书、一篇文章、一首诗词或某一材料后的见解认识，心得体会，得到的教育、启示等，写成以议论为主的文章，是一种阅读笔记的主要形式[1]。学生要从“读”到“感”，写好议论性的文章并不容易。张耀国在《如何写读后感》一文中提到读后感有介绍型、夹叙夹议型、评述型和议论型四种。本文以此为基础，结合第三单元写作提示中的“适当引述”“感受力求深入”和“联系阅读积累及生活经验”三个步骤，从感知到分析再到论述，帮助学生一步步提升思维的品质，写好四种类型的读后感。

一、介绍型

介绍型读后感是在总览全书的基础上有重点、有选择地介绍书中的内容[2]。写介绍型读后感要从不同角度引述文章，理清文章思路，准确把握文章内容，这样才能准确找到感点，避免无意义引述的出现。例如下面这篇读后感：

陶渊明告诉我们桃花源是一个奇异的世界。他笔下的景是奇丽的。小村庄山环水绕，与世隔绝，宛如仙境。“中无杂树”，“落英缤纷”，仿佛在你的眼前铺开一片又一片的红霞，如梦似幻，让人仿佛置身云端。他笔下的人是善良热情的。一个陌生人的闯入并未使他们心生戒备，反而争相热情招待。这位武陵人好似一面镜子，照出现世的冷漠，映出桃源人的赤诚。他笔下的情是浓厚的，人们的交往真诚相待，生活愉悦安宁。我想，平旷土地上，俨然屋舍间，桃花源人世世守望相助，真情代代流传。然而，这个美丽的世界却是充满了疑点的，陶渊明指出桃花源人的衣饰、口音与外界一致，魏晋与秦末相隔数百年，一个与世隔绝的村庄，如何能做到？为何武陵人再也找不到去往桃花源的路？再联想到陶渊明所处的时代，这宛如仙境的桃花源，这只不过是海市蜃楼，可见桃花源只是作者的一个逃避现实的美好愿望罢了！[3]

这一学生习作的引文较多，但是该生的引文并非简单概括《桃花源记》的全文，而是从“景之奇”“人之善”“情之浓”“疑之多”四个角度概括桃花源的特点，思路清晰地呈现出桃花源的美与幻，同时虚幻的美好与现世的冷漠之对比更加强烈，引述时对《桃花源记》的内容重新进行了分类，这使文章读起来脉络清晰。

写这一类型的读后感时，对“感”和“联”的要求相对较低。以上述习作为例，作者概括桃花源的“奇”后，联系文章的写作背景，运用知人论世的方法加深对这篇文章的理解。有这样的“引”和“联”作为基础，文章最后发出“这宛如仙境的桃花源，这只不过是海市蜃楼，可见桃花源只是作者的一个逃避现实的美好愿望罢了”的感想，就顺理成章了，感情抒发自然。这一类型的读后感引述多，纯粹的“联”“感”较少，着重于按照一定的分类标准去概述文章的内容，能够帮助部分学生理清文章内容，并在概括中找到“感”点。

二、夹叙夹议型

夹叙夹议型就是边叙述边议论。“叙”的部分引用书中的某部分特定内容，聚焦书中的某一点，直接或间接引述书中内容，由这一点内容进行联想，顺势写下评价、联想、启发或赞美[4]。“夹叙夹议型”的方法虽然对原文的引述较多，但其引述集中在一点，更有聚焦性，这对“感”的要求更高，“感”可以从感性抒情和理性分析两个方面入手，逐层深入。理性分析离不开客观的论述和相关事实的支撑，因此在“联”的部分可以启发学生联系自己的阅读经验，以所联系的内容作为支撑感想的证据。例如有学生这样写道：

“四面竹树环合，寂寥无人，凄神寒骨，悄怆幽邃。以其境过清，不可久居，乃记之而去。”小石潭是美的，但它地处偏僻，树丛环绕之下更是无人知晓，人迹罕至之处难免寒气透骨，幽静深远，令人心生凄凉惶然之感。无人问津的小石潭，因为过于凄清失去了它唯一的观众，而这位观众的离开，也不过是因为他的处境与小石潭太过相似罢了。柳宗元因为拥护改革而被贬为永州司马，从少年成名、满怀抱负的才子突然变成人人敬而远之的贬谪官员，门前冷落，同伴失散，孤苦的内心肯定有数不尽的凄怆。然而小石潭是美的，犬牙般的水岸，蛇行的溪流，澄明的潭水，它的美并不因为被人忽视而消失；正如柳宗元的才华是美的，清峻的诗篇，凄神寒骨的散文，短小而富有哲理的语言，并不因为他的被贬谪而被埋没。美丽，只与自己有关。只要是美的，总有一天，你会被看见。[5]

与介绍型的读后感不同，夹叙夹议型的读后感“引”的部分集中在小石潭之美，既关注到小石潭“竹树环合”的幽邃之美，也关注到岸边线条曲折、潭水澄明的画面之美。在引述部分原文以后，开始论述感受，既从感性的方面谈，如“心生凄凉惶然之感”，又从理性的角度阐发感想，如“它的美并不因为被人忽视而消失”。“联”，则可以联系作者的个人经历，寻找他与写作对象的相似点，展开更深刻的论述。如上文的习作，作者先找到柳宗元与小石潭境遇的相似性，再联系柳宗元在文学史上的重要地位，思考“美”与外在评价、人生际遇的关系，通过理性的分析得出“只要是美的，总有一天，你会被看见”这样的结论。

虽然“夹叙夹议型”读后感引述原文的部分仍然较多，但它与介绍型读后感的文章有些许不同：一是聚焦性更强，感点和引文都由文章的某个方面引出而非面面俱到，要求学生就一个方面发表感受，深入探讨其背后的原因或规律；二是文章结构不同，介绍型读后感的文章结构比较简单，基本为“引—感—联”或“引—联—感”，夹叙夹议型读后感则是至少由两套这样的结构构成，第二套结构为前一套的递进。

三、评述型

评述型读后感就是通过介绍书的内容进行客观、恰如其分的评价。在评述型读后感中，内容介绍处于次要地位，所介绍的内容是为评价服务的，评价是文章的关键和核心所在[6]。因此，评述型读后感中“述”（引用）的部分一定要少而精，“评”（感、联）的部分要丰富。如何把感、联的部分写好？可从以下几个方面着手：

1. 写感受。即原文带给你的感性印象。例如，“《社戏》中的人物天真、淳朴，村景静谧又带着几分缥缈”。

2. 写变化。写由文章引起的思想变化。例如，“《安塞腰鼓》中的鼓声仿佛敲在了我的心上，隆隆，隆隆，隆隆。敲碎的，是我被城市束缚的心，唤起的是我对原始生命力的向往”。

3. 写联想。联想到生活和阅读经验中相关的内容。例如，“吴伯箫笔下的灯笼，总让我想起外婆的手电筒。以前村里路灯少，外婆总会打着老式手电筒送我回家，黄色的灯柱在黑暗中破出一个洞，外婆用平稳的语调和我讲红螃蟹大战青螃蟹的故事。虽然是送我回去，倒也和吴伯箫打着灯笼迎接祖父回家一般温馨”。

4. 写质疑。针对不赞同的内容写质疑和批评。例如，“我认为‘随风直到夜郎西’是更好的表达。‘随君直到夜郎西’，也许是更符合李白原来创作的版本，但我认为，‘随风’和上一句‘明月’的轻盈更相称，也化虚的‘愁心’为实的‘风’，画面更形象生动，也暗合了‘寄’的流动之感”。

根据感点和引述的内容选择合适的两至三种方法搭配使用，就可以使文章“评”的部分内容充实。如：

王叔远手下的核舟，是一件真正的艺术品。初读《核舟记》，我便为王叔远精湛的技巧所折服。一寸不到的狭长核桃，有扇有壶，有珠有炉，船上的窗竟然还能开合，该是怎样灵巧又稳定的一双手，才能雕出这样细致的场景呢？笨拙如我，是连一只小船都雕刻不来的，遑论如此精细的摆件了。再读，则是为王叔远高超的艺术水平所折服。王叔远手下的人物，神态不一，苏、黄的认真，佛印的闲适，舟子的专注与活泼，每个人都是个性十足，神态栩栩如生，好像这个场景就发生在眼前。这不禁让人想起街头小摊的“米雕”，也就是人在米上刻字。能做到这种程度，不得不说雕刻者技术精湛，但那也仅仅止步于技术罢了，雕出来的字也就只能看出来是字罢了，毫无美感可言。这就是艺术与技术的不同，真正的艺术，不仅需要精湛的技术，抓住物之形，更要丰富的想象力与高超的表现力，表现物之神。以前我对“三百六十行，行行出状元”这句话是不以为然的，认为只要手熟就能当好匠人，直到读了《核舟记》，才知道这样的“状元”，是能把技术化为艺术的。[7]

这一读后感的感点就带有评价的色彩——“真正的艺术品”。文中引述的内容非常简要且紧紧围绕“真正的艺术品”这一总评价：一是核舟内容之丰富，显示其技术的高超；二是人物神态之生动，概述苏、黄、佛印三人的形态。在“感”这一方面，既有“灵巧又稳定”这样感性的、粗略的读文本感受，也有“直到读了《核舟记》，才知道这样的‘状元’，是能把技术化为艺术的”的思想变化。这样的“感”围绕“艺术品”这一评价，有层次，有变化，内容更为丰富。在“联”的部分，有“笨拙如我……”这样的个人生活经验，也有“街头米雕”这样广泛存在的社会现象，两处“联”的内容有点有面，与“感”形成对比，反面证明了核舟技艺的高超和艺术表现力之强，有力地支持了“王叔远手下的核舟，是一件真正的艺术品”这个评述型感点。

四、论述型

论述型就是根据书的内容，在认真研读、精心提炼的基础上，提出自己的论点，然后再用书中的观点来论证[8]。可见，这类型的读后感要求学生能够全面把握文章内容，在此基础上提出自己的一个观点。在论述型读后感中，“引”的内容作为支持“感”的论据出现，因此，“引”的内容要更有针对性，要能精准地支持“感”的抒发。

而“感”的内容既要围绕自己的感点、论点展开，善于从不同的角度组织自己的思路，如感性和理性、正面和反面，联系古今、个人、家庭、社会等不同方面的情况和例子，去论述自己的感想；但又不能脱离“读”的内容，须善于利用所读内容作为论据，将读后感写得深刻。例如某学生习作这样写道：

《蒹葭》中“伊人”的形象是有多重性的。伊人可以是爱慕的对象。“蒹葭苍苍，白露为霜。所谓伊人，在水一方。溯洄从之，道阻且长。溯游从之，宛在水中央。”这个伊人神秘又朦胧，在满是露水雾气的清晨里，她站在河的对岸，我苦苦追寻却又求而不得，但还是为她的背影心神荡漾，这可不就是爱情的甜蜜与苦涩？伊人可以是清高的贤才，这个伊人在河岸、在沙洲，我三番五次地苦苦寻找，只为见他一面，好比刘备三顾茅庐、朱元璋三请刘伯温，左右天下的奇才，择主总是慎之又慎。伊人可以是理想，河水阻隔了“我”与“伊人”，正如现实的困难阻隔了我与理想，“我”“溯洄从之”“溯游从之”地寻找，不就正如我们为理想“上下求索”的过程？[9]

这篇读后感是一篇典型的论述型读后感。其论点是“‘伊人’的形象是有多重性的。”作者围绕感点围绕“多重”阐发自己的感想，在论证“伊人”为爱慕对象时，作者直接引述《蒹葭》第一章的内容作为论据，表达了自己对伊人的感性认知——“神秘”“朦胧”，并且把这一份感性的认知作为理性分析的基础。这是将“引”作为“感”的论据。在论证“伊人”与理想的相似性时，又主要用“联”来支持自己的观点。作者联系自己的阅读经验，把“溯洄从之”“溯游从之”的反复追寻，同三顾茅庐、三请刘伯温的历史典故比较，论证其中的一致性，将“引”和“联”的内容作为“感”的论据。最后，作者则联系个人的生活经验，以自己追寻理想的经历为例，论证“伊人”与理想的相似性，“联”的内容和角度有较大的跨度。

由此可见，论述型读后感注重理性分析，因而对“引”“感”“联”的使用较为灵活，不一严格按照“引”“感”“联”三个步骤来写，重要的是能条理清晰地论述所“感”，并合理地用“引”和“联”的内容，为“感”提供合理的支持，对学生的逻辑思维要求较高。

“引”“感”“联”是写读后感的基本方法，由此组合出的四种不同类型的读后感，能让学生的思考更加全面或更有深度，提高表达的清晰性和条理性，让读后感更加饱满充实。

参考文献：

[1] 张紫晨．中国中学教学百科全书：语文卷［M］．沈阳：沈阳出版社，1991.
[2] 张耀国．如何写读后感［J］．河南教育（基教版），2018(2)：37-38.
[3] 向浩．统编版读写共生写作日常课：八年级下册［M］．广州：花城出版社，2021.
[4] 张耀国．如何写读后感［J］．河南教育（基教版），2018(2)：37-38.
[5] 向浩．统编版读写共生写作日常课：八年级下册［M］．广州：花城出版社，2021.
[6] 张耀国．如何写读后感［J］．河南教育（基教版），2018(2)：37-38.
[7] 向浩．统编版读写共生写作日常课：八年级下册［M］．广州：花城出版社，2021.
[8] 张耀国．如何写读后感［J］．河南教育（基教版），2018(2)：37-38.
[9] 向浩．统编版读写共生写作日常课：八年级下册［M］．广州：花城出版社，2021.

读懂三维支架　写出精彩讲稿

——八年级下册第四单元

向浩　董立然

八年级下册第四单元是演讲活动单元，安排了三个学习任务：学习演讲词、撰写演讲稿和举办演讲比赛，其中任务二“撰写演讲稿”是三个活动中的重点。演讲稿写作，可以通过三个训练点——“叙述式结构、材料内容选取、龙头凤尾的写法”，搭建结构、内容、方法三类支架，降低演讲稿写作难度，助力学生写作。

一、搭建结构支架，运用叙述式结构

对于一篇已经确定主题的演讲稿，学生首要学习的便是结构模式，学习如何搭建演讲稿的“骨架”。在《应有格物致知精神》这一篇课文中，有两种演讲稿结构：叙述式结构和议论式结构。可以让学生使用较为简单的叙述式结构撰写《我的梦想》演讲稿。所谓叙述式结构，就是“开头—故事（夹叙夹议）—结尾”，《应有格物致知精神》前六段便可以作为很好的例子：

1　我非常荣幸地接受《瞭望》周刊授予我的“情系中华”征文特别荣誉奖……我想借这个机会向大家谈谈学习自然科学的中国学生应该怎样了解自然科学。（从获奖自然转入教育问题来开头）

2　在中国传统教育里……就是我们现在所谓的实验。（议论：引出“格物致知”，并赋予其新的意义）

3　但是传统的中国教育并不重视真正的格物和致知……格物致知的真正意义便被埋没了。（议论）

4 大家都知道明朝的大理论家王阳明……这位先生明明是把探察外界误认为探讨自己。(讲故事)

5 王阳明的观点……经验告诉我们，这种观点是不能适用于现在的世界的。(议论，夹叙夹议)

6 我是研究科学的人，所以重视实验精神在科学上的重要性。(结尾)[1]

演讲者丁肇中很讲究发言的逻辑，从获奖之事自然引入到教育的问题，再将教育细分为中国传统教育和西方教育，指出传统教育里的“格物致知”概念，这样就和演讲题目紧密契合，这样的开头方式很是巧妙自然。第4段中丁肇中那种讲故事的演说方式，我们更应吸取：作者从王阳明“格”竹子这个故事吸引听众兴趣，让大家更容易明白中国传统儒家思想和现代科学之间的区别，并在第6段说明自己的观点：“我是研究科学的人，所以重视实验精神在科学上的重要性。”

根据丁肇中这几段演讲词，我们可以总结出叙述式结构模式是要将道理放在简单有趣的故事中，最后再抒发议论，这种方式类似于家常谈话，易于大家掌握。举一学生例文如下：

我想成为科学家，源于父亲在我儿时便对我进行了科学启蒙。刚记事开始，父亲便带我到科学馆中观察各种奇妙的装置……每当我好奇地摸摸这儿、碰碰那儿的时候，父亲都会非常耐心地告诉我背后的科学原理，我听得也是不亦乐乎，暗自对科学家有了莫名的好感……但是，想成为科学家，仅仅依靠兴趣还是远远不够的，还需要在日复一日的学习中积累科学知识、磨炼实践技能。(黄家祺)

在这段学生习作中，作者运用叙述式结构支架，先是开门见山，从自己的科学家梦想切入，然后叙述自己在科学馆的奇妙经历，最后抒发议论，指出想要成为科学家还需要经历更多磨炼，顺带可以引出下文。这些都是叙述式结构模型的功劳。

而议论式结构的模式是：开头—问题—分析论证—结论—结尾。与叙述式结构不同的是，议论式结构的模式中间要提出问题、分析论证并得出结论。王选在《我一生中的重要抉择》中便采用了这样的模式。

我觉得世界上有些事情也非常可悲和可笑。（提出接下来要讨论的问题）当我26岁在最前沿，处于第一个创造高峰的时候，没有人承认。我38岁搞激光照排，提出一种崭新的技术途径，假如人家说我是权威，也许还马马虎虎，因为在这个领域我懂得最多，而且我也在第一线。但可悲的是，人们对小人物往往不重视。有一种马太效应：已经得到的，他一个劲儿地得到，多多益善；不能得到的，他永远得不到。这个马太效应现在体现在我的头上很厉害，就是什么事情都王选领导，其实我什么都没有领导起来，工作都不是我做的。有时候我觉得可笑，当年当我在第一线，在前沿的时候不被承认，反而有些表面上比我更权威的人要来干预，你该怎么做，实际上确实不如我懂得多……我现在到了这个年龄，61岁，创造高峰已经过去，我55岁以后就没什么创造了，反而从1992年开始连续三年每年增加一个院士，这是很奇怪的。（分析论证“马太效应”）我已经五年脱离第一线，怎么可能是权威？世界上很难找到60岁以上的计算机权威，只有60岁以上犯错误的一大堆。（结论）

王选开头指出“世界上有些事情也非常可悲和可笑”，吸引听众兴趣的同时巧妙地抛出了自己的问题；下文展开论证，年轻时无人问津，岁数大了反而被添上很多荣誉，这就是“马太效应”；最后用幽默的语言总结：自己年事已高，脱离技术一线很久，并不是权威。这段议论式结构把自己的人生经历和社会的常见现象融入议论分析中，具有很强的说服力，以此告诫大家不可迷信“权威”，要重视培养年轻人。议论式结构如果运用得当，也可以取得很好的效果，举一例文如下：

人们常说，兴趣是最好的老师。那么面对学习，如何才能产生兴趣呢？我认为，一定要把学到的内容运用到实际生活中，体会到学习对生活的积极影响，才能产生兴趣，比如运用学到的物理知识，思考生活中物理现象背后的原因，会让我们产生成就感，进而产生更浓厚的探索兴趣；反之，如果只是死记硬背地学习书本上的知识点，脱离实际，便不可能产生任何兴趣，学习过程中就会缺乏意志力。因此，学以致用是培养学习兴趣的最好方式。（董立然）

这段习作中，作者运用议论式结构支架，提出“如何产生学习兴趣”这个问题；然后论证学习兴趣需要将所学知识运用在实际生活中；最后得出结论“学以致用是培养学习兴趣的最好方式”。整段文字环环相扣、逻辑严密，这就是议论式结构的优点。

二、搭建内容支架，激发听众兴趣

学习叙述式结构以后，演讲稿的骨架便搭建起来，不过如何进一步围绕主题来充实内容呢？我们可以将课文《我一生中的重要抉择》和《我的梦想》进行分析提取，并从以下几个角度进行相应的演讲稿写作教学。

（一）真实的和新颖的材料

在分析《我一生中的重要抉择》时，可以加入以下两个支架：（1）选择真实的材料丰富《我的梦想》演讲稿内容；（2）选择新颖的材料丰富《我的梦想》演讲稿内容。总的来说，演讲材料需要真实、新颖，才能起到更好的现场效果。《我一生中的重要抉择》的第1段中，王选便给出了两个材料：

我在五年前脱离技术第一线，一年来逐渐脱离管理的第一线，我已经61岁了。微软的董事长比尔·盖茨曾经讲过：“让一个60岁的老者来领导微软公司，这是一件不可设想的事情。”所以比尔·盖茨本人一定会在60岁之前退休。（材料一：真实、新颖）……有一次在北京电视台的《荧屏连着我和你》这个节目里，我们几个人，被要求用一句话形容我们自己是什么样的人。李素丽的一句话我记得，她说：“我是一个善良的人。”非常贴切，她是一个善良的人，充满了爱心，全心为大家服务。我怎么形容自己呢？我觉得我是“努力奋斗，曾经取得过成绩，现在高峰已过，跟不上新技术发展的一个过时的科学家”。（掌声）（材料二：真实、新颖）[2]

这段演讲词提到两个材料，第一个是比尔·盖茨的原话，属于引用名人名言；第二个则是叙述一个节目，这档节目要求用一句话形容自己是什么样的人，这个材料就很新颖了，虽然看起来和本次演讲关系不大，但却引出最后王选对自己的认知评价——曾经取得过成绩，现在高峰已过，跟不上新技术发展的一个过时的科学家。如果对比下文的三个支架，可以发现其中有所联系。这一部分的两个支架是总体要求

（真实、新颖即可），但下一部分的支架是对前一部分的细化补充，意味着我们要让学生在第二次的训练中进一步细化自己的演讲表达。

以下是学生习作：

我们都知道，艺术源于生活，但又高于生活。作家的潜质，便在其中。

20世纪70年代末期，中国文坛涌现出一批记录曾受过的伤害、反思十年浩劫的文学作品，先后被称为“伤痕文学”和“反思文学”……这是“艺术源于生活”的鲜明例证。

2009年，文学评论家、云南大学文学研究所所长宋家宏指出，30年的“技术革命”使当代文学的艺术能量超越了现代文学，但精神能量远不如现代文学。这里所谓的“精神能量”，就是要让文学作品在思想上高于生活，脱离普通的故事叙述，进而揭示深刻的人性或展开对于生命、世界的高级哲思……（黄家祺）

这一则学生习作，先是引用中国文学史上著名的“伤痕文学”和“反思文学”，这一真实材料证明了“艺术源于生活”，然后作者引用学者宋家宏的观点，指出目前中国文学发展所缺失的精神能量（文学要高于生活），这对于学生而言是非常新颖的材料，很难在教科书中接触到，专家学者的评价也能够增强说服力、吸引听众兴趣，取得良好的现场讲演效果。

（二）紧密结合现场情况丰富演讲词

演讲是现场性的活动，所以需要结合现场实际来设计演讲词。在《庆祝奥林匹克运动复兴25周年》中有三点值得我们注意并运用于教学：（1）选择自己的亲身经历或自己看见的事情；（2）选择名人事迹或者是自己听说的他人事迹；（3）选择当下正在发生的事情和听众正在关注的事情。加入以上三种材料，是为了让演讲稿更加契合演讲实际，同时更有说服力，继而吸引听众注意力，同时学生也在上文两个支架的基础上再次细化自己的演讲材料。那么究竟细化在哪里呢？首先，亲身经历或看见的事情一定是上文所谓的“真实的材料”；其次，名人事迹或自己听说的他人的事迹也一定会是真实的，同时选择大家不熟知的事迹会使人感到新颖；最后，选择当下正在发生的事情和听众正在关注的事情，可以让演讲更加具有真实性、现场性。我们可以用顾拜旦原文的第1、5、8段作为示范：

5年前，在巴黎，在1894年我宣布恢复奥林匹克运动会的地方，世界各国的代表们共聚一堂……（“近”，就是选择自己的亲身经历或自己看见的事情来进行讲述）

……我们不断推动盎格鲁—撒克逊人的运动功利思想向古希腊遗留下来的一呼百应的体育观靠拢……（“远”，就是选择名人事迹，或者是我们听说的他人的事迹）

本次庆典是在欢乐祥和的气氛下举行的……为这次盛会赋予了历史自觉性、公民精神、自然性、青春以及艺术性等五重声誉。（“当下”，就是选择当下正在发生的事情，听众正在关注的事情）[3]

这本是几个不连续的段落，但其中的关联很有教学价值。原本这三个段落所谈的事例是从“近”到“远”的关系，最后联系“当下”正在进行的奥林匹克庆典，前后衔接得非常自然，演讲稿的内容支架便蕴藏于其中。

请看下一则学生习作：

我并不反对描述生活，许多深度思考都要从生活故事中揭示。对于学生来说，写作文是家常便饭的事，而我们现在的习作基本都是生活的直接反映，也是成为作家的必经之路。

不过，我们所看到的伟大作家，都是能够从生活提炼出思索的。比如鲁迅在小说《故乡》最后对希望的议论……人们才会赋予“希望”以特殊的意义。

今天，我们身处一个非常适合文学发展的年代，国家大力提倡文化建设……真正的作家，是要为人类而思考的……（彭语希）

这一则学生习作，立意很高，但切入点很低。从自己每天的写作经历入手，指出学生的写作更多是日常生活；然后举出鲁迅的例子，证明要想成为伟大作家，一定要从生活中提炼出某种思索，所以我们也要向鲁迅学习，深刻思考，才能成为优秀的作家；最后联系当下国家大力推动本国文化建设的背景，表达出自己心中的作家应该是为全人类而思考的人，深化了演讲稿的主题。

三、搭建方法支架，写出龙头凤尾

当学生学会组织整体结构、丰富演讲稿内容之后，还有一个版块是学生很容易出现困难的，那就是文章的开头和结尾。此时，《最后一次讲演》便是我们可以选取的范例，布置撰写演讲稿《我的梦想》写作任务，并向学生提供以下支架：（1）紧扣“我的梦想”主题撰写开头；（2）运用设问等方式迅速激起听众兴趣；（3）通过推心置腹的说理拉近与听众的距离；（4）用简短有力的句子表达自己的情感；（5）紧扣“我的梦想”主题撰写结尾；（6）运用感召式等方式结尾。原文示范如下：

1　这几天，大家晓得，在昆明出现了历史上最卑劣最无耻的事情！李先生究竟犯了什么罪，竟遭此毒手？……（用设问迅速激起听众的兴趣）大家都有一支笔，有一张嘴，有什么理由拿出来讲啊！……这成什么话？（推心置腹地拉近与听众的距离）

2　今天，这里有没有特务？你站出来！是好汉的站出来！你出来讲！……无耻啊！无耻啊！……也是昆明人的光荣！（用简短有力的短句表达愤怒之情）

3　反动派，你看见一个倒下去，可也看得见千百个继起的！（感召式）

4　正义是杀不完的，因为真理永远存在！（总结观点）

5　历史赋予昆明的任务是争取民主和平，我们昆明的青年必须完成这任务！（感召式）[4]

第1段中，闻一多采用设问的方式，让听众聚焦在李先生所遭毒手的原因上，然后自问自答，指出李先生完全是含冤而死，而且是因为要凭着良心说话而死，不仅激起听众兴趣，还能激起大家愤怒不平的情绪，所以这个点很值得学生模仿运用；紧接着，闻一多站在听众的立场上让反动派正大光明地站出来，而不是暗杀，所以编著者指出这是“推心置腹”，闻一多说的既是自己的心里话，又站在听众立场，所以才能快速拉近演讲者和听众的距离；第2段则体现出短句在表达情感上的优势，它既可以帮助闻一多表达愤怒之情，又可以帮助学生表达自己对待梦想的坚定、执着之情，是非常易于学习的写作支架。下面请看学生习作中的开头和结尾：

开头

有人说，梦想是人生的指路灯，没有梦想的人生是毫无意义的。大家知道我的梦想是什么吗？其实我从小就想当一名作家。因为作家可以不断地感受人生和世界，并用文字书写出来，如果周围的人能够通过阅读我的文字，而感受到精神上的满足和成长，那真的是人世间最美妙的事情！为了实现梦想，我要从现在开始，多读书，读好书，以我手，写我心，成就我自己的书香年华！

结尾

文学的力量，来自生命，生命的力量，便是文学的力量！

只要生命还存在，文学便会存在！

为此，我将坚定不移地追求我的作家梦，我将为此付出我的青春，付出我的能量，付出我所有的热情！

同学们，文学是生命之火，作家便是那个在黑夜中为世人点火的人，这个梦想，值得我永远去追寻！新时代的青年人啊，文学之火将照亮我们的人生，让我们一起指点江山、激扬文字吧！（黄依琦）

作者开门见山，指出“梦想”的重要意义；然后通过设问吸引其他学生的兴趣，顺带引出自己的文学梦；接着，作者推心置腹地说出文学能够给他人的精神世界带来成长，表达自己的喜悦之情，让同学们感受到演讲者的热情，拉近自己和听众的距离；最后用一组三字短句，增强了演讲稿的气势，充分表达出自己对文学的热爱之情。作者在结尾处，高声呼唤文学，将文学与生命联系到一起，并表示会用一生去追求文学梦，这是典型的感召式结尾，让听众产生共鸣的同时，还紧扣了“我的梦想”这一主题。

总而言之，在演讲稿写作教学中，我们应按照结构、内容、方法三个维度搭建支架，让学生在写作演讲词时能够有的放矢，真正做到以读促写，读写共生。

参考文献：

[1][2][3][4] 向浩. 统编版读写共生写作日常课：八年级下册[M]. 广州：花城出版社，2021.

注重四种变化 写出精彩游记

——八年级下册第五单元

向浩 董立然

八年级下册第五单元的写作任务是“学写游记”。随着旅游业的蓬勃发展，游记这种文章体式得到了愈加广泛的应用，而学生在游记写作中却总是遇到各种各样的问题。对此，我们应按照单元阅读篇目顺序，逐一分解其中值得学习的写作元素，从游踪线索、景物内容、详略结构、虚实结合四个角度，为学生展示游记写作的奥妙，并通过原文范例，教会学生写好游记。

一、游踪之变，确定游记线索

写游记之前，学生需要确定游览顺序，也就是游踪，通常来说，学生会按照游览的空间顺序进行写作，不过我们首先要给出的支架是“定点观察，描写景物”，这个支架容易学习，出现在《壶口瀑布》的第2段，原文如下：

第一次是雨季，临出发时有人告诫：“这个时节看壶口最危险，千万不要到河滩里去，赶巧上游下雨，一个洪峰下来，根本来不及上岸。”果然，车还在半山腰就听见涛声隐隐如雷，河谷里雾气弥漫，我们大着胆子下到滩里，（定点观察）那河就像一锅正沸着的水。壶口瀑布不是从高处落下……其时，正是雨季，那沟已被灌得浪沫横溢，但上面的水还是一股劲地冲进去，冲进去……

作者初次来到壶口瀑布，正值雨季，只下到河滩里，就被浩大的水势所震撼，作者也因此并未“移步”，只是在河滩处注视瀑布之雄壮，这就是定点观察。

移步换景的写作顺序在游记写作中也是比较常见的，学生也容易掌握。《在长江源头各拉丹冬》一文中，有很多移步换景的例子。如：

这里便是著名的长江奇观之一的冰塔林。（景点一）从砾石堆上四面张望，晶莹连绵的冰峰、平坦辽阔的冰河历历在目……

慢慢从砾石堆上走下来，慢慢沿冰河接近冰山。（景点二）这一壁冰山像屏风，精雕细刻着各种图案……[1]

所谓“移步换景”，必先移步，才可换景。作者先来到冰塔林的砾石堆，四面张望后观察冰峰、冰河与自己的队友；从砾石堆走下来之后，作者又沿着冰河靠近冰山，此处就是“移步”，所换的景物就是冰山。作者的移动路线符合游览中的实际顺序，笔下景物也因此变得丰富而生动。

早已有研究者指出：“写游记一定要安排合理的线索，最常用和最简便的方法就是移步换景。即以游踪的变化为线索，随着时间的推移和地点的转换，完整有序地写出重要的游览过程。当然也要避免写成一本流水账或一幅游览路线图。”[2]梁衡第一次来到壶口瀑布，是下到河滩里面进行定点观察，这是很多学生容易忽略之处，学生在平日习作中往往走马观花，以为游踪就是不断地变化游览点，而不注意进行定点描写，使得文章缺少聚焦。其实，游踪也有“变”与“不变”的区分，正常人的游览，绝不会是马不停蹄地赶路，而是走走停停，边走边看。这说明我们的游踪之“变”（移步换景），也同时包含着“不变”（定点描写），游记写作中要将定点描写和移步换景相结合。例如下文：

习作一

在日本，街上有很多樱树……在寒冷的冬天，北风还料峭地飞着，动物也还在冬眠，可就是这万物休息的时候，樱花却在复苏，却也似乎故意与大多数花的花期擦肩而过。对此，我不禁莞尔：樱花到底是想让人们独赏，还是不愿与其他花争奇斗艳呢？（邓一芃）

习作二

我家院子后面是一片小树林，进入树林，映入眼帘的是青黛色的花，这在别处十分少见。一大片一大片的，有的浓，有的淡，有的好似姑娘，亭亭玉立；有的像健壮的青年，玉树临风。再往前走，拐个弯儿，是一条小溪，它在奏乐……如果你愿意再向前徜徉片刻，说不定会看见灵活的小松鼠在林间穿梭……向两边走去，你会发现几株灌木丛，密密的，绿油油的，可茂盛了……（吴宇杰）

习作一运用定点描写的方式，展现出一幅日本街头樱花的全景图像。习作二则直接采用了移步换景的方式，不过作者在“移步”之前，已经进行了定点描绘——“映入眼帘的是青黛色的花”，让整段描写更加清晰可感。由此可见，在游记写作中，定点观察与移步换景一定要紧密结合，才能让游踪更加灵动，也可为接下来的景物描写做好铺垫。

二、景物之变，丰富描写内容

当游踪线索确定好之后，需要让学生描写不同景物来丰富游记。景物描写是需要想象力的，这是一个有难度的思维活动，因此很多学生容易就事论事，只会大而化之地写出景物的静态特点，而忽略景物的动态美；同时，虽然有空间顺序帮助学生建构景物顺序，但同一空间内的景物，在很多学生笔下呈现出杂乱无章的状态，缺乏足够的层次性，让人感觉毫无特点可言。我们可以从以下两个方面给予学生指导：（1）写出景物随时间变化的不同形态；（2）把所见景物分为几类，然后一类一类地描写。

在引导学生发现梁衡在对壶口瀑布进行定点观察的时候，也须引导学生注意他对瀑布变化的不同形态的描摹。例如文中提到的水、雾、汽、洪峰等，都是瀑布运动中的不同样态，梁衡将其融合在一起进行定点描写，更加凸显出瀑布之壮观。试看一例学生习作：

在日本，街上有很多樱树，时而光秃秃，时而又如少女，亭亭地立在街道上。在寒冷的冬天，北风还料峭地飞着，动物也还在冬眠，可就是这万物休息的时候，樱花却在复苏，却也似乎故意与大多数花的花期擦肩而过……

直到四月到来，春接手了冬，它是那么的一丝不苟，那么的温柔，唤醒了万物。人间最美四月天，走着走着，又看见了路旁的樱花，一刹那间，我愣住了。樱花，它竟又毫无保留地开放了，如少女的初恋，如雨后的彩虹。此刻，我仿佛懂了：原来樱花就是大自然送给我们最美的礼物。（邓一芃）

樱花随季节开放、凋谢，学生依据支架，敏锐地予以捕捉，并将其诗意地描绘出来，富有动态美。

如果说梁衡呈现的是同一景物内部的不同形态，那么当学生要描摹多种景物的时候，便应该“找出观察景物和其他景物之间的区别”[3]，《在长江源头各拉丹冬》第11段便精准地运用了这一写法：

是琼瑶仙境，静穆的晶莹和洁白……冰体一点一点地改变了形态，变成自然力所能刻画成的最漂亮的这番模样：挺拔的，敦实的，奇形怪状的，蜿蜒而立的。（第一类景物：冰体）那些冰塔、冰柱、冰洞、冰廊、冰壁上徐徐垂挂冰的流苏，像长发披肩。（第二类景物：流苏）……端详着冰山上纵横的裂纹……冰山的高低消长，这波纹是否就是年轮。（第三类景物：裂纹）[4]

由于西部冰川地貌较为复杂，作者马丽华便将其中的不同景物分为冰体，冰塔、冰柱上面的流苏，以及环绕冰山的波状皱褶（裂纹）三类，分层次地进行描写，层次清晰，富有画面感。我们也要围绕这几点指导学生习作：

如仙女一般的山围住了树，似哨兵的树包住了湖，像镜子的湖又泛起了波纹，在阳光下熠熠烁烁……

山卧在大地上，早已经扮上了新奇的头饰——灰黄色的，深红色的，淡绿色的，还有棕中泛红的，都肆意地探出头，极力装点着山，近看像一群叛逆的小孩，远看却别有一番韵味。

树就站在山脚下，一动不动的，那粗壮的，瘦小的，高大的，矮小的，都盯着湖，眼里清澈而明亮。

湖静静地躺着，时而激起清澈的波浪，那是风儿的奏鸣曲；时而一点儿风吹草动都没有，那是风儿的休眠曲；时而又泛起粼粼微波，那是风儿的独奏曲。太阳悄悄地看着，欣喜地射出夺目的光，帮仙女湖镶上一条金边。

云朵眺望着，享受这无边的美景：山，树，湖。(林卓烨)

在作者笔下，山、树、湖各具姿态，从远到近描摹三类景物，最后又从低到高，写出这一幅世外桃源般的景象。最后还有一位观赏者——云，结尾体现出安闲自在的审美意境。从以上两则学生习作可以看出，教学中要注意景物自身的变化和不同层次景物的分类，这有助于将学生对景物的观察逐步细化，进而表现在游记写作中，让游记的主体内容丰富、有情味。

三、详略之变，突出重点景物

在实际写作中，学生描写了很多景物之后，文章反而容易变得平淡或是让人感觉眼花缭乱。究其原因，是没有掌握“详略得当”这一原则，放之于游记，也就是将略写和详写相结合。如果通篇都是略写，那么必然会让人感到平淡乏味、毫无亮点；但若是都进行大量的描写、堆砌辞藻，则会使读者审美疲劳。

其实，游览过程中遇到的不同景物，必然会给游览者留下或浅或深的印象，这个实际情况是我们遵守“详略得当”原则的根本原因，游记写作也必须根据真实情况下笔。为此，我们可以借助《壶口瀑布》第3—4段给予以下指导：(1)略写一点游踪；(2)着力描写一处景点。原文如下：

第二次我专选了个枯水季节……我一直走到河心，原来河心还有一条河，是突然凹下去的一条深沟，当地人叫“龙槽”，槽头入水处深不可测，这便是“壶口”。(实写：略写一点游踪)我依在一块大石头上向上游看去，这龙槽顶着宽宽的河面，正好形成一个“丁”字。河水从五百米宽的河道上排排涌来，其势如千军万马……当河水正这般畅畅快快地驰骋着时，突然脚下出现一条四十多米宽的深沟，它们还来不及想一下，便一齐跌了进去，更闹，更挤，更急。(实写：着力描写一处景点)[5]

作者梁衡先略写“龙槽”——壶口，然后重点描摹壶口上滚滚而来的黄河之水。那么，详略之间应该如何顺利衔接呢？孙宏指出：“抓住一处景物作为重点来写，不等于其他景点就忽略不理，只是用墨较少，不做拓展，同时要说明重要景点与次要景点之间的关系，注意二者之间的过渡与连缀，不给读者留下欠缺不全之感。”[6]以刚才这两段原文为例，作者以空间顺序概写自己下到沟底河心的“龙槽”，然后“依在一块大石头上向上游看去，这龙槽顶着宽宽的河面”，所以前后两个景物是通过空间顺序进行过渡连缀的，显得自然流畅。举一例学生习作如下：

乡村里的小瀑布一年四季长流不断，从上游的涓涓细流突然飞泻下来，激起千万水花。到了下游，水面毫无一丝波纹，好像这一处瀑布不是瀑布，而是一条小溪。从上游开始，碧绿的湖水缓缓向下流去，流入乱石滩，突然如同一条缎带般飞泻下来，激起的水花在空中折射出光芒，给天空增添了几分蔚蓝，几分美好。忽然间，山不见了，白云和蓝天不见了，大地和忙碌的人们都不见了，整个世界中好像只有这清澈的水存在着，当这水欢快地跳入平缓的地面时，两边的山好像在挤压着河水，让不平静的河水平静了。此刻，一条条支流，好像一个个和谐的兄弟姐妹，正有说有笑地汇在一起，流向山川，流向大海。（叶紫怡）

作者先略写上下游流水的区别，然后笔锋一转，重点描写上下游水流变化的轻重缓急，引人入胜，为了集中笔墨进行描摹，作者还将河水拟人化，使得短文饶有生趣。这说明学生已经可以在我们搭建的合理支架的启发下，将多种写作手法结合在一起，进一步提高文章的层次感。

四、虚实之变，抒发独特情思

文章是人类思想情感的寄托，因此不可能全部描写现实景象，一定要寄寓作者的思想感情，游记也是如此。而中国知识分子有着独特的于山水之间寻求自身精神超脱的文化传统，这也影响了千百年来的游记写作，正如研究者所指出的：“因为作者游览的地方也好，景点也好，大抵往往都是前人曾经游览过的。于是，就会出现这样的情况：你所见的是这些景物，他所见的也是这些景物……稍不注意，写出来的文章便容易变成雷同乏味的说明书或流水账，根本吸引不了读者。”[7]我们也要格外注意这一点，因此在设计支架时可以要求学生围绕景物展开联想和想象、议论与抒情。《壶口瀑布》在这一点上做了很好的示范，例如：

黄河在这里由宽而窄，由高到低……它们在龙槽两边的滩壁上散开来，或钻石觅缝，汩汩如泉；或淌过石板，潺潺成溪；或被夹在石间，哀哀打旋……（实写：着力描写一处景点）我突然陷入沉思，眼前这个小小的壶口，怎么一下子集纳了海、河、瀑、泉、雾所有水的形态，兼容了喜、怒、哀、怨、愁——人的各种感情。造物者难道是要在这壶口中浓缩一个世界吗？（虚写：想象、议论、抒情）[8]

作者梁衡将壶口瀑布拟人化，将实写中瀑布的不同景象幻化为人的各种情感，抒发了自己独特的想象和议论，要想做到这一点，就必须“在游览中做个有心人，有意识地去游览某些地方和景点，有意识地对这些景点的景物进行观察和思考”[9]。而且，这种观察与思考绝不是空穴来风，而是自有其逻辑自洽性，比如梁衡从壶口瀑布流经不同地方所迸发出的不同形态，联想到人生的喜怒哀乐，这是从具象到抽象的逻辑思维方式。学生经过指导，也可以写出水平尚佳的习作：

乡村里的小瀑布一年四季长流不断，从上游的涓涓细流突然飞泻下来，激起千万水花……当这水欢快地跳入平缓的地面时，两边的山好像在挤压着河水，让不平静的河水平静了。此刻，一条条支流，好像一个个和谐的兄弟姐妹，正有说有笑地汇在一起，流向山川，流向大海。此刻，我突然想到与家人一起开心度过的日日夜夜，如果他们也在身边，该有多好……（叶紫怡）

这篇习作中，作者睹物思人，看见欢快的河水，心情愉悦，但转瞬间又想到自己和家人度过的快乐时光，不禁发出感慨，过渡自然，想象合理，感情真挚，让文章更加动人。

清代袁枚在《随园诗话》中提出：“文似看山不喜平。”这句话着实可以为游记写作教学做一个绝佳的脚注。游记写作一定要像山峰一样，奇势迭出、注重变化，否则在读者眼中，作者的游览便毫无兴味。我们通过巧妙的分析，将游记写作中最需要

“变”的地方逐一分析、示范，让学生把握游踪、景物、详略、虚实变化的秘诀，发掘一条切实可行的写作路径。

参考文献：

[1] 向浩．统编版读写共生写作日常课：八年级下册［M］．广州：花城出版社，2021.

[2] 黄枚．紧扣游踪　有物有序：游记写作技巧谈［J］．写作，2009(18)：20.

[3] 孙宏．游记写作的四个“一”［J］．教学与管理：小学版，2006(5)：59.

[4][5] 向浩．统编版读写共生写作日常课：八年级下册［M］．广州：花城出版社，2021.

[6] 孙宏．游记写作的四个“一”［J］．教学与管理：小学版，2006(5)：59.

[7] 朱国维．谈游记写作中的见和思［J］．江西教育学院学报，1998(1)：63.

[8] 向浩．统编版读写共生写作日常课：八年级下册［M］．广州：花城出版社，2021.

[9] 孙宏．游记写作的四个“一”［J］．教学与管理：小学版，2006(5)：59.

打通三条脉络　写好精彩故事

——八年级下册第六单元

向浩　张悦彤

八年级下册第六单元的写作任务是“写好故事”，要求学生将故事叙述完整，并通过故事刻画出人物的特点。学生有听故事、读故事的经验，但是缺少写故事的经验，在日常的记叙文写作中也容易出现情节拖沓、剪裁不当和缺少细节描写的问题。针对这样的情况，从情节、人物和叙述视角三个方面入手，通过引导学生发挥想象，训练学生剪裁情节和刻画细节的能力，让故事变得更加生动。

一、情节完整，调整比重，突出故事中心

情节是“叙事性文艺作品中表现人物间相互关系的一系列生活事件的发展过程”，是“人物性格成长和构成的历史”，是“以现实生活中的矛盾为根据，经作家、艺术家的集中、概括并加以组织、结构而成。一般由开端、发展、高潮、结局等部分组成。有的还有序幕和尾声”[1]。写好故事，首先要设置好情节。

写好故事，首先要注意情节的完整性。一个故事一般要有开端、发展、高潮、结局，可以设置相应的场景。以《马说》改写为例，为故事开端、发展、高潮、结局分别设置场景，有助于把故事情节写完整。例如有学生这样改写：

开端

伯乐是天上管理马匹的神仙，他非常爱马。他得知人间有很多千里马，只是屈辱地被埋没在平凡马夫的手里，和普通马一同死在马厩里，非常心痛。于是，他便下凡到人间相马。

发展

有一次他在太行山上看到有一匹良马正拖着盐爬山腰，非常吃力。见状，他赶忙走上前去问，后来才知道它没有吃饱，没有力气。这样的马，虽然有日行千里的才能，但因吃不饱，力不足，才能和优点不能显现出来，想要和平常马一样尚且办不到，怎么能够要求它日行千里呢？

高潮、结局

就在这时，驾驭马的人拿起马鞭面对千里马说："天下没有千里马！"

伯乐回到天上，长长地叹口气："唉！难道真的没有千里马吗？恐怕是这些人不识千里马吧！"[2]

伯乐得知很多千里马被埋没而下凡相马是故事的开端，此时的场景设置为"天上"。他在太行山上看见千里马，因未被善待而未能发挥才能为发展，此时的场景设置为"太行山"。在伯乐感慨千里马未被善待时，驭马人却挥鞭长叹世间无良马，与伯乐的感慨构成对比，形成巧妙的讽刺，是为故事高潮，场景为"驭马人鞭马"。伯乐的感慨为故事的结尾，场景为"天上"。《马说》改写的场景设置，正是根据千里马"食不饱，力不足""策之不以其道"和食马者"不知其能千里而食"的矛盾为根据，勾连不同场景，写出完整的故事情节。

情节围绕人物的相互关系展开，主要展示人物的性格构成和成长。因此，不仅故事的情节设置要完整，不同人物的情节比重也要有所不同，因为叙述者的态度和故事中人物的性格会由此展现出来。在《庄子与惠子游于濠梁之上》的改写中，可以增加庄子的叙述比重，突出和强调庄子的机智和善辩。例如：

有一天，庄子和惠子来到濠水的桥上。庄子说："这鱼多么悠闲自得，这正是鱼的快乐啊！"惠子说："你又不是鱼，怎么知道鱼的快乐呢？"庄子狡黠地说："你又不是我，又怎么知道我不知道鱼的快乐呢？"惠子说："我不是你，当然不知道你的想法，可你也不是鱼，你一定也不知道鱼的快乐。"庄子立刻想道：惠子这是故意针对我吧，这次偏不让你如意。于是他不紧不慢地说："那我们回到最初的问题吧，你说'你是从哪里知道鱼的快乐的'，我是在濠水的桥上知道的。"惠子一愣，庄子得意地走下了桥，慢悠悠地向家里去了。[3]

在这一改写中，庄子听到惠子回应的心理活动“立刻想到”，凸显了庄子思维的敏捷。二人辩论完后，“庄子得意地走下了桥，慢悠悠地走向家里去了”的动作则显示出庄子偷换概念成功后的自得自乐，可见庄子的机智与逍遥。

在《虽有佳肴》的改写中，可以让学生围绕“《兑命》曰：‘学学半。’”这一主题虚构故事，并对能表现主题的人物、故事情节增加叙述比重。例如：

下课了，默默便愁眉不展，她的好朋友畅畅走过来。畅畅蹲下来，看着默默，轻声问：“默默，你怎么了？”默默紧紧握着笔，用只有自己能听到的声音说：“刚刚老师讲的最后一道题，我不会，我又不敢去问老师……”听完，畅畅直起身，取来草稿纸，仔细地和默默演算着有理数的加减法。随着笔尖的穿梭，默默脸上的笑容也像花一样慢慢地绽放开来。她们面面相觑，都笑了。畅畅说：“默默，和你讲了一遍，我对有理数的加减法更加熟练了！”[4]

在这一个故事中，学生不仅能完整地写完故事：开端（不会做题）—发展（教人解题）—高潮（成功解题）—结局（更加熟练），还能通过增加“不会解题”“教人解题”这些情节的叙述比例，突出教导别人在自己学习的过程的中的重要性。这三个任务，有效地训练了学生如何在叙述中突出中心和主要人物。另外，故事的情节不仅需要中心明确、结构完整，还要有文学味，这需要发挥联想和想象，处理好虚实关系，让情节源于生活，高于生活。以《虽有佳肴》的改写为例，这是一个虚构的故事，但场景和情节来源于学生的生活，经过剪裁，情节能够集中表现中心思想，细节的加入也使故事更具有文学的味道。

通过这样的训练，学生在学写故事时能围绕故事的中心合理设置情节，在保证情节完整的基础上做到详略得当，有文学性。

二、放大细节，发挥想象，突出人物特点

故事中的人物要有血有肉，形象丰满，这个目标需要通过多种人物描写来达成。在展开情节时，在与主题相关的地方展开描写，可以增加主人公的叙述比重，突出全文中心。同时，描写也是读者感受人物的渠道，通过不同的描写展现人物性格，能够

使情节更加合理。动作描写既能推动情节的发展，又能展示人物的心理状态、性格气质和情感倾向。心理描写能够体现人物性格，也可以增加故事的细腻程度。

例如在《北冥有鱼》的全文改写中，可用“放大”的方式突出细节，表现人物特点。例如：

很久以前，北海有一条鱼，它的名字叫作鲲。鲲体积巨大，不知道有几千里。它可以借助风力奋力飞到九万里高空变成一只大鸟，它的名字就叫作鹏。鹏的脊背，不知道有几千里。鹏鸟在空中盘旋了一会儿，时而直上飞行，时而直下飞行，突然它张开翅膀奋起而飞，如一架刚起飞的飞机，那展开的双翅就好像悬挂在天空中的云朵。这只鹏鸟啊，即将在海水运动的时候飞到南海去。南海是个天然形成的大水池。[5]

作者放大了鹏鸟飞行时的情态，以飞机作喻，让人直观感受到鹏鸟之大，同时放大鲲鹏飞行时的细节，用“直上”“直下”这样的细节来凸显鹏鸟对风的驾驭能力，让人进一步感受到鲲鹏这一动物的神奇与自由。

然而在故事创作中，人物和情节往往是虚构的，因此需要发挥联想和想象，为人物和情节添加描写，令人物更鲜活灵动。因此，要用不同的细节描写训练任务，帮助学生在细节处发挥想象，丰富描写，如在《庄子与惠子游于濠梁之上》的改写中添加心理描写，为庄子的形象添上几分可爱和真实性：

惠子说：“我不是你，当然不知道你的想法，可你也不是鱼，你一定也不知道鱼的快乐。”庄子立刻想道：惠子这是故意针对我吧，这次偏不让你如意。[6]

此处添加的心理描写，写出了庄子顽皮的一面，不让惠子如意的心理活动是庄子的主观决定，与他们正在讨论的话题没有太大的关系，这一心理细节描画出了理性之外的庄子，他变得更可爱，而庄子在“赌气”的情况下，仍能快速地作出反应，令惠子哑口无言，这又使庄子的机智形象更加鲜明。可见适当地添加想象，能够呈现人物的更多侧面，也使其人物形象更突出。

描写不仅在刻画人物形象方面有重要作用，还能起到暗示故事主题的效果，因此可在《茅屋为秋风所破歌》的改写中，要求学生发挥想象，在第3和第4段每个句号后面发挥想象，增加对诗人的动作、神态和心理描写，以起到突出人物形象并暗示故事主题的作用。例如：

转眼间风停下来，云彩变得像墨一样黑，天空灰蒙蒙的，将近傍晚。我坐在床边，凝视着用了多年的被子。布做的被子早已冷得像铁板一样，孩子睡相不好，硬是把被子踢破了。“咚”一声，顽皮的雨点居然闯入了我的卧室，正好落在床头。如今，整个屋子都没有干燥的地方了，但雨帘还是像麻线一样，一直不停地下。自从遭遇安史之乱，我们就很少安心地睡过觉，现在又湿又冷，漫漫长夜将怎样度过？我望向窗外，出神地想：怎样才能得到千万间高大宽敞的房子，庇护天下贫寒的老百姓，让他们个个开颜欢笑？房子在风雨中也不会动摇，安稳得像大山。我不禁起身走向窗前。唉！什么时候眼前忽然出现那些高耸的房屋，就算唯独我的茅屋被吹破，自己受冻死也心甘！[7]

“凝视”“出神地想”“不禁起身走向窗前”这些神态和动作描写，表现出杜甫对天下寒士担忧之深，一个心怀天下、忧国忧民的诗人形象呼之欲出，而正是因为这些描写突出了诗人忧国忧民的品质，“安得广厦千万间，大庇天下寒士俱欢颜”“吾庐独破受冻死亦足”这样的议论和抒情便水到渠成，人物的描写又为下文点明中心作铺垫。

关注描写、想象和联想的作用，在习作中放大细节和发挥联想与想象，会使故事中的人物形象变得更加突出。

三、关注视角，丰满形象，传达作者情感

放大细节、发挥联想和想象这两种方法可以帮助学生刻画好人物，而叙述者视角不同也会带来不同的效果。全聚焦模式能知道一切人物发生的事情，但又不与任何一个人物发生认同，这一模式有利于展开全景式描写。运用第三人称，对创作的故事做全景式描写，这样既能关注到外部世界，也关注到人物的内心世界，能够多方面传达情感和思想。而第一人称的叙述具有独白性，尤其适合叙述者的心理表达，视角的偏差使得心理与人物的行为形成更大的反差，达到丰满人物形象、突出中心的效果。

以《卖炭翁》的改写为例，用“宫使”的视角叙述故事，就能更强烈地传达人物

的内心感受：

那年冬天，极其寒冷，夜里城外下了一尺厚的大雪，风刮来，让人感觉寒风刺骨。我却做了一件让人更心寒的事。那天我和总管一起拦截下了一位老翁的牛车，车里装满了炭。他在南山里砍柴烧炭，那车炭应该是老翁一年的劳动成果。见他时，他满脸灰尘，显出被烟熏火烤的颜色，两鬓灰白，十个手指也被炭烧得很黑。可怜他身上只穿着单薄的衣服，却担心天热，炭卖不出去，还希望天气更寒冷。我明明知道他卖炭所得的钱是用来买身上穿的衣裳和嘴里吃的食物，可是我们当时只给他半匹纱和一丈绫。那个冬天他是怎样挨过的？从那以后我再也没见过那位卖炭的老翁了。我多想再见到他啊！[8]

文中“我却做了一件更令人心寒的事”“可怜他”“明明”“我多想再见到他啊”，这些带有明显情感倾向的语句，强烈地表达了叙述者的忏悔与不安。由于原文是第三人称视角，人物的内心想法都只能是作者的猜测和想象，因此较为含蓄。但由于使用了第一人称的叙述视角，宫使的形象与原文有了很大的变化——原文中的宫使是专横跋扈的，但是在改写中，宫使以“忏悔者”的形象出现，他行恶事却有身不由己的原因，事后的反省和忏悔使人物形象更加立体。同时，在原文中，作者采用的是全聚焦模式展开叙述，同样写一个可怜的老翁，作者情感的态度是隐而不发的，他对老翁的同情含蓄地蕴藏在情节和人物描写当中。但在第一人称的叙述中，作者对劳动人民的同情，通过叙述者的忏悔直接传递到读者面前，起到直抒胸臆和点明主题的作用。

情节、人物、叙述视角三个方面搭建的多个支架，能帮助学生突出故事主题，同时兼顾情节的完整性和艺术性，又能丰富人物形象，传达作者情感。坚持做好这三方面的训练，学生写故事的能力会有所提升。

参考文献：

[1] 钱仲联，傅璇琮，王运熙，等．中国文学大辞典［M］．上海：上海辞书出版社，1997：1853.

[2][3][4][5][6][7][8] 向浩．统编版读写共生写作日常课：八年级下册［M］．广州：花城出版社，2021.

九年级上册

学写诗歌的四个要素：联想、意象、语言、节奏

——九年级上册第一单元

向浩　李冰

九年级上册第一单元是现代诗歌的“活动·探究”单元，本单元设计了三项任务——学习鉴赏、诗歌朗诵、尝试创作。在尝试创作上，编者提炼出诗歌创作的四个要素——联想、意象、语言、节奏。在学生写作训练中，可以逐一落实各个要素，将难以下笔的诗歌创作“分而治之”，既保证了诗歌创作的质量，又大大降低了写作难度。

一、诗的联想

联想是指因一事物而想起与之有关事物的思想活动。诗人写诗作词，往往要依靠联想来丰富作品的意境。在《沁园春·雪》这首词里，诗人情感的抒发源于眼前所见雪景，茫茫雪原让他想到了祖国的大好河山，继而又让他想到了曾在这片土地上驰骋的雄主，那些雄主的“略输”“稍逊”“只识”，又让他想到了当前的革命者，从而抒发出对无产阶级革命者的赞美之情。我们发现，由景及情，诗人正是巧妙地运用了联想的表现手法，“联想”是连接景与情的桥梁。

单元写作提示强调：“适当融入联想和想象，就有诗的味道了。”在教学中，我们可以就近取材，选取一种容易引发联想的“物”，如“云”。“云”的形象多样，意蕴丰富，能给人带来许多遐想，且“云”是学生日常生活中常见之景，以“云”为题不仅能缓解学生创作诗歌的畏难情绪，还巧妙地搭建了“联想”的支架，让学生的“联想”易于实现，这个支架的搭建是具有“普适性”的。我们可以看一首学生的习作：

云

我们久立云下
看青空踏过流浪的云马
投影
于岩峦和涧谷之间
共阴晴舒卷
任朝夕点染
随四季更变

我们深坐云端
借柔风行过飘摇的云船
逐浪
于历史和未来之间
青云之志是少年的烂漫
浮云蔽日是士人的悲叹
坐看云起是哲人的超然

我们终归云梦
云是时空的传说
云是风雨的寓言[1]

作者立在云下，看云的形状变化，想象它们投影在岩峦和涧谷之间，想象它们阴晴、朝夕、四季的变化，由此畅想自己坐上云端，穿梭于历史和未来，联想到她所学过与“云”有关的词语——“青云之志、浮云蔽日、坐看云起”，又联想到这些词语背后所蕴含的人物情感，思绪翩跹。“云”贯穿始终，带着作者一步步“联想”，由实到虚，再到抒情赞美。这思维的变化与跳跃正是“联想”的体现。此外，还可以选取“雨”“风”“水”等物作为题材。

由于《沁园春·雪》用的是词的形式，许多学生望而却步，不敢尝试，因此我们在指导学生仿写时，可以着重要求用好“联想”这个支架，词的形式可不作要求。当然，也有语文功底较深厚的学生，敢于大胆尝试，用词的形式写作，如下面这首仿写：

沁园春·余思

再临黄昏，晚风拂岸，余步西亭。听落花点水，笛弄暮影；满地红尘，柳唤暗水。光分平湖，影横旷野，灯宵闲过思于谁？思亲友，怀昔日点滴，可曾念否？

至夜静而心往，念昔日岁月再难回。盼细柳回留，奈何难求；雁已归秋，人犹感旧。万千离愁，绕心难耐，长照两地之月圆。可曾望？若不及将来，也思过往。

（邓昌钊）

这首词的上阕写诗人在一个黄昏，吹着晚风，独自步入西亭，眼前所见是“落花、点水、垂柳、平湖、旷野”，眼前的日常之景让诗人想起了昔日亲友，往事如昨，一幕幕似乎重现在眼前。曾经的点点滴滴，稀疏平常的生活，现在变得难以寻找，一种漂泊在外的孤独感顿出。词的下阕转而抒情，由“柳”联想到“留”，由“雁”联想到“归”，使用了传统诗词的意象含义。最后，以“月圆”收束，可以让人联想到苏轼的《水调歌头》，“圆月”可以打破空间的距离，联想到两地之人；“圆月”可以穿越时间的藩篱，联想到过去和现在。最后让诗人拥有了对未来的憧憬，这种情感的抒发正是借助联想而完成的。诚然，从文笔来看，这首词还略显稚嫩，需要打磨，但这种敢于创作的勇气是值得提倡的。

二、诗的意象

所谓意象，就是客观物象经过创作主体独特的情感活动而创造出来的艺术形象，简而言之，就是寄托了作者主观情感的物象。学生对“意象”并不陌生，只是缺乏系统的学习和训练。在《我爱这土地》中，诗人艾青假想自己变成一只鸟，“鸟”是具体可感的形象，即意象，然后借助这一意象，具体描写所见到的土地、河流、风、黎明等来抒发对祖国深沉的爱。

在作文教学中，我们可以对《我爱这土地》这首诗进行模仿创作，为学生搭建两个支架：（1）借助具体可感的形象抒发思念之情；（2）最后一节诗直抒胸臆，抒写情志。相较于“联想”，这两个支架更具体，更有针对性，是“精准型”支架。例如学生这样写到：

溜到童年

假如我是一只风筝，
我要用回忆的丝线牵引我溜到童年：
那教我折纸飞机的玩伴，
那由蜻蜓带路赤脚嬉戏过的稻田，
那充盈着烈日和蝉鸣的悠长夏天，
还有外婆清风徐徐的蒲扇
然后我长大了，
风筝也变成失群的孤雁。

为什么我对童年如此惦念？
因为那时有对未来的无限想象与无尽期盼……[2]

作为一名初三的学生，“具体可感的形象”在生活中并不难寻找。在这首习作中，首句“假如我是一只风筝”一下就抓住了一个“具体可感的形象”——风筝，“风筝”成为带有作者主观情感的意象。“玩伴、稻田、夏天、蒲扇”也是童年“具体可感的形象”，组合在一起象征着天真烂漫、无忧无虑、情深意切的童年时光。结尾处作者用“为什么我对童年如此惦念？因为那时有对未来的无限想象与无尽期盼……”直抒胸臆，有效地运用了第二个支架，表达了对童年时光的怀念之情。从细节上看，作者选取的意象“风筝、玩伴、稻田、夏天、蒲扇”，所出现的位置与《我爱这土地》一致，模仿创作做到了形神兼备。

三、诗的语言

诗歌是一门语言艺术。诗歌与语言是辩证统一的关系：诗歌的表达需要通过语言，语言也通过诗歌获得了生命。所以，进行诗歌创作不能不谈语言，好的诗歌语言能迅速俘获读者的芳心。一般而言，诗歌的语言具有简洁、凝练和“陌生化”的特点。

（一）语言要简洁、凝练

众所周知，诗歌的篇幅一般都不会太长，一行一句有时也能成诗。因此诗歌常常采用极具概括性的词语和高度凝练的语言来表述内容和抒发情感，古典诗歌如此，现代诗歌亦如是。

余光中先生的《乡愁》是一首有口皆碑的小诗，传诵极广，这与其简洁、凝练的语言不无关系。纵观全诗，《乡愁》只有88字，还有大量的重复，通篇没有晦涩难懂的字词，且略有些口语化，所选取的意象——“邮票、船票、坟墓、海峡”又是常见之物，而这样的语言却能给人带来纯净、清淡、浅白、率真之感，同时又意味隽永，令人动容。结尾句“我在这头/大陆在那头”，用高度凝练的语言营造出丰富的意蕴空间，有无限的眷恋，有无法排解的家国愁绪，有渴望，有无奈……

以《礼物》为题，让学生模仿创作，并给学生提供三个写作支架：（1）选择具有代表性的意象；（2）开展相关联想；（3）力求语言简练。前两个支架前面已经训练过，在此可以作为再次检验学生学习效果的手段，我们要着重引导学生注意诗歌语言的运用。例如这篇习作：

礼物

小时候/礼物是一只七彩的风车/快乐在其间/自由在心间。
长大后/礼物是一本厚重的相册/成长在其间/回忆在心田。
后来啊/礼物是一枚精巧的戒指/誓言在其间/爱意在心间。
年老了/礼物是一次匆匆的陪伴/絮语在其间/牵挂在心田。[3]

在这篇习作中，我们会发现学生基本可以做到模仿《乡愁》的结构，选用具有代表性的意象——“风车”象征着童年与无忧，“相册”象征着成长与回忆，“戒指”象征着爱情与婚姻，“陪伴”象征着守候与温情，写出了人在不同的阶段对“礼物”的理解。“快乐、自由、成长、回忆、誓言、爱意、絮语、牵挂、心间、心田”，通篇所运用的词语十分简洁，读起来轻快、纯净，同时又意蕴丰富，情感真挚，给人以悠长回味。

除了《礼物》外，还可以让学生自由创作，如有学生以《期待》为题自由创作诗歌：

期待

小时候/期待是一朵红红的小花儿/贴在额上/笑在脸上。
长大后/期待是一张薄薄的录取单/拿在手里/乐在心里。
后来啊/期待是一道香香的家常菜/尝在舌头/暖在心头。
而现在/期待是一条淡淡的短信息/看在眼中/泪在心中。

这篇习作同样模仿了《乡愁》的结构，写了人在不同年龄段期待的不同，小时候是小红花，寓意着老师的夸奖；长大后是录取单，寓意着学习的成功；后来是家常菜，寓意着对家的想念；现在则是短信，寓意着和父母的分离。"额上、脸上""手里、心里""舌头、心头""眼中、心中"用语简洁易懂，却蕴含深意。随着所期待的东西发生变化，人在逐渐成长，而成长的过程伴随着失去——失去童真，失去青春，失去家乡，失去亲人……读来多了几分感伤，让人久久不能平静。

（二）语言要"陌生化"

"陌生化"是文学艺术的一种技巧，由俄国文学批评家维克托·什克洛夫斯基提出，他认为："艺术的技巧就是使对象陌生，使形式变得困难，增加感觉的难度和时间的长度。"王安忆在《漂泊的语言》一书中说："所谓陌生化，就是对常规常识的偏离，造成语言理解与感受的陌生感，让那些日常语言中为人们司空见惯的语法规则化为一种具有新的形态、新的审美价值的语言艺术。"[4]有学者指出："诗歌应该永远是新鲜的，'陌生化'是诗歌语言的本质。"以《我看》这首诗为例，诗中有多处"陌生化"的语言，如：

①我看飞鸟平展着翅翼/静静吸入深远的晴空里。（主语和宾语颠倒搭配）
②我看流云慢慢地红晕/无意沉醉了凝望它的大地。（形容词用作动词）
③去吧，去吧，哦生命的飞奔。（定语后置）

经过这样的处理，诗歌的语言打破常规，"红晕"由形容词变为动词，"生命的飞奔"定语后置，这种打破常规的表达给人一种新奇的感受，是一种语言的艺术。在一些学生习作中，我们可以看到以下"陌生化"的句子：

①我看月光渐渐地柔软/有意澄澈了包围它的墨色。

②我看鸣蛙悄悄地低喃/无意间静了附和它的荷叶。

③哦，盛开的多少坚定和犹疑。

④哦，泯灭的多少空虚和糊影。

⑤跳舞吧，跳舞吧，啊青春的流动。

⑥去吧，去吧，哦生命的呐喊。

①②两句中，“柔软”和“静”是形容词，在诗句里变为动词，让“月光”温柔地动了起来，让“鸣蛙”与周围之景和谐了起来；③④两句中，谓语“盛开”与宾语“坚定、犹疑”，谓语“泯灭”与宾语“空虚、糊影”本是不能够搭配的，但诗人这样使用，让句子变得新鲜起来；⑤⑥两句中，“青春的流动”“生命的呐喊”都将定语置于中心语之后，比正常的语序更具美感。

英国浪漫主义诗人雪莱说过：“诗使它触及的一切变形。”这些“变形”的诗句让人耳目一新，是具有艺术性的，它不仅是一种诗学的技巧，更是一种诗学的思维方式。

四、诗的节奏

节奏是自然、社会和人的活动中一种与韵律结伴而行的有规律的突变。用反复、对应等形式把各种变化因素加以组织，构成前后连贯的有序整体，是抒情性作品的重要表现手段。诗歌的字、词、句、行、节都可以形成节奏。

单元写作指导中的“技巧点拨”栏目强调：“写诗还要注意节奏。古代诗歌很讲究韵律和节奏，现代诗歌虽然形式比较自由，可以押韵，也可以不押韵，但也要注意保持一定的节奏，让人读起来朗朗上口。”林徽因的《你是人间的四月天》在节奏的把握上极具代表性。首先从音节上看，全诗在每一节的第一行和第三行押同一个韵：“天、变、烟、前、妍、圆、鲜、莲、燕、天”。整首诗一韵到底，且起始字相同，达到了音韵回环、节奏鲜明的效果。其次从诗行上看，诗人充分领悟了现代诗歌的自由性，在分行上不受句子的约束，有一句跨两段和一句跨多行的现象，体现出对节奏的追求。最后从诗节上看，这首诗三句一节，一共五节，节奏明快。单从节奏而言，该诗是非常好的模仿蓝本之一。

据此，我们可以搭建三个创作支架：（1）自由的诗行形式；（2）句末押韵；（3）模仿跨行句和倒装句。任务可以设计一个半命题题目——《你是人间的__月天》，给学生创作的空间，要求学生从音节和诗行上把握诗歌的节奏。有学生创作如下：

你是人间的三月天

我说你是人间的三月天；
暖意布满了风的寒，
轻盈在春的莅临中翩跹。

你是三月北国里的晨烟，
阳光映着雪的白，柳絮在
空中飞舞，梨花初放在枝前。

那柔，那婀娜，你是，山间
野百合的清香你嗅着，你是
纯真，神圣，你是一首首诗篇。

黄莺对春的歌颂，你像；南园
初春的第一朵牡丹，你是；山谷融化的
小溪沁润着你心的花田。

你是康桥柔软的碧波，是燕
拂过枝梢的粉，——你是美，是光，
是向往，你是人间的三月天。

（钟源）

在这首诗中，作者有意模仿《你是人间的四月天》，在每一节的第一行和第三行押同一个韵："天、跹、烟、前、间、篇、园、田、燕、天"，一韵到底，并且诗行上也有意地将诗句进行跨行。整体而言，这篇习作在节奏的处理上十分到位，运用了所搭建的支架。

总而言之，诗歌创作并非一蹴而就的，现代诗歌教学要遵循循序渐进的原则，要关注写作训练的逻辑性和连续性，努力探索，做到"有法可依"。从单元作文教学指导所提炼出的四个诗歌创作要素：联想、意象、语言、节奏，可有效降低学生写诗的难度。引导学生大胆探索诗歌艺术并尝试创作，对学生用恰当的方式表达情感、创作诗歌，甚至终身发展都是大有裨益的。

参考文献：

[1] [2] [3] 向浩．统编版读写共生写作日常课：九年级上册 [M]．广州：花城出版社，2020.

[4] 王安忆．漂泊的语言 [M]．北京：作家出版社，1996.

观点鲜明　言之有理　持之有据

——九年级上册第二单元

向浩　薛可心

九年级上册第二单元的写作任务是“观点要明确”。九年级的学生不是第一次接触议论性文章，却是第一次以单元的形式来了解和学习“议论性文章”及相关知识。语文教材九年级上册在第二、三、五单元设置了三个写作任务，它们的主题分别是“观点要明确”“议论要言之有据”“论证要合理”，紧扣议论性文章的三要素“论点”“论据”和“论证”。其中，第二单元的写作任务“观点要明确”是九年级学生第一次进行议论文写作训练，因此，为帮助学生学会明确文本的观点，能够真实得体地表达自我的情感和思想，可从九年级上册第二单元课文中挖掘学习元素，从“观点明确”“言之有理”“持之有据”三个层面搭建知识性和策略性学习支架，帮助学生打开写作的思路，将思维过程可视化，让议论文写作有法可依。

一、观点鲜明，态度明朗

在议论文写作教学中，往往重视提出观点后对观点的论证，但如何明确且正确地提出观点，是教学过程中容易忽略而又现实存在的问题，主要有以下几个方面：一是不会明确表达观点，甚至忘记表明观点，只是论述或举例；二是不知道什么是观点，不明白观点和材料的区别；三是表达观点时，不够准确、简洁和鲜明。

想要观点明确，首先要对问题有一个明朗的态度和立场。在教学中，我们可以先选取课文《敬业与乐业》第2—5段提炼核心学习元素“论点”，明确论点是作者在文中对论题所表述的见解和主张。设计“模仿《敬业与乐业》第2—5段补充论据”的写作任务，让学生在选文中找出作者观点，并把它作为标题，例如“有业之必要”。

想要观点明确，还要用明确的句子将观点表述出来。论述时肯定什么，否定什么，都要表达得清楚、明白，态度鲜明，不能含糊其词。例如《敬业与乐业》中，梁启超围绕“敬业与乐业”展开论说，明确地提出中心论点“我确信‘敬业乐业’四个字，是人类生活的不二法门”。紧接着谈论了“有业”“敬业”“乐业”三个问题，依次论述：“有业”是“敬业”“乐业”的前提和基础；“敬业”是对职业采取的基本态度；“乐业”是对待职业的更高境界，层层递进，论证严密，思路清晰。所以，我们可以设计教学流程“围绕‘有业之必要’的观点，再举一个例子展开论证”。例如有学生这样写道：

有业之必要

人为何要有业？很多人认为，首要目的是生存。诚然，这没有错。然而，我们拼命工作，难道仅仅为了这一个目的吗？日本经营大师稻盛和夫先生认为：工作可以提升心志。这谈何容易？一位僧人哪怕经历长期严格的修行，也未必能够做到。但是，认真工作的人可以。我曾在一个电视访谈节目中听过一位木匠师傅的话，颇为感动。他说：“树木里宿着生命，工作时必须倾听这生命发出的呼声。”这种震撼心灵的语言，只有可能出自终生努力、埋头工作的人之口。可见，有业之必要。[1]

在学生的写作实践中，能够看到学生有自己明确的观点，以“有业之必要”为题，态度鲜明地表达了自己对选文主旨的理解。以连续设问句式开篇，既巧妙点题，又引人入胜。文章先是通过道理论证论述了“认真工作可以提升心志”，而后，再通过举例的方法，简述了木匠师傅接受采访的故事，结尾照应开头，再次强调了“有业之必要”。学生在写作中确定中心论点，在表述时将观点当作一条主线贯穿文章的始终，结尾照应开头的观点，从而真正明白论点就是“说什么”，而材料则是“用什么说”，区分论点和材料的不同，这样可以使写作思路更明晰。

二、围绕中心，言之有理

在《敬业与乐业》中，作者把范围界定在“敬业”和“乐业”上，整篇文章围绕这两个方面选取了一些典型的事例作为论据来予以论证，使文章结构严谨，论证有针对性。再如《论教养》一文，作者为了论证“真正的教养是必须以尊重的态度对待别人”的论点，从反面列举事实紧密联系观点。若把文章的内容范围扩大，缺乏针对性，会使论证难以把握。因此要想观点明确，在行文过程中还要切切实实地围绕自己的中心论点展开分析，集中论说范围，不能旁逸斜出。

我们在指导学生写作时，要结合课文和支架的搭建，厘清文章的结构，加深学生对议论性文章论证思路的理解。例如梁启超在谈论“要敬业”这个观点时，先通过道理论证阐释什么是“敬”；再结合具体事例论证了“业”没有高低贵贱之分，都可敬；最后总结，人生在世，是要天天劳作的。

因此，我们可以这样设计教学流程：首先明确写作训练任务，“模仿《敬业与乐业》第6段论述‘好奇’的重要意义”，接着提供支架：一是围绕“好奇”提出自己的观点；二是依次按照“什么是奇”，为什么要“好奇”，关于“好奇”的具体事例，总结“好奇”的意义并展开论述。学生通过片段写作训练，学会从论证逻辑的严密上领略议论性文章的理性之美。例如有学生这样写道：

好奇心是把双刃剑，人类的好奇心可以发现新事物，也能破坏一些事物。然而，我认为好奇利大于弊。对自己不了解的事物觉得新奇而感兴趣，就是好奇。为什么要“好奇”呢？好奇是我们的天性。心理学认为，好奇心是个体遇到新奇事物或处在新的外界条件下所产生的注意、操作、提问的心理倾向。人们好奇为什么鸟儿能在蓝天自由地飞翔，于是发明了飞机；人们好奇还有没有比马车跑得还快的交通工具，于是发明了汽车与火车。总之，世界因为人类的好奇而改变。不过仅仅有好奇是不够的，我们还需要付出辛勤的汗水。只有付出了汗水，才能让好奇实现。[2]

从习作中可以看到，学生关于“好奇”提出了明确的观点——“好奇心是把双刃剑”。在论说的过程中，围绕中心“好奇”按逻辑关系进行分析，首先阐释了“好奇”的原因，即从心理学角度上看好奇是我们的天性；接着列举了“好奇”可以改变世界的具体事例；最后总结了“好奇”使世界更美好这一积极意义，并提出要付出努力才能让好奇实现的展望。整个论述过程连贯完整，不但鲜明地表达了自己的观点，而且有理有据，事理相融。学生已然能以鲜明的态度和立场看待问题，能提出自己的观点，结果是比较理想的。

三、持之有据，层层点染

议论性文章虽说是主要靠逻辑的力量来说理，但是提升议论性文章语言表达能力也有助于论证力量的加强。例如，《敬业与乐业》在说理时多用短句和口语，连用反问，深刻有力；《就英法联军远征中国致巴特勒上尉的信》在抒发热烈情感时使用铺陈、类比、反讽等修辞手法，主旨鲜明突出；《精神的三间小屋》阐释精神内涵时语言极具表现力，娓娓而谈，思路清晰。因此，议论性文章写作要做到观点鲜明，还要掌握恰如其分的点染技巧来论证观点。可以通过解析学习元素，帮助学生们挖掘议论性文章的语言表达特点。例如，雨果在《就英法联军远征中国致巴特勒上尉的信》中极力赞美圆明园的美好秀丽，长短句、骈散句交错，使论述铿锵有力，节奏感强，突出圆明园的世界地位和无与伦比的艺术价值。

一篇议论性文章，全用整句，会显得呆板；全用散句，则会缺少气势。一般来说，长句结构复杂、层次较多、表意严谨、精确细致，适宜表达较为复杂的思想内容；短句简洁、明快、灵活。如果整散结合、长短交错，在整齐匀称中求变化，于对称中显错落有致，必能使议论性文章节奏上鲜明而富于变化，语势上强烈有力。在教学中，我们可以设计“变换句式，长短句交替，骈散句结合，使论证铿锵有力，节奏井然”的目标，让学生展开论证“好奇”的价值和意义。有学生这样写道：

“好奇”是万能之力，它打开了认识自我和理解世界之门。知识是一种快乐，而好奇则是知识的萌芽；知识之岛越大，好奇的海岸线越长。[3]

再例如，在议论性文章中恰当地运用比喻、排比、引用等修辞格，能使议论性文章抽象的说理变得具体易懂，使枯燥的哲理变得形象生动，使深奥的道理变得通俗明白。在教学中，我们可以设计“运用关联词、引用、比喻等推进论证。在论说观点时，使语言更有气势，更有力度”的目标，让学生论述“好奇”的价值和意义。有学生这样写道：

苏霍姆林斯基说：“求知欲、好奇心这是人的永恒的，不可改变的特性。哪里没有求知欲，哪里便没有学校。”对于学生来说，身边的世界是那么新鲜、神秘，他们

的内心充满了好奇，在心灵中充溢着探索、求知的欲望，好奇不仅是学习的推动力，而且是创造力及思维变通性产生的重要前提。[4]

依照学习元素搭建的这两个写作支架，即句式添彩、修辞增色，能有效地帮助学生提升议论性文章的语言魅力，从学生的习作来看，文章节奏富有变化，语言层层点染，表达精确细致，也使观点更加鲜明突出。

九年级学生第一次接触议论文写作，通过在课文选段中提炼学习元素，并搭建具体可操作的支架，降低议论文写作的任务难度，能够帮助学生深化对议论性文章基础特点的理解。

参考文献：

[1][2][3][4]向浩．统编版读写共生写作日常课：九年级上册[M]．广州：花城出版社，2020.

以据证言　以理论道

——九年级上册第三单元

向浩　郝玉香

九年级上册第三单元的写作任务为“议论要言之有据”。根据单元写作训练要求，我们要指导学生积累丰富材料的方法，建立材料与观点的联系；引导学生依据材料明确观点，确保材料与观点的一致性；指导运用丰富多元的论据证明自己的观点。这个写作指导的过程正是引导学生注重积累，学习论证方法，进而达到本单元的训练要求。

一、引导学生注重积累，丰富写作素材库

论据是议论文三要素之一，它是支撑论点的材料，是作者用来证明论点的理由和根据。论据的收集和积累，在议论性文章写作中尤为重要。因此，在教学中我们要引导学生做好素材积累。九年级学生可以化用已学教材中的许多典故或故事，用作议论性文章中的论据，我们要引导学生重视课本素材的灵活运用，强化学生使用课文素材的意识。因此，在学习课文时，我们要指导学生如何运用这些素材。

比如设计“逆境更能促进人的成长”的写作练习时，除了一些名言警句可以直接使用，课本中的哪些素材还可以用来做论据呢？先让学生看课文目录回顾，也可用头脑风暴的形式激发学生搜索教材中的素材。学生很快会发现课文中海伦·凯勒的故事可以用作事实论据。她两岁时因疾病失去了视力和听力，磨难不但没有打倒她，还给予了她不服输的勇气，在家庭教师沙利文的帮助下，她认字、读书，考入了哈佛大学，还完成了14本著作。还可积累课文中的经典名人警句，如我们学习过的《孟子》中，“故天将降大任于是人也，必先苦其心志，劳其筋骨，饿其体肤，空乏其身，行

拂乱其所为，所以动心忍性，曾益其所不能”一句便能证明“逆境能促进人的成长”的观点。概括课文中一些个人事例和积累经典名句，是为议论性文章写作积累论据的好方法。

我们还应该引导学生关注课文中一些结构特殊的语言句式。如九年级上册第三单元所选语篇，是有着自然之美和丰厚历史文化底蕴的诗文，语言非常精炼，在《岳阳楼记》一文中，哪些句子值得积累？积累此类句子有何作用？都需要指导学生明晰。北宋诗人陈师道曾经指出：“范文正公为《岳阳楼记》，用对话说时景，世以为奇。”因此，积累文中的排比句、对偶句，可以帮助学生增强文章的文采和诗意。

尤其在进行议论性文章的写作时，为了更好地体现文章的观点，可以有意识地设置三个或多个语气一致、内容相关、结构相似或相同的句子、短语排列在一起，这不仅能够使文章读起来更加文采飞扬、大气磅礴，还能够有效增强文章的语势，让学生将自己的观点更巧妙地表达出来。针对句子积累，我们可以提供“成对摘抄”的支架，如我们摘录《岳阳楼记》中的“日星隐曜，山岳潜形，商旅不行，樯倾楫摧，薄暮冥冥，虎啸猿啼”“沙鸥翔集，锦鳞游泳”“浮光跃金，静影沉璧，渔歌互答，此乐何极”，这么优美、精炼的句子非常值得学生学习。在写作议论性文章的时候，我们同样可以像范仲淹那样多用排比句式和对比手法，以增强文章的气势和说服力。

当然，我们还应该培养学生高效积累论据的意识，指导学生将积累的素材按主题进行分类，比如诚信、友爱等，同时将事实论据和道理论据分开，有整体规划的意识。未经加工的素材，很难化用为论据，我们要指导学生边摘抄边论述，加深印象，便于更快提取。比如我们积累运用居里夫人的材料时，不仅可以用她不断探索研究科学的专注精神，还可利用课文《美丽的颜色》的内容，挖掘“美丽”的丰富内涵，这就可以发掘论据的多重价值，让文章的论证更有深度。最后我们要引导学生关注生活、关心社会，身边的“一个人”“一句话”“一件事”……都可以做素材，生活才是写作的源头。

如：素材积累库

主题	道理论据	事实论据
理想	1. 志当存高远。——诸葛亮 2. 理想是指路明灯。没有理想就没有坚定的方向；没有方向，就没有生活。——列夫·托尔斯泰 3. ……	1.《陈涉世家》中“燕雀安知鸿鹄之志”的故事； 2.《藤野先生》中鲁迅弃医从文的故事； 3. ……
立志	1. 古之成大事者，不惟有超世之才，亦有坚忍不拔之志。——苏轼 2. 会当凌绝顶，一览众山小。——杜甫 3. ……	1.《论语》中“孔子十五志于学”的事例； 2.《北冥有鱼》中“鲲鹏之志”的故事； 3. ……
勤奋乐业	1. 学而时习之，不亦说乎。——孔子 2. 君子有终身之忧。——孟子 3. ……	1.《孙权劝学》中吕蒙就学的故事； 2.《送东阳马生序》中宋濂苦读的故事； 3. ……

二、依据材料确立观点，确保材料与观点的一致

积累的材料不一定都能用于论证。教材编写者在单元写作中强调，使用材料应保证材料与观点一致，使用事实论据时，不需要详细记叙事件本身，而要精当剪裁，通过概括叙述以及对论据的分析，建立起材料与观点之间的联系。选好论据后，将其合理运用在论证中是关键。日常教学中，我们会发现有些学生平时读了很多书，涉猎广泛，积累丰富，但比较难将积累的材料化用为写作中的素材，关键在于论据选择与说理结合上出现了问题。

比如我们为“诚信”话题找材料，可以为学生出示以下三个材料，然后让学生说出每个材料的主要内容是什么，最后指导学生如何使用。

材料一：商鞅任秦孝公之相，为推行新法立木于都市南门，令移木于北门者赏10金，无人敢应，后赏金升至50金，有一人移木，果真得赏，自此顺利推行新法。

材料二：《史记·季布栾布列传》有言：“得黄金百斤，不如得季布一诺。”

材料三：周幽王为博宠后褒姒一笑，屡次烽火戏诸侯，终至孤立无援，命丧骊山，西周亡国。

以上三则材料都可用于“诚信”，但各有侧重，关于“诚信”的侧重点不同，使用的材料就有所不同。材料一侧重为政当取信于民，材料二表明诚信是安身立命之本，材料三是说失去诚信会导致严重后果。围绕“讲诚信是为政的基础”这一观点，可以将材料一和材料二进行对比，契合观点，以增强论证的说服力。

在学完《岳阳楼记》后，我们设计了以“志当存高远”为论点的写作练习。首先要引导学生试着对观点进行分析，老师再进行解说和指导。这个观点已明确给出，翻译过来解释就是人应当怀抱高远的志向。明确论点之后，我们要选取鲜明、典型的材料来做论据，选择与观点高度吻合且颇具代表性的材料。我们可以给学生提供这样的支架：一是引用范仲淹或其他名人的话；二是列举范仲淹或其他名人立志高远的事迹。举一例学生习作如下：

诸葛亮说，志当存高远，这是一切有成就者事业之起点。凡是有一番业绩的成就者，自幼就有很远大的志向。我们都知道范仲淹因为有高远的志向，最终攀上人生的高峰。

范仲淹自幼家境困难，常常连肚子都填不饱，可贫困并未压倒他，反而促使他更加勤奋，年少时就才高志远，立志成为国家的栋梁之材。经过十几年的寒窗苦读，终成为北宋时期的一位伟大的学者，写下了“先天下之忧而忧，后天下之乐而乐”的千古名句。正是因为他从小立志，才会有后来的功成名就。高远的理想，使他登上了他的人生当中的岳阳楼。[1]

这里首先用诸葛亮的名句亮出观点，这个名句本身就能证明观点。接着用范仲淹自幼家境贫困，但从小就立下高远的志向，终究成就大事业的事例，证明“志当存高远”的观点。事例中有意识地呈现跟观点相关的词语（如立志、志向、高远等），学生会比较清楚地明白论据与论点存在一致性关系。

有时候议论性文章的写作不是直接给出观点，而是要求学生通过解读作文材料后明确观点，这就有可能会让学生读完题目后不明白题目的要求是什么，在写作过程中偏离主题。因此我们需要培养学生提取中心论点的能力，能够准确从题目中找准中心论点。我们继续用《醉翁亭记》一文的“乐”展开讨论，论点没有给出，需要学生先找准中心论点，再进行论证。题目为“根据《醉翁亭记》的内容理解，运用至少一个事例阐述自己对‘乐’的主张”。基于学习元素的分析，我们提供这样的支架：(1) 围绕论点取舍论据，论据要真实；(2) 找准论点与论据的契合点，概述论据；(3) 运用“论点+论据+分析”的结构模式，紧扣论点评议。学生习作如下：

我认同欧阳修与民同乐的思想。

昔有梁惠王顾鸿雁麋鹿而问孟子：“贤者亦乐此乎?”孟子驳之以《诗经》中文王之灵台，据之以《汤誓》中夏桀之暴政，意在阐明为政者之乐应与民同乐。

为政者即为统治管理者，是发号施令的掌权之人。作为一个统治者，他的一言一行必将关乎民生，譬如《孟子》中暴虐的夏桀，譬如筑艮岳的宋徽宗。若为政者穷奢极欲，而不顾百姓疾苦，妄加徭役，便会使民生怨，怨怼之深重则覆王朝，焉存乐乎?

唯有与民同乐，才能受到民众的爱戴，才能享受真正的快乐。也只有这种乐才是可延续的，因为这是一种超越物质与时空的意义。因此，与民同乐是“行乐”的必要、合宜的方式。[2]

文章基于对《醉翁亭记》内容的理解，首先亮出自己观点，赞同与民同乐的观点，然后列举了历史事例，这些事例都可以从历史中考证，因此这些事例既具有真实性，又具有典型性，能够很好地证明观点。我们要指导学生提炼观点，指导如何安排论据与论点一致的支架融合，训练学生对议论性文章的论据进行选择和处理，从而达成写作训练目标。

三、依据观点打磨论据，增强论证的说服力

教材编写者在单元写作提示中强调，要想增强文章的说服力，还要注意材料的丰富性，其目的在于让观点的论述更加严密，更有说服力。一篇有说服力的文章可以通过打磨丰富多元的论据来实现。因此我们可以提供多元组合，指导学生使用恰当的修辞，变化句式，使用强有力的表达以及改换角度等写作支架打磨论据，增强论证的说服力，进而提升议论性文章写作能力。

如多元论据的组合，可以是跨时空组合、正反组合、详略组合以及事实论据和道

理论据的混合使用。我们所学的课文《敬业与乐业》就有百丈禅师、佝偻丈人以及总统与黄包车夫，有孔子、朱子的论述，有古今，有正反，材料丰富且井然有序。再如下面的文字：

袁隆平具有宁静致远、淡泊名利的精神，他才会将自己的奖金拿出来用于慈善事业。而有一位小有名气的作家则说“我写作就是为了赚钱！”这不禁让人深思，名利真的那么重要吗？

可以用这段话向学生展示论证淡泊名利对人价值观的影响时，如何恰切运用对比论证方式。

再如《谈诚信》里的一段论证：

康德曾说：“诚实比一切智谋都好，而且它是一切智谋的基本条件。”不仅个人、团队需要诚信，一个国家也只有提高诚信意识，才能赢得他国的尊重，在国际上立于不败之地。国有信则昌，国无信则衰，诚信是国家信誉的根基，没有诚信，则国将不国！

这里使用了康德的名言作为道理论据，从个人、团队上升到国家，让论证更加丰富，更有说服力。

我们对论据的打磨还可以通过具体、完整以及简洁的表达，达到明确观点、论证合理的效果。可以通过对文章或书籍的评价，实现这样一个练习。我们可以提供这样的写作思路支架：先整体概括文章内容，接着摘抄文中你最感兴趣的句子，并对句子进行具体阐述，最后用简洁的语言表达文章或书籍的价值。据此，我们可以设计这样一个写作训练“给《湖心亭看雪》一文写一段评述文字”。习作如下：

《湖心亭看雪》一文中记述了张岱在雪夜出门前往湖心亭时偶遇与他志趣相同的知己的趣事，表达出惊喜与眷恋不舍之情。除表达情感之外，张岱对雪景的描述更是绝妙之笔。

如“雾凇沆砀，天与云与山与水，上下一白，湖上影子，惟长堤一痕，湖心亭一点，与余舟一芥，舟中人两三粒而已”，寥寥几笔，便描绘出一幅幅雾气缭绕，水天之色浑然交融之景，“上下一白”更是给了读者一种迎面而来的雪景辽阔之感。其白描手法更是精准地抓住了景物突出的特征，“一痕、一点、一芥、两三粒”，高度抽象的描述，就如中国水墨画一样，寥寥几笔却能描绘出雪景的辽阔意境，实属精妙之笔，被后世文人借鉴模仿。

文章很短，读起来让人意犹未尽。每读一遍，我就有游历一番雪夜西湖的感觉，身处白茫茫的湖上的那种独特的心境，唯有细品，才有感触！[3]

评述的撰写训练了清晰表达论据的能力，降低了议论性文章的写作难度，在教学中，我们给出了具体支架，结合范例，通过训练，学生会收获良多。

根据教学后反馈，学生能够根据给出的支架，完成简单议论性文章的写作，写作思路也很明晰。这一写作任务重在关注教材中课文本身的内容，提供具体可操作的支架，降低任务难度。借助写作支架，学生能有意识地积累素材，做好素材库的建设；能根据材料确立自己的观点，选择能证明观点的论据，保持论据与论点一致；能够运用丰富多元有序的论据来证明观点，从而做到议论有理有据。在这样的写作指导下，学生的议论性文章写作水平得到逐步提升，写作水平实现不断进步，进而写作思维也得到了进一步的提升。

参考文献：

[1] 向浩．统编版读写共生写作日常课：九年级上册[M]．广州：花城出版社，2020：59.
[2] 向浩．统编版读写共生写作日常课：九年级上册[M]．广州：花城出版社，2020：66.
[3] 向浩．统编版读写共生写作日常课：九年级上册[M]．广州：花城出版社，2020：70.

把握缩写的“不变”与“变”

——九年级上册第四单元

向浩　李海香

九年级上册第四单元的写作任务是“学习缩写”，就是在保持中心思想不变的前提下，压缩文章的篇幅，“把主要内容用自己的话说一遍”。通过缩写训练，可以提高学生把握文章要点、思路的能力，还能培养概括、综合能力。为此，我们挖掘第四单元小说中有利于缩写训练的学习元素，嵌入支架，让学生在实践中学会缩写，并设计了多个小任务，从三个层次达到本单元的写作要求。

一、删繁就简，留得主干不变

缩写不等于简单的“减少字数”，刘勰说：“善删者，字去而意留。”缩写也是如此。一篇文章无限缩小，就可能变成一句话。缩写近似于缩句，压缩的只是枝叶，不是主干，缩写后，整篇文章应该完整、连贯和顺畅。

缩写首先要确定中心与重点，一些比较精彩却不太重要的内容，要删去或压缩。如缩写《故乡》第12—13段，为了帮助学生找到缩写的方法，我们设计了两个支架：（1）缩写时，删除文中的描写语句和解说语句；（2）缩写时，删除文中的夹注语句。原文如下：

这时候，我的脑里忽然闪出一幅神异的图画来：深蓝的天空中挂着一轮金黄的圆月，下面是海边的沙地，都种着一望无际的碧绿的西瓜，其间有一个十一二岁的少年，项带银圈，手捏一柄钢叉，向一匹猹尽力的刺去，那猹却将身一扭，反从他的胯下逃走了。

这少年便是闰土。我认识他时，也不过十多岁，离现在将有三十年了；那时我的父亲还在世，家景也好，我正是一个少爷。那一年，我家是一件大祭祀的值年。这祭祀，说是三十多年才能轮到一回，所以很郑重；正月里供祖像，供品很多，祭器很讲究，拜的人也很多，祭器也很要防偷去。我家只有一个忙月（我们这里给人做工的分三种：整年给一定人家做工的叫长年；按日给人做工的叫短工；自己也种地，只在过年过节以及收租时候来给一定的人家做工的称忙月），忙不过来，他便对父亲说，可以叫他的儿子闰土来管祭器的。

举一习作如下：

这时我的脑里闪出一幅图画：天空中挂着圆月，下面是海边的沙地，都种着西瓜。其间有一个少年，项戴银圈，手捏钢叉，向一匹猹刺去，那猹却灵活地逃走了。这少年便是闰土。我认识他时，是三十多年前，那时候我家家景不错，我还是一个少爷。那一年我家正值一次郑重的祭祀，家里只有一个做工的人，忙不过来。他便对我父亲说，可以让他的儿子闰土来帮忙。[1]

习作中删除了描写性的语句，比如“深蓝的天空中挂着一轮金黄的圆月”“都种着一望无际的碧绿的西瓜”中只留下主干“天空中挂着圆月”和“都种着西瓜”。言简意赅，文意通畅。少年闰土刺猹以及少年闰土来家里帮忙这两件事也是保留了主要信息。原文中“我们这里给人做工的分三种：整年给一定人家做工的叫长年；按日给人做工的叫短工；自己也种地，只在过年过节以及收租时候来给一定的人家做工的称忙月”，这是解说性的语句，可以删除。

《我的叔叔于勒》是莫泊桑的经典之作，要将全文进行压缩，必须保留主要的故事情节和全文的重点。我们从小说本身的文体特征入手，梳理小说情节。课后“思考探究”第一题是：“小说围绕菲利普夫妇对于勒态度的变化，讲述了一个曲折的故事。试根据下面的提示，从不同角度梳理课文的故事情节。”这四个角度分别是：“开端—发展—高潮—结局”（情节）、“原因—结果”（逻辑）、“期待—破灭”（心理）和“悬念—结局”（技巧）。

第一个角度是传统的时间顺序，即将完整的故事分为几个时间片段，其好处就是能够迅速把握基本的故事情节，对于其他另外三个角度，学生相对陌生。所谓“原因—结果”就是分析故事情节前后的逻辑关联。举学生习作（一）如下：

于勒叔叔是我们一家的希望，这是因为我家家境并不富裕，而于勒叔叔据说在美洲发了财，父母希望于勒叔叔能帮助我们改善生活。于勒叔叔从前曾因为好玩乐被打发去美洲，后来在美洲做起了买卖，并写信给父亲表示发了财就回来，父母对此深信不疑，日夜期盼他的回归。后来我们在去旅行的船上遇到了一个卖牡蛎的老水手，我的父母最终确定他就是于勒叔叔，避之唯恐不及，只有我同情他，多给了他小费，还遭到了斥责。[2]

习作（一）从“原因—结果”角度进行缩写，删除了大量的细节，改描写为简叙，中间做了适当的衔接和过渡。因为“我”的家境不富裕，父母希望于勒叔叔能帮助我们改善生活，这是原因。父母确定卖牡蛎的老水手就是于勒叔叔，他们避之唯恐不及，只有“我”同情他，给他小费，这是结果。

所谓“期待—破灭”着眼于故事情节背后的人物心理，这也是故事构造的一种基本方法。举学生习作（二）如下：

小的时候，我的家境并不富裕。家里样样都要节省，但每周日我们都会穿戴整齐去海边，期待于勒叔叔的归来。听说于勒叔叔小时品行不正，但后来在美洲发了财，因此他是我家唯一的希望。他写来的信给我家很大的鼓舞，我认为它甚至促成了二姐的婚事。二姐结婚后我们一家去哲尔塞岛游玩，在船上遇到了一个卖牡蛎的水手，那个人竟然就是于勒。父母确定是他后十分惊慌，不想与他相认。我同情他，给了他十个铜子的小费。[3]

习作（二）中“每周日我们都会穿戴整齐去海边，期待于勒叔叔的归来”体现了父母的期待，“父母确定是他后十分惊慌，不想与他相认”是希望的破灭。原文缩写之后，情节凝练，但依然曲折生动。

《我的叔叔于勒》仅三千字，却成功地讲述了一个一波三折的故事。一开始，菲利普夫妇十分厌恶于勒，把他打发到美洲；之后，听闻于勒发财，菲利普夫妇无比盼望于勒回来；最后，菲利普夫妇在船上发现于勒并没有发财，生活相当贫苦，于是马上逃离，不与他相认。但是“我”还是给了他十个铜子的小费。作者在有限的篇幅内虚构了跌宕起伏的故事，想象新奇，引人入胜。这两篇习作都删去了一些详尽的描写，换为简洁的叙述；删去了一些次要情节，保留了主要故事。我们指导学生删繁就简，保留主干，从不同角度来缩写，更有利于学生把握文章的要点。我们提供有效的学习支架，为学生学会缩写打下良好的基础。

二、人物缩写，叙述角度可变

缩写是写作的一种，必须有特定的写作视角。或者更确切地说，缩写必须依据一定的线索。人物缩写就是以特定的人物为缩写视角进行的概括，其中包括对这一人物形象的经典语言、特殊的动作以及独特神态的保留[4]。

写人的文章，缩写仍要以人物为中心，将笔力主要投放在人物形象塑造上，只是叙述视角由原文“重人物语言，轻叙述语言”，转化为“重叙述语言，轻人物语言”，这样便于有效控制缩写后的篇幅。我们回到教材的“单元导语”，其中谈到“从不同角度分析人物形象”，也给我们训练学生学习缩写提供了一条思路。

从人物角度缩写《我的叔叔于勒》，我们设计了这些支架：（1）从于勒的角度缩写全文，删除文中写其他人物的内容，突出于勒的性格特点；（2）保留于勒的经典语言、特殊动作以及独特神态等。这不仅与单元导语契合，而且符合小说的特点。举习作如下：

我小时候家境拮据，一家人过得很节俭，唯一的希望就是我的叔叔于勒。于勒曾经挥霍钱财而被送到美洲，听说在美洲阔绰了。他写信说发了财就会回来和我们一起生活，我们全家都盼望着这一天。我的姐姐还靠着他的信确定了婚事。在我家去旅行的船上，我们遇见了一个卖牡蛎的老水手，他竟然就是于勒。我的父母非常惊慌，避之唯恐不及，我却觉得他是我的亲叔叔，又很可怜，给了他十个铜子的小费。[5]

这篇习作言简意赅，从于勒的角度展开叙述，突出了于勒早期行为不端、挥金如土，后期自责反省，又怕继续拖累他们，不肯回到哥嫂身边，便在海上漂泊，贩牡蛎为生的人物形象。习作中删去了对菲利普夫妇等人的细节描写，人物突出。又如以下习作：

我听到了一声大叫“哈！这模样了！胡子这么长了！”吃了一吓，赶忙看去，看到了一个圆规一样的女人。正愕然间，母亲说这是斜对门开豆腐店的杨二嫂，我这才记起。但她的样子和我记忆中的大不一样了。杨二嫂讥讽我贵人眼高，又提出要我的木器。我向她解释我并没有阔，她不相信，还说我有三房姨太太等话。我心知无法与她辩解，便闭了口。杨二嫂一边愤愤地念叨着，一边拿了我母亲的一副手套走了。[6]

这篇习作，在缩写“我”见杨二嫂的部分时，保留了杨二嫂的经典语言“哈！这模样了！胡子这么长了！”，保留了特殊的动作“杨二嫂一边愤愤地念叨着，一边拿了我母亲的一副手套走了”，保留了独特的神态“一个圆规一样的女人”。虽然是缩写，但是豆腐西施杨二嫂——一个好笑、可气、可恨而又悲哀的人物形象跃然纸上。

我们在指导学生进行任务缩写时保留原文中的主要人物和情节，这样可以培养学生的概括和整合能力。

三、尊重原文，缩后情节连贯

缩写不是动刀“砍”掉次要人物和情节之后，再简单拼装，而是要尊重原文叙述顺序，就着原小说的文路进行缩写，如此，可以使情节前后连贯。比如：小说按照时间顺序铺展情节，缩写就应再现原文时间滑过的轨迹，缩短不同时间点连缀的路径，并以此为线索，快速推进情节发展，这样的缩写便井井有条。缩写的文章既是原文的缩微呈现，也是一篇独立的文章，因此要以自己的话为主，可适当摘取原句。行文时要注意语言的连贯、流畅，如果有摘引的语句，要使之与自己的话融为一体，保持文意畅通。

比如《故乡》第12—13段的缩写保留“三十多年前”“那时候”“那一年”等时间标志，以便有序牵引重要情节和人物，以免缩写后杂乱无章，重点旁落。缩写不完全是原文的删减和连接，还要适度插入其他关联语句，以便修复、黏合斧斫之痕。

比如缩写《孤独之旅》全文，我们可以给出这样的支架：（1）围绕杜小康这一主要人物，归纳小说主要事件；（2）注意语言的连贯、流畅，摘引的语句和自己的话要融为一体。这是对学生总结、归纳文本核心事件的阅读考查，本质上就是缩写。举习作如下：

习作（一）

杜小康家在一天早上一落千丈，杜小康失学了，跟着父亲去放鸭。父亲带着杜小康乘船赶着鸭群到了芦苇荡，安了家。杜小康在芦苇荡中感到非常孤独，想要回去。一天，他们遇到了暴风雨，鸭栏被风吹开了。杜小康为了追鸭子，脸被割破了，脚也受伤了，但还要去找最后的十几只鸭。他找到了鸭子，却也迷路了，夜里他躺在芦苇中，感到了自己的成长。鸭子也长大了，八月，杜小康发现了鸭子下的蛋。[7]

习作（二）

杜雍和家本是油麻地最殷实的人家，却在一夜间家道中落，杜雍和只能带着儿子杜小康去放鸭子。坐船时杜小康哭着说想要回家，他也沉着脸置之不理。到了芦苇荡，他觉得慌张，但在儿子面前显得十分镇定。在芦苇荡的日子非常孤独，他觉得对不住儿子。暴风雨来袭时他看到鸭群消失，几乎晕倒在地上，杜小康追了出去。第二天，他找到了迷路的儿子，背着他回了窝棚。八月，杜雍和从儿子手里接过了鸭蛋，不住地说："下蛋了……"[8]

习作（一）中作者摘引了文中"一天早上一落千丈""杜小康失学了""跟着父亲去放鸭"等，主人公杜小康是一个十来岁的少年，突如其来的家庭变故使他辍学，跟随父亲放鸭，一场暴风雨后了，他感觉长大了。习作中的关键语句清楚地体现了主要内容的时间顺序。习作（二）则紧扣杜雍和的心理变化展开叙述，写出了人物在特定环境中的情感波澜，作者摘引了"八月，杜雍和从儿子手里接过了鸭蛋，不住地说：'下蛋了……'"行文语言流畅，文意连贯。这样缩写既简练又不失要点。

缩写是学生应掌握的一种重要的写作能力，是中学生必备的语言应用能力。我们从课文段落中挖掘学习元素，提供具体可操作的缩写训练支架，目的便是让学生学会如何从句段到全篇进行缩写，完成一篇中心明确、思路严谨有序的文章。缩写的训练离不开语篇，从教材出发提炼的语篇，为缩写的训练提供了有力的支持，让学生通过读写共生，提升语言运用的能力。

参考文献：

[1][2][3]向浩．统编版读写共生写作日常课：九年级上册[M]．广州：花城出版社，2020.

[4]闫祎．记叙性文本阅读及“缩写”训练[J]．中学语文教学参考，2019(24)：36.

[5][6][7][8]向浩．统编版读写共生写作日常课：九年级上册[M]．广州：花城出版社，2020.

有序·有法·有度

——九年级上册第五单元

向浩　王卓妍

九年级上册第五单元的写作任务是“论证要合理”。统编版教材在九年级上册为议论性文章这一实用类文体专设了两个单元，本单元安排在学生学习过第二单元议论性文章的相关知识，并有了一定写作基础，开展过写作核心任务“观点要明确”“议论要言之有据”后进行。基于学生“前议论性文章写作”中存在的问题，可以对课文进行二次开发，在有序、有法、有度中帮助学生进行自我建构，践行高阶位的素养目标，促进议论性文章知识结构体系化，培养学生大胆质疑、独立思考的能力，发展学生的思辨能力，提升思维品质[1]。

一、依据文体，散中有序

第五单元着重强调的是论证结构的逻辑性，以及观点和材料之间合理性的问题，单元写作训练内容便是“论证要合理”，要求学生能够选用恰当的论据，运用适当的论证方法，阐明清楚文章内在的逻辑关系。具体任务有三：一是写一段文字论证某一观点；二是写一篇完整的议论性文章；三是写一篇驳论文。三个写作实践难度逐级上升，从内在逻辑上看，即有序。依据议论性文章的文体特征，进行了从段到篇，从一般议论性文章到驳斥性议论性文章写作的多样化尝试，助力学生乐于尝试议论性文章写作，全面地掌握议论性文章的体裁特点和写法等。

基于此，在充分地考虑学生的认知规律后，从该单元的四篇文章中选择有价值的语篇，对其中的学习元素进行有效提取，设计一系列语用训练，提供写作议论性文章的有效路径。

如可以从《中国人失掉自信力了吗》第7段中提取学习元素“举例论证”，由此设计任务：模仿该段，写一段话论证“这就是中国的脊梁”的观点。老师在充分解析该学习元素后，可设置写作支架：（1）选文中提到了四种“中国的脊梁”，请从历史人物中依次各举一例予以替换；（2）仿照选文运用排比句式论证“这就是中国的脊梁”，依此进行写作和评价。

《怀疑与学问》第6段的论证思路很是明了，值得借鉴，可以依此设计训练任务：模仿该段，论证课后习题“逆境有助于人成长”。学生在掌握了学习元素“论证的过程”后，借助老师提供的写作支架进行创作和评价，写作支架如下：（1）提出论点，然后运用过渡句，引出论据；（2）选择论据，确定论证方法，选择阐述角度，深入剖析，增强论证力度；（3）总体归纳总结，对前面的论证进行总体上的归纳总结。

老师在精选了两篇文章的片段后，教学可以由片段训练，逐渐过渡到全篇。《谈创造性思维》第4—12段既有清晰的论证思路，又有转换话题和推进论证的技巧渗透，还有丰富的论证方法的运用，可以作为下一阶段的训练语篇，老师布置对应的训练任务：模仿这几段谈谈“知足和快乐”。

至此，学生已经掌握一般议论性文章的写作方法，如何进一步进行驳论文的写作，《创造宣言》这篇文章就是很好的范例。老师可以设计“模仿《创造宣言》第5—11段论证‘学贵质疑’”的训练任务，除了随文解析外，还应提供相应的写作支架给学生，如“正面举例直接反驳对方观点”“综合运用举例论证、道理论证、对比论证、比喻论证四种方法”“参照本文论证思路展开论证”等。

这一系列语用训练，已然涵盖统编版教材要求学生在本单元需掌握的议论性文章的基本写法，点散而序不散，从片段练习慢慢进阶，实现全篇的写作，形成“类”的知识群，达成单元乃至学段的学习目标，四两拨千斤。

以论证思路的学习为例，在搭建写作支架时，可以从一开始引导学生梳理课文的论证思路，再到模仿课文中排比句式来论证课文中的观点，最后到参考论证思路，根据某话题进行自己的创造性思考，这样便完成了从构思阶段到写作阶段，再到最终成篇阶段的训练。如此有序的呈螺旋上升的写作训练安排，有助于提升学生分析事物的能力，培养高阶思维。

如果说论证思路是“线”，论证方法则是“针”，我们不妨巧妙地在语用训练中穿针引线，有序地将一颗颗珍珠串成线。比如进行论证方法的写作训练时，可选取《中国人失掉自信力了吗》中的经典片段作为示例，充分挖掘其中核心的学习元素，搭建写作支架。举一习作如下：

我们自古以来，就有苦受宫刑不改志向的司马迁，有誓不东行铭记初心的玄奘，有不惧死亡一身正气的文天祥，有屡次上书廉洁为民的海瑞……虽偶被误解而遭受种种非难，也仍旧抹不去他们在历史上的功绩，这就是中国的脊梁！[2]

从习作中不难看出，选择的学习元素具体有效，可操作性强，贴近了学生的最近发展区，且经过解析后，学生能够初步掌握举例论证的用法，借助写作支架，达到论证方法第一层次的训练效果。论证思路的训练也隐藏其中，排比句式的使用，让表达更清晰，逻辑更严密。再遇到需要运用举例论证时，学生便会想起“举几个历史人物”“排比句式”，自然就掌握了。

接下来我们可以将难度升级，从《谈创造性思维》一课中挖掘多种论证方法，作为下一个层次训练的核心学习元素，让学生在有序中掌握。举一习作如下：

既然快乐是每个人都想追求的事物，那么一个人要怎么做才能获得源源不断的快乐呢？

有人说：“当一个人感到很知足、心不烦、身不疲、无所求、心能安的时候，快乐就在其中。”对此，我举双手赞成。知足能使人获得快乐，但要做到知足并不简单，其关键在于，我们可以对自己的生活和社会有所需求，但必须是适度的，唯有如此，才能让我们无论身处顺境还是逆境都能获得实实在在的快乐。

这方面刘禹锡是一个典型。“永贞革新”的失败使他被贬为和州刺史，当地县令因而对他百般刁难，再三改换他的住所，可刘禹锡还高兴地吟诗作铭。长达二十三年的贬谪，没有让刘禹锡沉沦，反而写下了“自古逢秋悲寂寥，我言秋日胜春朝”的豁达诗句。他的知足，让他在坎坷的一生中，总能保持旺盛的生命力和进取之心，获得心灵的安定与快乐，“诗豪”美誉，他当之无愧！

苏轼也不例外。他的才华，横空一世；他的为人，乐观旷达。因乌台诗案被一贬再贬的他高兴地做起了“东坡肉”，吃起了荔枝。坎坷的命运却被他吟唱成“问汝平生功业，黄州惠州儋州”。这难道不是知足而后常乐的示范吗？

也许你会生疑：建立在知足基础上的快乐值得追求吗？如果一个人总能在生活中得到满足，这是否意味着他已经没有了前进的动力呢？

当然不是。哈伯德说：“所谓知足，并非不思进取，而是在努力耕耘中不奢望、贪求。”知足并不代表人安于现状，而是对自己已达到的状态、获得的东西的一种接受、珍惜，从而对未来有更切实的期待和目标，以更好的心态追逐自己的灿烂人生！反而是不知足的人，常陷入无尽烦恼之中。《渔夫和金鱼》中渔夫的老婆不就是这样吗？她因渔夫放生一条金鱼而不断向它索取：从木房子、别墅到女皇，再到海上的霸王，最后她的愿望落空，一切重新回到起点。贪婪之至，总不知足，不仅让她丧失了一份快乐，更让她变得一无所有！

“知足者，贫贱亦乐；不知足者，富贵亦忧。”由此可见，快乐其实很简单，只要不贪念，常知足，生活就会开满快乐之花！

可以发现，在这篇习作中，学生已经能够灵活运用多种论证方法，从正面和反面分别列举了刘禹锡、苏轼知足而常乐和《渔夫和金鱼》中渔夫的老婆不知足而烦忧的例子，还恰到好处地引用了诗句、名言等，充分论证自己的论点，最后比喻论证的妙笔也让文章富有文采。

学生处于这样一种有逻辑的训练体系中，对注重逻辑关系的议论性文章的写作也会更得心应手。但是有序不代表面面俱到，对于道理论证、比喻论证等论证方法，搭建简易支架即可，学生较易理解，而后可自主探幽寻胜，是为有度，后文有述。

二、善用例文，习中有法

对于议论性文章这种相对陌生的文体写作，学生存在畏难情绪，写作技法的指导便至关重要。叶圣陶先生曾说：“语文教材无非是个例子，凭这个例子要使学生能够举一而反三，练成阅读和作文的熟练技能。”如何利用好教材，真正做到读写结合？我们可以紧扣单元写作任务，有法可依，有文能写。

一方面，从教材文本出发，提炼学习元素，并深入解析文本和学习元素，教授学生相关技法。我们可以在教学过程中进行简明扼要，且紧扣训练点的随文讲解，在无形中渗透方法指导，润物细无声。模仿是最好的学习，学生参照原文和批注笔记，举一反三，训练也会卓有成效。

举例文和习作比照如下：

例文：怀疑不仅是消极方面辨伪去妄的必需步骤，也是积极方面建设新学说、启迪新发明的基本条件。（讲解：提出观点）

习作：逆境不仅可以丰富人生经历，还可以助人磨炼心性、塑造品格、走向成功。

例文：许多大学问家、大哲学家都是从怀疑中锻炼出来的。（讲解：过渡）

习作：绝大多数伟人都是如此，他们因逆境而铸就了闪闪发光的品质，并最终站在文学、政治等领域的巅峰。[3]

通过这样直观的比照，会惊喜地发现，学生有了精选的原文，再加上我们精妙的随文点评，在尝试写作时便有文可仿，知其然也知其所以然，如此，他们自然也能写出精彩的习作，并深有体悟。

另一方面，还可以结合议论性文章的相关知识，搭建大量写作手法的训练支架：如运用排比句式论证观点，学生据此可以写出：

我们自古以来，就有苦受宫刑不改志向的司马迁，有誓不东行铭记初心的玄奘，有不惧死亡一身正气的文天祥，有屡次上书廉洁为民的海瑞……

这一串的排比举例增强了气势，有力地论证“这就是中国的脊梁”这一观点。

正面举例直接反驳对方观点，这个支架学生也是一点即明，在习作中可以自主运用：

也许你会说：我害怕质疑权威。可是年轻的伽利略，就敢于对亚里士多德的学说提出质疑，在他准备做“比萨斜塔实验”时，有人讽刺他：“这个小伙子的神经一定是有病了！亚里士多德的理论不会有错的！”可是伽利略用实验为自己的质疑正名了：两个不同重量的球平行下落，它们几乎同时落到了地面上。伽利略在他人的嘲笑中一举成名，并为人类带来真知！

用正面论据驳反方观点，是行之有效的技巧，从例子中可以看出该手法对于学生而言易于掌握，运用得当还能使论证更为有理、有力。

应引导学生在进行议论性文章写作时，有意识、有创造性地使用这些写作技法，从而让观点表达得更为清晰深刻，达到更高层次的训练目的。比如《谈创造性思维》一文中，作者运用设问手法，巧妙地转移话题，将论证往更深层次推演，引思考向纵深处拓展。这对于提升学生思维品质极有助益，举一习作如下：

也许你会生疑：建立在知足基础上的快乐值得追求吗？如果一个人总能在生活中得到满足，这是否意味着他已经没有了前进的动力呢？

当然不是。哈伯德说："所谓知足，并非不思进取，而是在努力耕耘中不奢望、贪求。"知足并不代表人安于现状，而是对自己已达到的状态、获得的东西的一种接受、珍惜，从而对未来有更切实的期待和目标，以更好的心态追逐自己的灿烂人生！反而是不知足的人，常陷入无尽烦恼之中。[4]

习作在点明自己对"知足和快乐"的认识时，有意识地使用了《谈创造性思维》这篇课文中的设问手法，将话题由"知足而后常乐"转换到对"知足常乐是否会缺乏动力"的探讨中，推进论证，过渡自然，衔接紧密，且可以引发人深入思考，将话题推向更深处，学生思维的火花在闪耀。类似这样有法可依的训练，能够让学生的实践活动真正落到实处，让学生学会深入思考问题，并将神思诉诸笔端，闪耀出动人的思维之光。

三、注重思辨，选中有度

议论性文章作为一种对事理进行解说，对事物进行论证，从而阐发作者意见或建议的文章，是伴随学生一生的重要文体。初中阶段的学生通过有效的训练，可以使自身的思维能力得到提高，提升思维品质。思维品质指个体思维能力的强弱，是判定一个人的智力层次的首要标记。对于高中阶段的学生，这更是尤为关键的能力。

在本单元中有两种较为突出的思维品质，分别是批判性思维和独创性思维。因此，我们可以有意识地在初中议论性文章写作教学中，关注学生批判性和独创性思维的训练，基于学情有所选择，有限度，有温度，既要帮助学生克服畏难情绪，又要帮助学生未来更好地进入高中阶段议论性文章的学习[5]。

一是体现在学习元素的选择上。一篇课文可以用来训练的学习元素有许多，但是要根据教学需要和学情进行有效删减，选择最恰切的学习元素。比如《中国人失掉自信力了吗》作为第五单元第一篇议论性文章，虽然是一篇经典的驳论文，有许多可以用于驳论文教学的精彩的学习元素，但是学生对于一般议论性文章的论证思路尚且不清晰，遑论驳论文了。鉴于此，在选择这篇课文的学习元素时，我们不妨安排“梳理论证思路，完成图示”的训练，在其中渗透驳论文的论证思路。通过图表支架的介入（如图3）引导学生自行梳理，自主学习，在自我的思考中不断地发现问题，厘清论证思路，让教授的学习元素真正成为学生自觉的能力，驱使学生深度学习，渠成则水畅。

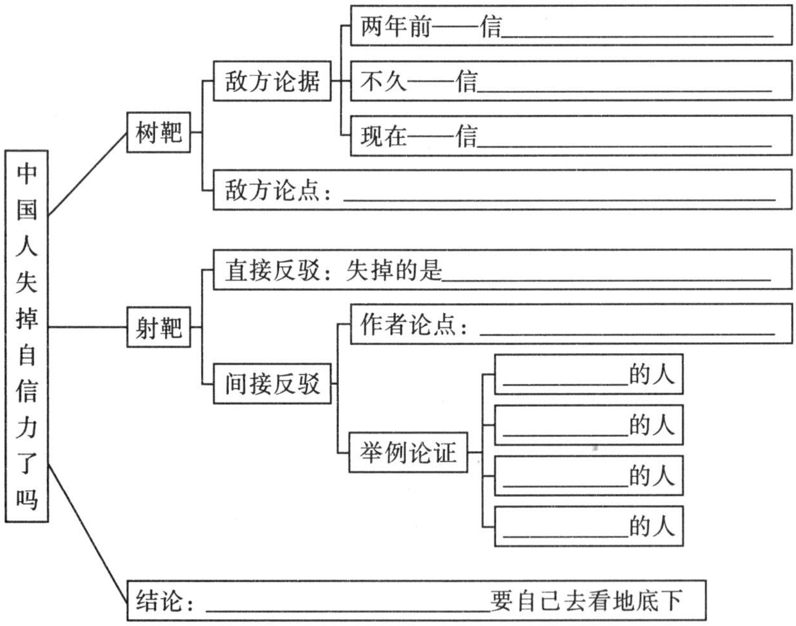

图3 《中国人失掉自信力了吗》论证思路

在此基础上，可以让学生根据写作任务，先行搭建论证框架，这样学生在行文的过程中会更加游刃有余，有的放矢。比如，让学生围绕“知足与快乐”这一话题，自定立意，自拟标题，写一篇议论文。来看学生自拟的支架（如图4）：

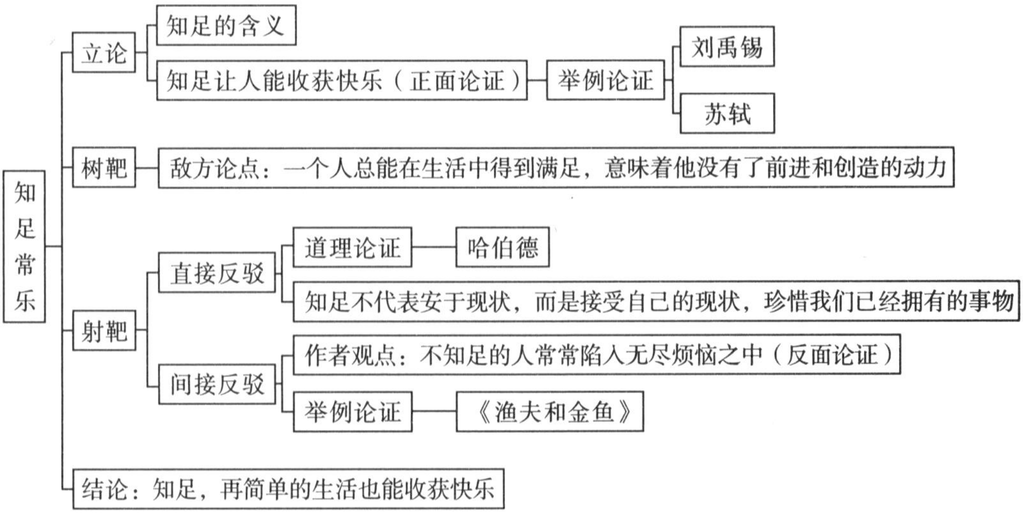

图4 《以知足奏响快乐交响曲》论证思路

很显然，该生自主搭建了论证思路的支架后，在写作环节立论和驳论的过程中，条理会更为清晰，层次分明，论据充分，驳斥有力，而该生最终的习作也证明了这一学习元素的有效拓展。

二是体现在情境任务的确定上。《义务教育语文课程标准（2022年版）》调整了课程理念，特别强调要从学生语文生活实际出发，创设丰富多样的学习情境[6]。议论性文章情境任务合适与否，会影响学生对写作的兴趣浓淡，如果太贴近学生的认知范围，往往起不到良好的训练效果，无法提升思维品质。因此，设置情境时，自我克制十分必要，不可任由高阶思维随意流淌，可选择既贴近学生的学习生活，让学生有话可说，又有一定的思辨力，思维流量丰富的情境任务，引导学生大胆质疑、思考，有所创造。比如，可以设置谈谈“知足与快乐”，论证“学贵质疑”，以上话题都与学生的学习生活息息相关，既能够树立学生写作的信心，又能够激荡起学生深层思维的浪花。可仿、能思、乐写，便是好的情境。举一习作如下：

所以，时时可以质疑，处处可以质疑，人人可以质疑，人人需要质疑。孔子曰：“疑是思之始，学之端。”让我们多思考，多质疑，迈开做学问、求真知的脚步吧！[7]

学生习作充分印证了情境设置的有效性。“学贵质疑”这一话题贯穿学生的整个学习过程，“是否应该质疑”也是极具思辨性的，其洋洋洒洒的900字里反驳了普遍存在的一些观点，如“我们没有时间质疑”“我害怕质疑权威”“我没有能力质疑”“我不需要质疑”等，驳论犀利，有理有据，探究深刻。有度的教学设计与训练任务，可以让学生的思维触角深入到学习生活中，在文字中显山露水，绽放出智慧的光芒，这不也是议论性文章教学与写作的独特魅力吗？

议论性文章写作教学作为学生学习该文体的起步时期，是起点，也是要点。在教学过程中，依据议论性文章的文体特征，散中有序，有意识地将设计的训练难度逐层提升；善用教材资源，习中有法，让学生的训练充分扎实；同时，注重思辨能力的培养，选中有度，助力学生思维进阶。整个单元训练充分开发学生的议论性文章写作潜能，促进学生深度学习，让学生想“议”，有得“议”，且帮助学生“议”得合理，“议”出个性，丰厚学生的言语生命，提升语文素养。

参考文献：

[1] 郅庭瑾. 为思维而教 [M]. 北京：教育科学出版社，2007.

[2] [3] [4] 向浩. 统编版读写共生写作日常课：九年级上册 [M]. 广州：花城出版社，2020.

[5] 董明旺. 宁鸿彬：走“思维训练”之路 [M]. 武汉：湖北教育出版社，2001.

[6] 中华人民共和国教育部. 义务教育语文课程标准：2022年版 [S]. 北京：北京师范大学出版社，2022.

[7] 向浩. 统编版读写共生写作日常课：九年级上册 [M]. 广州：花城出版社，2020.

入乎其中学改写　出乎其外成能力

——九年级上册第六单元

向浩　彭淑芳

九年级上册第六单元的写作训练任务为“学习改写”，基于本单元的写作训练要求，根据教材文本的文本特质和文本价值，着眼学生写作过程的难点和困惑点，可以设置改变角度、改变文体、改变语体、改变主题、改变结局等一系列训练任务，关注学生写作过程，帮助学生搭建写作支架，为学生提供写作范例，从而助力学生完成从忠于原作学习改写到发挥联想灵活创编的跨越，完成本单元的读写训练任务。

一、入乎其内，学习改写

改写的基础是忠于原作，在熟悉内容、掌握人物形象、把握思想内涵的基础上，将原作所要表达的内容换一种方式表达出来。充分理解原作，入乎其内，方能游刃有余地进行改写。老师在设计教学时，可以选取本单元课文中最有价值的文本内容，通过阅读品析，从中挖掘学习元素，从改变叙述角度、改变文体、改变语体三个角度设置相应的写作任务，提供写作支架和写作范例，帮助学生达成训练目标。

（一）改变角度，刻画人物

教材指出，改写“可以改变叙述的角度，比如将第一人称改成第三人称，或将顺叙改为倒叙、插叙”。以《智取生辰纲》为例，可以选取第7段杨志打骂军汉这一能突出体现杨志性格特点的语段，进行阅读赏析并设计改写训练任务。本语段采取第三人称视角进行描写，以语言描写和动作描写为主，而缺少细腻传神的心理描写。基于此，可以从中挖掘“改变叙述角度”这一改写训练的核心学习元素，变第三人称为第一人称，通过描写人物丰富细腻的心理活动来更好地刻画人物形象。在安排写作训练时，还要注意关注学生的写作训练过程，帮助学生明确写作任务，为学生提供写作训练支架，提供写作路径：一是把“杨志”改为“我”，以第一人称来写；二是在文中标注“增加心理描写”处增加杨志的心理描写。学生可以根据写作支架进行改写，以第一人称视角，充分发挥心理描写的作用，将处处小心谨慎，但做事却不讲究方法的杨志形象刻画得更加鲜明突出。举一习作如下：

这般危险之地，他们非但不谨慎行军，竟还不听劝诫，连这老都管都不明是非！怒火中烧，我大吼道：“连你也不明是非！如何使得？这里下冈子去，兀自有七八里没人家，这是什么地方！敢在此歇凉！”……好一个不识好人心！我好生气愤！“你这畜生不呕死俺！看我不打死你。”抄起藤条，我便劈脸打去。[1]

习作通过改变叙事视角来实现改写，将原文中第三人称“杨志”，转变为第一人称“我”，从而自然贴切地增加了一系列细腻生动的心理活动，让杨志之怒变得更加合情合理，体现了杨志小心谨慎的性格特点，但同时也体现了杨志做事不讲究方式方法、不善于沟通的一面，从而使杨志的形象更加丰满。通过提供策略支架和范例支架，学生就可以更加明晰如何转变叙述人称，如何恰当地增加心理描写，从而让人物形象更加鲜明突出。

（二）改变文体，突出主体

改变文体，即实现不同文体之间的转换，如将诗歌改写成散文，将小说改写成剧本等。本单元文章均为经典长篇小说中的经典片段，其人物形象鲜明，画面感强，故事性强，非常适合改写成剧本。同样以《智取生辰纲》为例，可以选取第8—10段，这一语段无论是出场人物、人物对话还是场面，都较为繁杂，因此，可以将其与教材中“将情节复杂、人物众多的长篇小说改编为戏剧或影视文学剧本，往往就会简化情节，缩减场面，突出主要人物的活动”[2]这一训练任务进行链接，设置改写任务：将这一片段改写成剧本。这样既能够发挥本语段适合改编为剧本的文本特质，又能够通过改写，简化情节，凸显主要人物形象和主要故事情节，加深学生对主要人物形象和文章主体内容的理解，可谓一举两得。同时，考虑到教材中戏剧相关知识被安排在九年级下册，为了帮助学生扫除改写障碍，老师还可以为学生提供相应的写作支架，如：（1）场景应包括时间、地点、人物、内容和对白、旁白等；（2）对白的人物需包括杨志、老都管、白胜、众军汉等。这些写作支架，充分考虑到了学生戏剧知识缺乏的问题，为学生提供了具体的改写方向、改写内容和改写要求。节选一佳作如下：

场景：松竹林遇“险”

时间：午后

地点：黄泥岗松竹林

人物：杨志、众客人（共7人）、老都管

对白：

杨志：（欲言又止，回头，见松林里有人影，惊慌说道）“我说什么来着！这不是歹人来了！”（撇下松条，拿起朴刀，赶入松林，大喊道）“你这厮好大的胆子，怎敢看俺的行货！”

旁白：正所谓：说鬼便招鬼，说贼便招贼。却是一家人，对面不能识。

杨志：（赶入松林）

众客人：（七人乘凉，鬓边朱砂痣老大手持朴刀，齐声喊道）“呵也！”（跳起）

…………[3]

习作根据原文进行了改写，将小说改写为剧本，非常清晰地写出了剧本的时间、地点、人物、内容和对白、旁白等相关内容。改写为剧本之后，人物的对白和舞台提示成为主体内容，非常鲜明地突出体现了人物的语言、动作、神态以及主要剧情等要素，原本繁杂的场面和情节得到了极大的简化，文段主要故事情节和主要人物形象等文章主体内容则得到了相应的凸显，从而更加鲜明突出，促进了学生对原作核心内容的理解，实现了读写共生。

（三）改变语体，优化表达

改变语体，既可以是文言文和现代白话之间的转换，也可以是书面语和口语之间的转换。本单元选文均为古代白话小说，其语体表达与现代汉语间存在较为明显的差异，为改变语体这一改写训练提供了丰富的语料。基于此，在教学时，可以设计“改变语体”这一改写训练。我们可以选取《三顾茅庐》这一篇文言文进行改写，引导学生在读懂原作的基础上，转换语体，优化表达，提升表达能力。同时，基于前面“改变文体”的写作训练，可以对“改变语体”这一训练点进行相应的巩固和难度的提升。我们可以要求学生将《三顾茅庐》第3段画线部分改编成剧本，且要将文言文对白改写为现代文对白，一个改写任务，两个训练点，在巩固的基础上进一步拔高，促进学生进一步提升改写能力。基于这一写作任务和写作过程中的难点，可以相应为学生提供支架，帮助学生有效达成写作训练目标。如：（1）补充人物说话的语气、说话时的动作，或人物上下场，指出场景或其他效果的变换等舞台提示；（2）将文言文对白改写成现代文对白[4]。此处看似是就剧本写作提供写作支架，实际上是在引导学生关注人物描写手法，引导学生关注人物说话的语气与神态，以及人物的动作等，提醒学生进行相应的神态描写和动作描写。举一习作为例：

孔明说罢，便转过身去问童子：“可有客人来呀？”

童子低头说道：“刘皇叔在这儿，已经等您很久了。”

孔明皱眉，一手扶着床，坐起身子说道：“为什么不早点告诉我！等我马上换衣服！”

于是又转身进入后堂。又过了一会儿，只见孔明衣着整齐，出来迎接。刘备看到孔明身高八尺有余，脸如玉一般，头上戴着纶巾，身上穿着鹤氅，好似神仙一样。[5]

该习作在改写时，将文言文改为了现代文，人物对白虽改为了现代文，但却贴合人物身份，凸显了人物形象。此外，还基于原文，关注舞台提示，注意人物说话时的神态，例如“皱眉”，以及人物说话时的动作“转过身去问”等，且通过刘备的视角，刻画了诸葛亮宛若神仙的俊貌。通过这样的改写，诸葛亮的形象，瞬间如在眼前。

在进行学会改写这一写作训练时，可以将任务细化为多点分散的针对性训练，每一项任务的完成，都采取“阅读赏析原文—提取学习元素—搭建写作支架”的训练模式，让学生在深入理解原文的基础上，忠于原文，从改变叙述角度、改变文体、改变语体三个改写角度，对原文进行多角度改写，从而让学生在了解改写的常见形式和基本特点的基础上，掌握改写的方法，提升改写的能力，达成单元写作训练目标。

二、出乎其外，灵活创编

改写要忠于原作，是指在原作的基础上，合理发挥想象和联想，对原作进行创编。对于学生而言，发挥想象和联想进行改写，需要建立在充分理解原作的基础上，还要调动自己的知识储备，勾连自己的生活阅历和积累，进行写作创编，这就对学生提出了更高的写作能力要求，并对学生的高阶思维进行了训练。在完成教材要求的改变叙述角度、改变语体、改变文体这三个角度的改写后，还可以进行拓展提升训练，对学生的改写提出进一步的要求，即改变主题和续写结局。

（一）改变主题，殊途同归

根据对《范进中举》一文的分析，可以挖掘改变主题这一学习元素，设计相应的改写训练任务。但是，改变主题的改写具体如何操作呢？可以继续为学生提供具体的写作支架：（1）对胡屠户的语言、动作进行改写，突出胡屠户对范进的同情，以及对科举制度的憎恶；（2）改写范进的心理描写，突出对胡屠户的感激和对科举的痴迷[6]。这两个支架，帮助学生进一步明确如何进行主题的改写，从哪些具体的角度进行主题的改写。举一习作如下：

范进因没有盘缠，走去同丈人商议，胡屠户一把握住范进的手道："我可怜的儿啊，为何要如此执迷不悟，此去赶考，若仍是不成，就听我的，回来与我一同贩肉。这科举有何出路，不过是他们为好吃懒做取的美名罢了！功名利禄有何好，不如和我一同做市井小民来得逍遥自在！"范进心知丈人的好意，点头应允，但仍孤傲地坚信着，凭他的文才与毅力，总有一天会扬名万里，到那时功成名就再给这执拗的老头儿瞧瞧！[7]

通过改写，原本嫌贫爱富、趋炎附势的胡屠户，变成了关切女婿、富有同情心、憎恶科举制度的正面人物，而原本惧怕岳父的范进，则变成了心怀感激但却痴迷科举、执迷不悟的封建知识分子形象。乍一看，这完全背离了原作，原作主要对科举制度下以胡屠户为代表的嫌贫爱富、趋炎附势的社会风气进行了辛辣的讽刺。但事实上，经过改写，借胡屠户之口，反而更为直白地表达了对封建科举制度的抨击、对黑暗现实的鞭挞，与原作殊途同归。

（二）续写结局，形成能力

在教学过程中，我们还可以根据小说主题多义性的特点，阅读赏析《范进中举》一文后，引导学生对结局进行续写，即针对文本内容，进行合理的联想与想象，并对课文内容进行合理的延伸，从而不断深化对原作的理解，形成自己独特的阅读体验和阅读收获。如一学生习作，将结局范进“不疯了”改为“变傻了”进行续写，着重写众人和胡屠户在范进“变傻后”的表现，将喜剧的结局改为悲剧结局，从而进一步突显封建科举制度对读书人的毒害：

众邻居一齐上前，替他摸胸口，捶背心，舞了半日，渐渐喘息过来，眼睛明亮，不疯了。只见他抓起满是污垢的鞋，一个挺身站起，顾不得满身的水，发了疯似的拍掌、大笑，持续了好一阵后，又凶狠地环视众人，邻居们见状彼此对视，纷纷后退了几步，生怕范进靠近一般；连胡屠户也一改往日的跋扈，两股战战，小声嘀咕着：“这范进怕是变傻了！”范进听罢，又冲到胡屠户面前，举起鞋，怒目圆睁仿佛要从眼中生一把火将胡屠户烧得粉身碎骨才罢。[8]

这一处续写，添加了丰富的人物细节，将范进“变傻后”的形象刻画得细腻传神，也将众人和胡屠户的反应刻画得淋漓尽致。所谓悲剧，“就是把有价值的东西撕碎给人看”。寒窗苦读终于中举，却不曾想，由疯变傻，何等可悲可叹。而众人从听说中举争相攀附到发现变傻避之唯恐不及，又是何等的凉薄。通过这一情节的续写，封建科举制度对读书人的戕害，就体现得更加突出了。在这一续写过程中，学生能够根据自己的阅读体验，勾连生活经历，从而实现创意写作，训练高阶思维，提升写作素养。

在尊重原作的基础上，合理发挥联想和想象，对原作进行合理的改写和续写，这是改写的更高要求。在教学过程中，通过这一系列写作训练，学生不但达到了教材学会改写的要求，而且还有了更进一步的拓展，无论是素材处理、主题彰显还是人物形象塑造能力，都在一次次写作实践中得到了长足的提升，学生的高阶思维也得到了进一步的发展。

参考文献：

[1] 向浩．统编版读写共生写作日常课：九年级上册［M］．广州：花城出版社，2020.

[2] 教育部组织编写．温儒敏总主编．义务教育教科书语文九年级上册［M］．北京：人民教育出版社，2018.

[3]［4］［5］［6］［7］［8］向浩．统编版读写共生写作日常课：九年级上册［M］．广州：花城出版社，2020.

九年级下册

品诗歌巧设支架　仿扩创提升素养

——九年级下册第一单元

向浩　徐祥梓

九年级下册第一单元的写作任务是“学习扩写”，单元学习任务是“阅读新诗”，要求学生在反复阅读、感受诗歌韵律的基础上，进一步把握诗歌的意象、体会诗人的情感、理解诗中蕴含的哲理。依据第一单元的学习要求以及九年级学生学情，结合本单元一首抒情长诗《祖国啊，我亲爱的祖国》、一组旧体诗《梅岭三章》、五首短诗《月夜》《萧红墓畔口占》《断章》《风雨吟》《统一》、一篇散文诗《海燕》，均为与革命主题相关的文本特点。我们可以将与诗歌文本相关的扩写拆解为由句到段再到篇的三个层次：仿写并扩写、选详略扩写、分文体扩写。

一、仿：把握原文，细心观察

扩写通常考验的是写作者的想象能力和描写能力，在九年级下册第一单元的写作任务中，编者还特别指出了学生在写作中应注意对原文中心思想、主要内容、体裁风格的把握，即扩写与原文的协调性。对于已经在七、八年级的写作训练中接触过仿写、细节描写等可以用于扩写的写作技巧，但对扩写的要领并未有过系统性学习的九年级学生，要掌握这一技能，首先需要调动已有技能，将新知识与原有知识进行衔接。因而，我们在设置第一单元任务支架时，紧扣上述学情，将仿写句子作为第一步，引导学生通过观察仿写对象，把握原文语义中心、结构特点、修辞手法，进而有策略、有目的地选择扩写方法。例如有学生习作如下：

我拉一顶美丽的风筝奔跑着，
却乱了方向。
（仿写《月夜》“我和一株顶高的树并排立着，
却没有靠着。”）

该仿写中，学生有效利用了原文中的句式结构，以第一人称视角叙事，贴合原文的情感表达。

在帮助学生正式进行扩写时，一方面要能够有效运用其已有写作技能，另一方面要能够做到厘清主干、忠于原文，避免填充非必要信息、无效扩写。

扩写好一个文段的标准首先体现在对文段的内容、结构和语言风格有一个较为准确的把握，其次还体现在扩写者对语言的运用是契合原文、精炼且有美感的。而这就需要学生具备“读”的能力和“写”的自觉。学生是否已具备把握文段特征的能力和优化语言运用的意识，仿写即为一个能够对此进行事前检验的有效抓手。为保证学生在“扩”之前已经具备这两方面的意识，在第一个训练任务中，可以借助仿写训练提炼这两个方面的学习元素：

仿句要注意以下几点：（1）审清题意，即要明确试题要求仿写怎样的句子，有哪些限制条件；（2）明确话题，抓住语义中心；（3）分析结构，即要认真分析例句的结构形式；（4）判断修辞，根据例句判断仿句应该运用的修辞手法；（5）美化语言，即注意词语的锤炼，让语言亮起来[1]。

除学习元素的引导外，在搭建仿写支架时，也应充分考虑到学生面对扩写可能存在畏难情绪，将要求简化为“模仿”，并在仿写对象的选择上选取《祖国啊，我亲爱的祖国》，因为其所涉意象及喻体较为贴近中学生认知与生活。例如，在写到祖国的新生时，诗人以“簇新的理想”“古莲的胚芽”“挂着眼泪的笑涡”“雪白的起跑线”“绯红的黎明”等做比喻，把生机勃勃的祖国新貌生动地描绘出来，更深刻，更广阔，也更具有立体感。因此，在教授学生练习仿写时，我们可有意将这些相对易于观察、想象和模仿的含有比喻修辞的句子作为例句，让学生进行仿写，呈现作品。举一学生习作：

我是你身边崭新的小陀螺，

每天慢慢地向前挪；
我也是你培育的含苞的小花，
每天的成长都带来欢乐；
我是初升的朝阳；是好奇的羔羊；
是绽放的模样

这样便于学生在日常化、趣味化的写作情境中通过观察与尝试，感知写作技巧，提升写作信心和能力。

二、扩：找准详略，有所思考

在第一单元“学习扩写”中，我们可以设置五次写作训练任务。前两次任务由句到段，搭建阶梯，逐步增大扩写容量和难度；支架从不要求详略的仿写式扩写，到给定详略的段落扩写。在由段成篇后的后三次训练任务中，由学生自主判断中心、详略及扩写点，支架则开始根据不同体裁对扩写给出指向性更明确的操作指导和提示。

没有方向和技法指导的扩写，文段容易空有长度而没有浓度。我们主要从三个方面指导技法：通过详略的选择显轻重；通过情景的想象绘整体；通过修辞的运用炼语言[2]。

首先，对于文段扩写哪些部分该略去、带过，哪些部分应着重落笔、重点展开的问题，应紧扣教材要求，着眼于如何帮助学生抛开“平均用力”“一味求全”的习惯和惰性。考虑到如果要求学生自主判断扩写时详写和略写的重点，与前一环节的仿写相比，难度跨度较大，我们可以将找准扩写点作为第二个写作训练任务的核心要点，在写作支架中通过明确设置何处详写、何处略写的提示性要求，为第三个训练任务的开展做示范和铺垫。

其次，对于细节的扩写，我们要充分利用对《梅岭三章》历史背景的补充和呈现，一方面帮助学生了解红军反围剿期间中国革命先锋陈毅在遭遇叛变危险，言及生死、语类遗作时仍满心报国的豪情；另一方面，将对文章的感知回落到写作当中，要求和引导学生将对其间陈毅元帅情感思想的理解和想象投射到文段的扩写当中。

再次，文段扩写中对于语言的锤炼和选择，极大地影响了该扩写的精彩和成功程度。何为成功的扩写？应是言之有物，扩之有料。何为精彩的扩写？则应是言之有味。这味道便是语言的风味和主旨的意味。此例扩写，我们可以结合学生的写作实际来举例，使内容更充实，突显主题。

1936年，那是一个冬天。雪势很大，将春风藏起。敌人从四面侵袭，如同一只只罪恶的手，掐灭了最后一撮生还的火焰。人如草芥，死的死，伤的伤。白昼、黑夜交替逝去，拖着残损的身躯，我伏在荆棘里呻吟二十余日，深感时间漫长之外仍是漫长。

肉体的痛苦无法浇灭我胸中革命的火焰。想到人民还处于水深火热之中，失去自由之身，我“捐躯赴国难，视死忽如归”的决心也更加坚定，但一想到或许今天就将命止于此，我也只能迢念，倘在九泉之下，必召集旧部，为祖国战斗。

要活着出去几乎不可能了。回想这一生，革命者生来便是腥风血雨，绝无退缩和逃脱的可能，一生戎马便是为国、为家，若是不得脱身，今日便为忠义而死。我死后，活着的同志们要多努力，江南漫天若雪的捷报化作纸钱系我坟头。

人生几何？一腔热血只为报国，挥手斩他十万阎罗！且将满腔情仇画诸笔端，留藏衣底，它们将像三支蜡烛点亮我内心不息的明灯：革命志士四海为家，腥风血雨当有止境，自由美好必将实现！[3]

在这一习作示范当中，学生显然就有意识地结合这一文段中作者身份经历及历史状况，展示了该场景下拟人、比喻、对仗、引用等修辞的具象化运用，以及“撮”“余日”“命止于此”“倘”“迢念”等适配原作者社会身份和时代氛围的语词选择，为扩写时如何锤炼语言、留意语言选择给出了实操性的提示和参考。

总的来说，学生可从写作支架所给出的详略要求开始，具体写作支架如下：（1）扩写文中小序（画线部分）；（2）略写被围堵的境况，详写诗人写“小序”时的情景[4]。如此，学生先是在阅读优秀范例时体验这样扩写与平均分配笔墨的差异，继而产生“为何这里要详写，而那里要略写”的思考，并通过自己动笔在扩写实践中解决疑惑，最终形成“应根据写作目的和写作主题安排详略”的自觉意识。这样的思维及实践过程，由读到想再到写，由观察到疑惑再到尝试，不仅有效分散了扩写难点，更能让学生在之后的每次写作前，都在事件排布、篇幅分配这一层面主动思考。

三、创：分文体训练，有所拓展

在教材第一单元的写作任务中，三个作文题分别对应了记叙文、说明文、议论文三种体裁的写作，每种问题老师要提出明确的写作要求：（1）写记叙文，内容做到具体充实；（2）写简单的议论文，做到有理有据；（3）写简单的说明文，做到明白清楚。因此，本单元最后三个任务的设置上遵循这一大方向，对说明文、记叙文写作中的扩写分别给出了更加细化的写作支架。

以《梅岭三章》的仿写为例，对于记叙文的仿写练习，我们通过引导学生在给定本体和喻体间展开联想和想象，对记叙文中常用的细节描写进行训练。以情境为背景，回归《梅岭三章》小序的文体特征和结构作用，训练学生对情境描写的应用，并提炼在要素勾勒时要学会的置换材料的写作技巧，让学生将所学知识应用于文段扩写当中。写作支架不仅要求学生“发挥想象，增加必要神态、动作、语言、心理及场面描写”，将扩写尽可能地融入学生的主观创造与思考，还要求学生明确和细化在《梅岭三章》中出现的扩写方法——场面描写。

场面描写，就是对在特定时间与地点里许多人物活动总体情况的描写。它往往是叙述、描写、抒情等表达方法的综合运用，是自然景色、社会环境、人物活动等描写对象的集中表现。场面描写要表现出一种特定的气氛，单一的表达方式是不够的，要综合运用记叙、描写、抒情、议论等表达方法，以及映衬、象征等多种表现手法，场面才能变成一幅生动而充满感染力的图画[5]。

在说明文写作中，举例子是最为常用的说明方法之一。我们可以将写作对象进一步聚焦到本单元的自读课文《短诗五首》，并将待扩写材料用作举例说明所需的例子，创造性地设置以“诗歌体裁”为说明对象的说明文写作训练。在学习元素解析环节，我们要根据诗歌体裁的特点为学生明确写作方向，还要根据说明文的特点给出写作要求，即不仅要举例子，还要对所涉例子有所阐释，展现自己对诗歌的认识。这一安排既给学生的扩写选材保留了充足的空间，又将诗歌赏析与说明文扩写相结合，使日常写作与教材语篇阅读的结合更进了一步，在提升学生写作能力的同时，完成了对学生阅读素养的检验与回顾。该任务可以通过设置“针对三个特点，各举一两个恰当的例子”“对每个例子做一些分析，更加清晰、具体地表现对诗歌的认识”[6]两个写作支架，就如何扩写说明文给予学生针对性的引导。支架中“恰当”“清晰”“具体”等描述性要求，一方面关注到了新课标的要求；另一方面也通过引导和鼓励学生表达对诗歌个人化的感受，将与文学鉴赏、文学批评相关的言语表达训练融入了写作当中。

考虑到九年级学生对三种表达方式在熟悉程度和运用能力上都存在差异，在议论体裁的文本扩写中，我们可以将议论文的写作要素作为支架，引导学生在写作中分别明确观点、分论点、论述、事实论据、道理论据。以统编版教材课后习作题为例：

阅读下面的语段，深入思考，将它扩写成一篇议论性文章，题目自拟。不少于600字。

“苟有恒，何必三更眠五更起；最无益，莫过一日曝十日寒。”这是明代学者胡居仁撰写的对联，意在勉励自己：做事情贵在持之以恒。持之以恒，就要注重平日积累，而非临渴掘井。持之以恒，就要坚持不懈，而非一曝十寒。古今中外很多事例都告诉我们，做事情有恒心方能成功。我们在求学、成长的路途上，也应持之以恒。

观点：做事情贵在持之以恒

分论点举例：

持之以恒，就要注重平时的积累，而非临时抱佛脚。

持之以恒，就要注意坚持，而不是一日曝十寒。

…………

事实论据：“书圣”王羲之，他自小苦练书法，水池成墨池，终有成就，自成一派，其书法被誉为“龙跳天门，虎卧凤阙”；“发明大王”爱迪生，他那些伟大的发明，其实是经历上万次失败实验，又重新出发，坚持到底的成果。

道理论据：德国诗人席勒说：“只有恒心可以使你达到目的。”胡居仁曾说：“苟有恒，何必三更眠五更起；最无益，莫过一日曝十日寒。”伏尔泰曾说：“坚持意志伟大的事业需要始终不渝的精神。”

学生作品：

坚持，毫不逊色于刻苦

提起“坚持”，其兄弟“刻苦”总同它形影不离，但正所谓世上没有两片完全相同的叶子，“坚持”总宽容毅力而行之有效，“刻苦”总苛求意志而易徒劳无获。

一个知识点，假定需解答一百道题方可熟练掌握。“刻苦”力求一夜间耕耘于书海，一气扫空。“坚持”则以五十日为期，一天两题，次第完成。前者极富挑战，稍有不慎，劳神伤体。纵使咬牙着勉强完成，问题仍接踵而至：日后是否会忘记？如何进行合理消化？后者不然，或茶余饭后，或偷闲一时，可随时完成。顺心而动，轻松悠然。

明代学者胡居仁曾言：“苟有恒，何必三更眠五更起；最无益，莫过一日曝十日寒。”英国作家塞缪尔·约翰逊亦说：“伟大的作品不是靠力量，而是靠坚持来完成的。”可见中外文人早已敏锐地意识到坚持的优越性。他们推崇毅力而非一味吃苦功，是有着实深意的：一腔热血，固然可贵，然将热情肆意泼散，毫无节制，再讲沸腾的血液也会被精神上、生理上的考验冰封起来；可若每日只挥散定量的精力，再加之以稳定的热源，情况便大为不同，这“定量”指的便是计划，“热源”指的便是习惯。

过去，我曾因不谙此道而受罪匪浅。六年级时，因终日贪玩，竟使整个学期如大风扫荡，空留一地狼藉。期末考试已近在咫尺，我似是突然“顿悟”，每时必功至深夜。强撑起惺忪睡眼，瞥着时针在钟面上一寸寸地挪动，瞪着纸上越发潦草的字迹。不料放榜时，却一瞧见排名一落千丈，心中顿时平添几分怅惘和愤慨，只觉得数个日夜的煎熬除折磨身心外一无所获。现在想起，顿感荒唐：将一学期的知识在十数小时间囫囵咽下，只会噎住。可见所谓“刻苦”倘无“坚持”扶助，则苦则苦矣，无用亦无用也！

阻止人们“坚持”的拦路虎无外乎两者：一为恐惧；二为苛求。在传统观念中，“坚持”成了名人专利，与你无缘，其本质是对坚持目标的不明确。定下一个目标，如每日背两个单词，每晚看20分钟名著，矢志不渝地执行，摒弃诸如“是否有用”等杂念，若实践表明确实无益，再加更换。所谓“坚持”，并非指长时间高强度工作，而是将定量工作合理分配。永远不要将远超能力范围的内容强加于自身，否则只会徒增焦虑。

我们推崇坚持却也不贬低刻苦，勿使这对兄弟骨肉分离了！愿所有人都能找到属于自己的学习工作之道，好好利用这两把利剑。

（深圳市龙华区玉龙学校　晏铭哲）

总而言之，第一单元写作，应以仿写为触角，以创论为足印，将“扩写”这一只巨兽解体拆分，又将记叙、说明、议论的多体裁写作贯穿其中。整个单元训练经历学、写、评、展、修的多次循环，通过有指导、有标准、有评价的每日微写作，让学生循序渐进，形成扩写的基本知识框架，提高写作能力，提升阅读素养。

参考文献：

[1][2][3][4][5][6] 向浩. 统编版读写共生写作日常课：九年级下册[M]. 广州：花城出版社，2021.

审题立意三思维：聚焦·发散·思辨

——九年级下册第二单元

向浩　薛可心

九年级下册第二单元的写作任务是“审题立意”，要求学生认真审题，恰当立意。教学时，把学生关于审题立意的零散知识和经验加以整合，挖掘第二单元中关于“审题立意”思维训练的学习资源，搭建三个层级的思维支架：（1）聚焦思维，引导学生掌握写作的方向；（2）发散思维，帮助学生拓展延伸写作的内容；（3）思辨思维，帮助学生磨砺思想的力度和深度，帮助学生提高审题立意的准确性和深刻性。

一、聚焦：找准审题立意关键点

审题立意是作文写作的重要环节。不少学生写作文往往是“下笔千言，离题万里”，还有一些学生也只是做到了勉强扣题，这些问题出现的原因主要就在于审题立意不准。认真审题，恰当立意，才能确保写作符合要求，不跑题，不偏题。

例如，在第二单元写作教学中，可以设计“围绕《孔乙己》第4、5、6、8、9段评论孔乙己，以《可怜之人必有可恨之处》为题”的写作任务。让学生在提炼学习元素“审题”时，悟出不管遇到什么样的题目，都要聚焦题目的关键字眼，咬文嚼字，仔细琢磨。因此，我们可以把“用聚焦的思维方式进行审题”作为写作教学的切入口。

首先，审题时应聚焦题目中的限制条件，这样可以明确写作的要求。《可怜之人必有可恨之处》是一个有限制条件的题目，聚焦关键字眼就可以梳理出写作思路：中心词是名词“人”，我们就明确了这是一篇写人的文章；再关注到限制词“可怜”与“可恨”，我们可以分析孔乙己的“可怜之处”与“可恨之处”，阐述是因为有可恨之处，才会有可怜之情感的观点。经历过这样一个审题过程，写作思路就清晰了。例如有学生这样写道：

孔乙己是鲁迅先生笔下的经典形象，他的可怜之处在于身处巨大变革的时代而不自知，依然要固守自己曾经接受的那一套“文化”，想通过科举改变命运，然而只顾着学习，没有任何生存本领，最后只能流落街头，成为别人茶余饭后的笑料，颇为可怜。

当然，他也有可恨的一面。自诩为“读书人”的他，不好好地帮人抄书写信谋生，也不改正自己穷酸的坏脾气，导致在那个认字的人很少的年代里，却没有任何人找他写字，可见周围没有人喜欢他，他的人际关系很差。与此同时，他从不承认自己的错误，甚至去偷窃的时候也拿出一套“之乎者也”来搪塞，说“读书人的事，能算偷么”。偷书也好，偷钱也罢，本质都是一样的。他这一套歪理，使得其他人更瞧不起他，所以“众人都哄笑起来”，便不足为怪了。

正是因为孔乙己的可恨，才使我们努力反思：他究竟为何这么可恨？当我们理解了他自身的可怜之处时，也就明白他为何会成为今天这个样子。想要避免可恨之人的出现，先想方设法地让这时代少些可怜之人吧！[1]

学生聚焦题目中的关键词“可怜”，分析出在当时独特的社会背景下，孔乙己落魄、贫穷，又不甘于与下层阶级为伍，成为一个“可怜”的另类存在。同时，结合关键词“可恨”，分析出孔乙己又是一个可气可恨之人，一个读书人追求仕途本没有错，但他考不上秀才又一身的穷酸坏脾气，迂腐又好吃懒做，没有尊严且不体面地活着。通过聚焦关键词，学生得出了“可怜之人必有可恨之处”的结论，孔乙己的悲剧更多是他自己造成的。结尾处作者深刻挖掘题目中的中心主题，加以反思：在这个时代要想避免可恨的人出现，先要想方设法地让这时代少些可怜之人。通过聚焦思维的训练，学生能够提升审题能力，弄清题目的要求、重点和范围，确定文章的中心，达到准确审题的效果。

二、发散：找齐审题立意思维点

“立意”是紧跟在“审题”之后的一个步骤。如果说“审题”是指通过聚焦思维，认真审视题目所给的材料和要求，那么“立意”指的就是在此基础上进一步明确自己的看法和态度。

发散思维可以避免思维定式，深入发掘题目的内涵，使立意深刻；还可以变换看问题的角度，甚至从反面立意，使立意新颖。例如，可以设计写作任务“仿照《变色龙》第6—20段写‘一根筋’”，搭建两个写作支架：一是塑造一个“一根筋”人物形象，表现其死板、固执的特点。二是可以从批判的角度写其人的固执、不变通；也可以从赞扬的角度写其人坚持原则（二选一）。

通过审题，先确定好写作任务的思维原点“一根筋”，然后根据原点进行相应的发散。可以横向发散，依据“一根筋”进行横向思考，例如，紧扣“固执”的特点对人物进行批判，进而使主题不偏离任务要求。

也可以纵向发散，延伸对“一根筋”的解读与分析，例如，将人物的“固执”适度引申为“墨守成规”“不变通”“执迷不悟”等，使主题立意更加鲜明和深刻。

还可以逆向思维，从相反的角度探寻新的观点、新的思想以及新的见解，例如，赞扬人物的“坚持原则”，发扬学生独特性和个性化的创作思维。

当学生通过发散思考，形成几种立意之后，就可以根据自己的写作优势与写作意向选择一种进行写作了。例如有学生这样写道：

天色渐晚，夕阳照在老家后院的墙根上，我循着光走去，发现一个小男孩儿正以军姿站立在墙边，目光坚定，炯炯有神。他周围空无一人，我感到有些奇怪，轻声问道：“你为什么站在这里？”他说：“我和其他小孩玩一个警察抓小偷的游戏，我当哨兵，没有长官的指挥不得私自离岗。”“那他们跑哪去了？”我问道。“我不知道！我只负责站岗放哨，其他一概不管。”他依旧非常坚定，望着远处的夕阳。“你看天都快黑了，我感觉他们可能已经回家吃饭去了，你为什么还不走？”我追问道。“他们刚才跑远了，如果要走，一定会回来跟我说的，我们一直在一起玩，所以我相信他们。”他看了看我，继续站岗。我心想，这个男孩可真是守原则啊，而且和小伙伴之间有着牢固的信任，那就让他继续做自己的小哨兵吧！我怀着敬意离开了。[2]

在这一习作中，学生选择了逆向思维进行写作，找到了对“一根筋”新的见解，即是一种坚守原则的优秀品质，立意新颖且深刻。同时，学生通过语言描写、神态描写、心理描写等手法，更好地展现了“小哨兵”坚守原则、信任同伴的性格特征，一个让人心怀敬意的形象栩栩如生、跃然纸上。可见，我们搭建的发散思维支架，已经能够帮助学生将发散思维方式落实到片段写作训练中去，打破传统的思维模式，从不同的角度思考和确定中心思想，拓展写作的广度与深度。

三、思辨：找对审题立意感触点

写作除了需具备聚焦思维能力、发散思维能力之外，还需具备一定的思辨思维能力。思辨思维是分析、推理、判断、辨别事物的一系列思维活动过程，从这个角度看，思辨思维的思考过程和审题立意的步调相一致。

学生在阅读作文材料时，首先应该读懂材料“是什么”，然后发现并分析材料中的问题或者要求。想要真正写好作文，最大的难关在于思想认识。如果学生对于题目没有足够深切的感悟，没有充分的阅读积累，没有独立深入的思考，恐怕只能泛泛而谈。引导学生学习思辨思维，可以帮助学生认清事物的本质，辨别是非、善恶、美丑，提高理性思维水平。在教学中，我们这样可以设计写作任务：仿照《蒲柳人家》第6—8段虚构一个人物。然后在学习元素中提出立意原则：立意的正确性，就是要符合事物发展的本质规律，具有积极向上、奋勇拼搏等特点，保证其健康思想和有益启示，这也是对文化价值的有效表达。由此可见，是否用思辨思维进行审题立意，在一定程度或者意义上可以影响一篇文章的好坏。

接下来是“解决问题”，也就是确定立意进行写作。我们可以这样设计教学：一是虚构一个性格鲜明的新时代的小人物的故事；二是小人物，大时代，恒主题（爱）；三是社区中的小人物；四是任意选择一个材料即可。有学生这样写道：

此时的我，静静地望着天空，天上的鸟儿在自由翱翔，思绪在随白云飘荡。我又想起了30年前的那个夜晚，我潜入小区偷了他的钱，他却放我走。没错，是他给了我一次重生的机会。那几年正值“严打”，我本应被扭送进监狱，但他毫不追究我的责任，让我免受牢狱之灾，还给我买了回家的车票，他告诉我，人这一生最重要的就是自己的父母亲人，要好好活着，才不辜负周围人的爱。那一刻，我猛然醒悟，心想自己也不能就这样狼狈地回家，应该在城里做些正经事，才好回家报答父母恩情。于是，又在他的帮助下，我成为一所幼儿园的保安，看着每天荡漾着无邪笑容的孩子，我的心灵沉静下来，想给孩子们做些事，于是便四处借钱，开了一家专门制造儿童玩具的小厂。在改革开放的浪潮下，我的事业也越做越大。不过十年前，我已将厂子转卖，选择回家侍奉双亲，因为我忘不了他那句话："人这一生最重要的就是自己的父母亲人。"

现在的我，很幸福，感谢你教会了我人生之道。[3]

可以看到，学生在写作训练中依据支架，思辨"小人物"与"大时代"的关系，完成了一次思辨思维的训练，刻画出了一个个性鲜明的小人物。在学生笔下，一个偷窃未成功的"小偷"，一个劝诫他人改邪归正的"小心意"，一个为孩子们营造快乐的"小想法"，一个侍奉双亲的"小心愿"……小人物遭逢改革开放的大时代，每个小人物都是大时代的缩影。学生通过思辨的方式表达了自己对小人物的看法，深刻地阐述了"大时代下的爱"这个宏大的主题。"审题立意"的思维训练，能帮助学生在思维过程中慢慢形成并塑造自己的价值观，对学生的价值观有正面导向作用。

审题立意是作文写作的前提和根基，只有根基正确并且牢固，才能有好作文的诞生。在对本单元四篇课文梳理情节、把握人物形象的基础上，整合"审题立意"的知识点后进行模仿写作训练，通过聚焦、发散、思辨三个思维工具，帮助学生更为积极、有效地掌握审题方法，学会立意策略，让作文写出深度和高度。

参考文献：

[1][2][3]向浩．统编版读写共生写作日常课：九年级下册[M]．广州：花城出版社，2021.

析材辨体谋全篇　重组时空巧布局

——九年级下册第三单元

向浩　王平平

九年级下册第三单元的写作任务为“布局谋篇”，“写作指导”部分明确指出“避免写作时信马由缰，偏离文章的主题”[1]。布局谋篇是在审题立意、选材之后，对材料的组织、结构的安排等作整体谋划，是写作构思阶段的重要环节，可使文章达成规范有序、脉络分明、有章有法的效果。九年级学生已经具备了一定的审题立意、积累素材、分析顺序等写作能力，基于本单元的写作训练要求，立足学生真实写作中的实际问题，在充分发掘教材名篇典范价值的基础上，可以从依托具体材料布局、根据具体文体布局和组合时空结构三个维度分点指导，为学生提供写作范例，激活热情，学以致用，让学生习得统筹规划的方法，实现写作的“有料、有趣、有序”。

一、布列筛选，依需入框

材料是写作的基石，文章的主题正是从大量材料的运用与分析中抽象提炼而出，没有具体材料，空有框架，文章就如树无花叶，毫无动人之处。没有材料，就无法检验所布之局、所谋之篇的成效如何。材料的质量对布局谋篇的效果也有重要影响，若材料不够典型，则难以形成说服力；若材料虚空杜撰，则难以使读者共情；若材料陈腐老旧，则难以激发读者之兴趣。

因此，在布局谋篇之前，需要对材料进行统筹，将具体的材料放到具体的框架中去考虑，从典型、真实、新颖、熟悉等多重角度进行筛选。选出的材料，依照既定的立意剪裁取舍，分配笔墨，方能达成结构合理、言之有序的效果。在材料选定的情况下，单元写作指导部分提出“可利用一些形象化的图示帮助构思，拟出合理的框架”

的方法来处理材料与框架的关系。

九年级下册第三单元的《鱼我所欲也》运用设喻引出中心论点，通过正反对比阐述观点，并通过多个例证，多角度论证“义”重于“生”的道理。文章的写作时代虽然与学生的经历有千年之遥，但其严密的逻辑与饱满的气势仍具有极佳的典范价值。因此，可以从本文中发掘写作学习元素设计训练任务：《鱼我所欲也》全文仿写，同时根据文章内容设计结构图（如图5）。并提出具体的训练要求：（1）阅读选文，在①②③④处填上合适的内容；（2）举例论证“舍生而取义”这一观点。

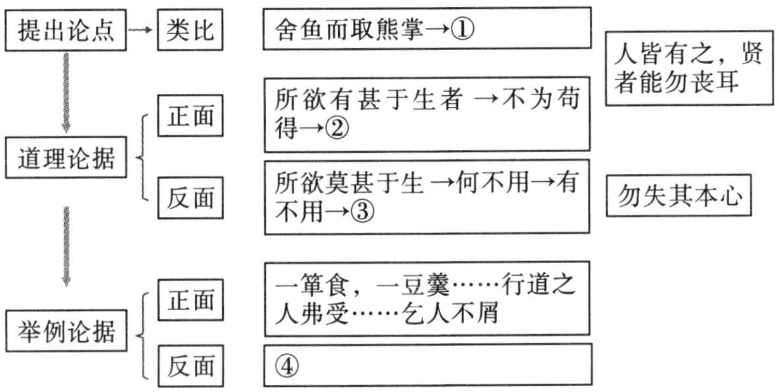

图5 《鱼我所欲也》结构图

运用结构图的方式，能简明清晰地梳理材料与观点的关系，学生只需要从文本中摘取材料填入适当区域，既锻炼了区分材料与观点的能力，又降低了训练难度，避免学生同时处理文言知识和文章结构时可能出现的畏难情绪。在填写内容的过程中，论点的提出与演绎的过程逐步显现，作者多角度选材、多方位论述的方法也在思考与提炼的过程中呈现在学生脑海中，引导学生在学习中关注材料与观点的关系。

在统整材料的基础上，还可以顺势提出进一步的习作要求：举例论证“舍生而取义”这一观点。引导学生将处理材料的能力由“提取”内化为“创作”，必要时需给予学生范例指导，例如，开篇点出“在孟子心中，义比生存更加重要”，继而列举“南宋名臣文天祥宁死不降，从容就义”“秦桧被欲望蒙蔽双眼，将道义弃之如履”两个事例，最后重申自己的论点。学生在练习过程中，跟随写作支架逐层深入，会自然而然关注到原文中已有的例证形式。如果说学习之初“正反论证”是一个抽象的概念，那么，在完成这个写作训练后，概念就变成了鲜活的材料，成为学生“素材库”中新的砖瓦，甚而可以迁移到其他主题的写作中。

二、辨析文体，因“情”制宜

《义务教育语文课程标准（2022年版）》指出，在教学中应根据语言文字运用的实际需要，从遇到的具体语言实例出发进行指导。在本单元的写作教学中，不仅要解析教材要求，更要从学生学习实际出发，考虑到面对不同文体时学生可能存在的写作难点。

不同文体对文章的主题与具体材料的选取要求并不一样，如果在布局谋篇时忽略这一问题，则会容易导致写出来的文章驴唇不对马嘴，或者文章不是文体所要求的，即文不对“体”[2]。

具体的写作活动中，被写进文章中的材料，要真正成为文章的构成要素，实现“文”“体”的水乳交融，就要与其他同样符合文体特定要求的构成要素相互协调。写作中的“言之有序”，与文体的关系极为直观，文章的结构安排只有适应文体的特定要求，接受文体形式的约束，才能写出合乎规范的文章。

在实际写作训练中，我们还要注意，任何文章的终极写作目的都是为了表达思想，对文体的认识不可机械僵化，一定要关注写作的情境和终极目的。文章思想是一种总体性的、基本的意旨或倾向，在不同文体的写作中，“文章思想”可以是观念形态的，也可以是情感形态的，可以是直接表现的，也可以是间接表现的。只有深入认识文体对写作活动内容的支配作用，才能科学地组材排序从而达到表达思想的目的。

以本单元《唐雎不辱使命》一文为例，可以继续深挖学习元素，在对唐雎的语言艺术进行分析的基础上提出新的训练任务：仿照《唐雎不辱使命》全文写一场争辩。在现行的写作训练中，常以记叙、说明、描写、议论等表达方式划分文体类型，但在真实写作中，学生往往会遇到诸多需要灵活处理的情况，故而要从学生实际运用出发，赋予“文体”更为明确与实用的内涵。设计“争辩”这个写作训练任务，意在引导学生调动生活经验。在熟悉的情境中综合运用语文知识，学生写作兴趣易于被激发。在提出任务的同时，可以将四个写作支架一并呈现：

（1）通过一组矛盾引出故事开端。例如：

颖诗打开房间门时惊呆了，她母亲手里拿着她的日记。“妈妈，你怎么可以看我的日记！这是我的个人隐私！”颖诗愤怒地说。

（2）运用语言描写写出矛盾的争论过程，写好故事的发展部分。例如：

“隐私隐私，怎么就隐私了，你心里有什么不能见光的事情才不敢对人说！”妈妈不甘示弱地反击，手里的日记砸得桌子砰砰响。

（3）运用激烈的争论，写好故事的高潮部分。例如：

“妈妈，第一，请您分清楚‘隐私’和‘勾当’，我心里的想法如何，对社会无害，对您也无害，您无权干涉我的自由；第二，我是您的女儿，不是您的傀儡，您没有权利掌控我的一切，我也没有义务向您报告我的所有想法；第三，请您将心比心，要是现在外婆在家里安装了一个监控，说你这样炒菜不对、那样晾衣服不正确，您会高兴吗？妈妈，这里是家，是能让人释放自己情绪的地方，您这样偷看我的日记，要一切尽握，我还能去哪里放松自己呢？”[3]

（4）通过争论一方认输结束争论，写好文章的结尾部分。例如：

“行，行吧。那你要答应我，有什么重要的事情一定要告诉我啊。我做饭去了，你想吃什么？”妈妈放下日记，表情有些讪讪的。

例文以母女间对“家长能不能看孩子的日记”为话题引出故事；以女儿为维护自己的隐私权据理力争，母亲以“隐私隐私，怎么就隐私了，你心里有什么不能见光的事情才不敢对人说”等语言描写，推进矛盾升级；以女儿条分缕析，从个人层面到社会层面，希望母亲回望童年，将心比心，步步为营说服母亲作为故事的高潮；最终以母亲认同女儿的观点讪讪离去为结尾。习作例文结合青少年学生的生活实际，紧扣“争辩”这个“体”，没有过多无谓的描写，抓住语言描写这个核心着墨，看似受到文体约束，实则兼顾写作中的多个构成要素，同时，话题有极强的时代感，既是写作范例，也是师生的情感共振。

因此，这四个支架涵盖了写作内容和写作顺序的多重指导，在能力梯度上层层升级。例如写作支架（2），“语言描写”是写作角度的指导，“矛盾的争论过程”是写作内容的指导，“故事的发展部分”则立足全篇，是对写作顺序的指引。

三、重组时空，言之有序

九年级下册第三单元写作指导中提出：材料的安排要各得其所，哪个在前，哪个在后，层次结构要清楚，即所谓“言之有序”。在日常教学中，我们鼓励学生观察生活，从生活中汲取写作的灵感，但也不能忽视了写作中“创作”的重要性，不能有闻必录，要将精选后的事件有意识地进行排列组合。

为了训练学生梳理思路的能力，可以设计“仿照《送东阳马生序》写自己的求学经历”这个写作任务，在指导写作前，要对原文思路进行必要的分析，包括：先介绍幼时求学经历，突出“贫”“勤”“礼”三大特点；接着介绍拜师后的求学经历，突出路途艰辛、生活寒酸贫苦等特点；再通过与自己的处境对比，写太学生读书条件的优渥，强调读书要专心；最后介绍自己写这篇序言的目的和意义。在此基础上，继续给出四个写作支架：（1）首先写一段幼儿园求学的经历；（2）接着写一段小学求学的经历；（3）再写初中求学的经历；（4）最后写读书的感受以及人生的启示。

罗伯特·麦基在《故事》里这样说：结构是对人物生活故事中一系列事件的选择，这种选择将事件组合成一个具有战略意义的序列，以激发特定而具体的情感，并表达一种特定而具体的人生观。写作方法的指导既要有借助名篇对学生习作结构布局的宏观引领，又要尊重学生的身心特点，引导学生以自身经历为切入点，以时间轴为顺序展开写作。如果说前者是对名家“有战略意义的序列”的高屋建瓴的分析，那么后者就是“激发特定而具体的情感”，达到“既有高度又接地气”的效果。

《义务教育语文课程标准（2022年版）》提道：积极观察、感知生活，发展联想和想象，激发创造潜能，丰富语言经验，培养语言直觉，提高语言表现力和创造力。基于此，可以借助教材“写作实践一”的训练内容，继续深挖写作元素，从“时空结构”的角度引导学生尝试创作，提高语言表现力和创造力。在写作任务指导中，可以对写作学习元素进行详细的解析：

时空结构，是以时间推移或空间变换为顺序来安排层次。具体又可以分成以下三种情况：一是纵向结构，即以时间推移为序安排层次；二是横向结构，即以空间变换为序安排层次；三是纵横交叉式结构，即以时空交叉为序安排层次，是时间顺序和空间顺序并重发展的一种结构类型[4]。

值得注意的是，真实写作中极少存在孤立的时间线或空间线，多数文章都是结构合用的结果，主次顺序的安排要因时因事，动态平衡，随着写作活动继续拓展，还能延伸出更多结构模式，如多人物式（多人物交叉叙事）、模块式（并列结构）和剥洋葱式（悬疑推动，层层递进）等。写作教学指导要关注到这一现象，在任务设计、写作元素解析和写作支架的设计上，不能囿于传统观念的束缚，而要始终以发展的眼光看待写作能力的提升，立足学生本位，提倡多元视角。在按照时间轴写作的方法训练中，写作者需要重组单位时间段内的事件材料；在依照空间布局写作的方法训练中，写作者则需要重组同一空间在不同时段内的事件材料。经过多个维度的训练，学生构思的能力有了大幅提升的同时，思维的深度与广度也将得到训练。

举一学生例文片段如下：

深蓝的夜幕拉在小镇上空，一轮明月挂在东南枝头。楼下一阵欢呼引我探头张望，众人聚集，一小车周围水泄不通。

好奇心大发，我尽力挤到车前，一张白布映入眼帘，鸦雀无声，众人都等待着什么。

锵！一声锣响，戏剧拉开帷幕，微黄的灯光下，一妇人朱唇轻启，玳瑁与腰间的珠光都跟着生动起来，手中剑缓缓举起，千军万马闻命而行。

…………

良久，人群散去大半，环视周围，“皮影戏”三字才被我发觉，戏班已准备收工，我绕到小车后，向内张望，竟发现另一番洞天。

幕旁的架子上，小人林立，两束大灯最为显眼。两侧有数张桌子，上立几张牛皮，隐约画着些什么。

“小朋友，你在这里做什么？”一阵声音将我惊动，不由得退了一步。“看起来你很好奇啊，没关系，进来看看吧。”

…………

例文作者描写了偶遇皮影戏表演的过程，以“我”的视角见证了“皮影妇人”的精彩演出，不仅解决了自己的疑惑，也坚定了传承传统文化的信心。在文章中，不同场面和人物交替出现，所见与所悟隔空呼应。

经过了“依托具体材料布局、根据具体文体布局和组合时空结构”三个维度分点训练，本单元可以将教材“写作实践三”训练内容作为主任务：以《在路上》为题，自定文体写一篇作文，从“在路上”的含义分析，选择与立意契合度高的材料，绘制写作构思图，交流写作思路并相互提出修改意见，撰写整篇作文。为学生提供写作支架，综合运用前述知识，使学生实现写作布局谋篇能力的实质性跃升。

本单元“布局谋篇”是对写作能力的综合要求，既涉及选材与立意的契合度，又涉及层次结构的排布，更有对学生创造性表达的期待，在教学中要精选支架，多维度分点指导，才能达成布局合理、思路清晰的写作目标。要充分发掘生活情境与语文知识间的链接点，在活动中教授教学内容知识，在运用教学内容知识中完成写作活动，激活写作热情，学以致用，方能助力学生写作能力的真实提升。

参考文献：

[1] 教育部组织编写．温儒敏总主编．义务教育教科书语文九年级下册［M］．北京：人民教育出版社，2018：62.

[2][3][4] 向浩．统编版读写共生写作日常课：九年级下册［M］．广州：花城出版社，2021：53-64.

细化支架巧润色　言美意丰显主题

——九年级下册第四单元

向浩　周娟

九年级下册第四单元的课文均为研究文艺的议论文，富有思想性与艺术美。本单元写作任务为“修改润色”，“写作指导”部分明确指出：“修改文章时，首先要着眼于全篇，看文章立意是否正确，观点是否鲜明。”一般来说立意与观点就是全文的主题，主题是一篇文章的灵魂，起到提纲挈领、统领全局的作用。修改润色最忌讳只修改细枝末节的字词，而忽略了从全局视野看文章观点是否明确、主题是否突出。第四单元是议论文，自然强调论点的鲜明性，这与记叙类文章要求主题突出不谋而合。因此，我们可以围绕“揭示、突出主题”这一核心要义，从内容、语言、结构三方面借鉴教材文章，在教材中挖掘写作学习元素，搭建写作支架，着眼大格局，落笔小切口，让修改润色与评价有章可循、有据可依。

一、充实内容，添砖加瓦显主题

第四单元的“写作指导”中指出：“要将‘言’的修改与‘意’的修改结合起来，补充内容，加工润色，使文章内容更充实，语言更富有文采。”所以在习作修改中，首先要关注内容是否充实，内容是否围绕主题展开。

以课文《谈读书》为例，课文用一处举例论证使内容具体可感、说服力强，论证了“头脑中凡有缺陷，皆可通过读数学、经院哲学、律师案卷等不同书籍‘医治’”，进一步论证了中心论点。《谈读书》还从读书、讨论、作文的正反面影响来多角度讨论读书的意义，触及社会现象，具有警示性，紧紧围绕中心论点“读书的重要性”展开。所以，学完本单元后可以进行学写、修改、润色议论文的写作训练，修改时要指向“意”的充实性，可为学生提供“多角度（古今、中外、正反）举例论证，突显主题”的写作支架，让学生围绕中心论点进一步充实论据材料。如学生修改后的习作如下：

他们并不高谈阔论，而是通过自身的默默努力，最终笨鸟先飞。数学不好，去多做练习题，查缺补漏；英语不好，去记单词，夯实基础；舞蹈不好，先扎马步，练好基本功。（注：划线句为修改后新增内容）以先天不足后天补的决心，改变自己的命运。[1]

此例修改后的习作结合中学生生活实际来补充事实论据，进行举例论证，举中学生学习数学、英语、舞蹈的例子，具体、真实地论证了“通过自身的默默努力，先天不足后天补，改变自己的命运”这一观点，使内容更充实，突显了主题。

在《山水画的意境》一文中，作者举《送孟浩然之广陵》的诗文为例论证情寓于景的意境。在记叙文写作中，我们也可以联系生活实际添加事例，以进一步充实内容、突出主题。如一位同学写了《那一支春天的歌》，内容是一株被随手栽下、不曾精心照顾的瘦菊，在经受风雨洗礼后反而成长得茁壮繁茂，表达战胜苦难、永不放弃自己的主题。但事例仅就花写花，没有联系实际生活，在修改润色时可以设计“由花及人，展开联想，补充相关事例，揭示文章主题”的支架，要求补充一个事例以突出主题。以下是修改后的习作片段：

我认识一个患有自闭症的孩子，他那不过10岁的眼睛里却闪烁着与别人不一样的光，他把自己从淤泥深处拉了出来。他告诉我，他从未放弃过自己，无论自己落魄到什么地步。他像秋天绽放的菊花，唱出一支春天的歌，唱出一支胜利的歌。

那些患有自闭症的孩子，他们不也像这菊花一样吗？他们中的一些人战胜了苦难，拉住了生命的裙角，努力站了起来。我瞥向花盆里干枯的郁金香，我看见春天的歌从它们叶间穿过。

原作仅仅写了菊花经历风雨反而成长得越发繁茂的故事，但文末并未进行主题升华。修改后增加了“一个患有自闭症孩子从未放弃自己”的事例，新增的事例由花及人，以物喻人，增强了主题的现实价值与深刻性，且用“唱出一支春天的歌，唱出一支胜利的歌”来紧扣文章标题“那一支春天的歌”。

作文的结尾会给阅卷老师留下最后、最深的印象，是近因效应的体现，其重要性不言而喻，结尾应如“豹尾”，精悍有力，突出主题。以学生习作《亮点》为例，原结尾如下：

那天雨后的暖阳，是灿烂的。因为我见证了一个普普通通的劳动者默默无闻的认真专注，这就是无比可贵的亮点。[2]

原习作结尾未能揭示标题“亮点”的真正含义，未能联系实际生活得到收获与成长，在表达主题方面如同隔靴搔痒，意未言尽。修改润色时，可以提供“结尾点明深层含义，揭示主题”的写作支架，学生根据支架增加结尾的习作如下：

炉膛里的炉火照映着老刘的脸，显得更加明亮。这么一个普普通通的劳动者默默无闻地认真专注自己的本行，这份工匠精神点亮了我的内心，激励着我认真对待生活和学习中的每一件事。无论大事还是小事，只要决定做，就要带着工匠精神去做。

添加的结尾，直接点出了“亮点”的深层含义即“工匠精神”，同时以“工匠精神”反观自己的生活和学习，获得启发，使主旨具备了现实价值。

二、润色语言，精雕细琢衬主题

本单元“写作指导”中明确指出，平铺直叙、粗线条勾勒的记叙文很难打动人，可以适当补充一些描写性语句，如描写人物、描绘场面，或多感官、动静态、多角度描写景物等，还可用修辞手法，让文章更生动形象，富有感染力。所以修改时也要加工润色语言，使语言更富有文采，进一步以“言”的说服力来彰显主题。

首先，可以使用“增加修辞手法，如比喻、拟人等”这一支架，润色语言，让景物描写更加精细、生动形象，如《那一支春天的歌》改后稿：

那株瘦菊瘫倒在被太阳烤得滚烫的地板上，忍受着烈日的炙烤和饥渴的折磨，它好似在痛苦地号叫，却没人理它。（注：划线句为修改后新增内容，下同）……我满心欢喜和惊奇，实在没有想到那株被我随意种下，没有生气的瘦菊，竟生长得如此茁壮繁茂，它们一朵叫醒一朵，争先恐后地弹出了小脑袋；它们一朵挨着一朵，挤满了枝头。

郁金香瘦弱得只剩下即将枯萎的茎叶，脑袋耷拉着，黄色的花瓣散落一地，枯黄的叶子缩卷成一团，连一朵小花苞都没有开出来，它已经病入膏肓了，即将走到生命的尽头。

两处改动通过增添拟人手法，具体描写了菊花、郁金香的模样，语言生动形象，画面感跃然而出，更添文采，也有利于赞美瘦菊经历风雨却顽强的生命力，反衬郁金香是温室里脆弱的花朵，突出文章主题。

其次，可以设计“增添人物描写，如神态、心理描写等”这一支架，增辉添彩，让语言、情节更具有可读性，使主题在刻画人物的过程中自现。如《亮点》修改后：

我看见老刘一次没打好，再打一遍，直到他满意为止。最后他充满喜悦地把打制好的闪着寒光的斧头交给我。我接过焕然一新的斧头，心中既有一丝丝歉意，又充满了对他的敬意。

我顿时觉得老刘形象高大起来，心中更加因之前的不屑而内疚了！

这两处增加了人物的神态、心理描写，展现“我”对老刘的崇敬，老刘的形象在“我”心中发生了改变，更能体现“一个普通劳动者的认真专注就是亮点”这一主题。

渐渐地，雨停了，太阳洒下一点光辉，映在他绯红的脸上……炉膛里的炉火照映着老刘的脸，显得更加明亮。

此处新增描写看似写炉火明亮，实则赞扬老刘的精神“明亮”，写出了“亮点”的本义和比喻义，进一步彰显人物精神、突出主题。

最后，教材“写作指导”中提到，“不妨出声读一读文章，可以自读自听，也可以请别人读或读给别人听”，这是简单有效却很容易被师生忽视的修改方法。所以我们还可以为学生设计“边朗读边修改”的支架，把语言修改得更规范、流畅自如。

三、优化结构，眉清目秀见主题

《文镜秘府论》认为：“凡制于文，先布其位，犹夫行阵之首次，阶梯之有依也。”意思是布局谋篇应放在作文训练的首位，文章起承转合犹如行军布阵，有所遵循方能紧凑有致，开合有度，详略得当，重点突出。

众所周知，中考作文以记叙性文体为主，而第四单元却是议论文单元，我们可以跨文体寻共性——以议论文最经典的结构章法启发记叙文的行文思路，有效发挥经典文体对写作的参考价值。当然，结构的优化、详略的调整，必须以“揭示、突出主题”为根本指向，紧扣主题进行修改。

典范议论文的结构通常是“引议联结”“横向并列”“纵向递进”，这同样适用于记叙文写作，我们可以模仿《无言之美》“引议联结”的典范结构。《无言之美》开头以孔子的例子引入话题，是文章之“引”；接着按照“厘清‘言’和‘意’的概念—回归论题—抛出矛盾—明确论点”的步骤，逻辑严密地进行立论。“联”的部分是联系实际生活和文学艺术案例进行翔实论证，用横向并列式结构发散开来，从绘画、文学、音乐、雕塑四方面提供论据来证明中心论点。这种多段“横向并列”式结构在考试中非常实用，可以用3个事例、3个场景片段等“三段式”结构，用紧扣主题的多个例子从多角度烘托主题。所以可以设计“主体部分用三个例子、三个片段并列展开叙述”的支架来指导学生修改结构。如学生修改《心中的温暖》，以三个独立成段的句子领起横向并列的三个事例：

温暖，看似是无形的，是透明的，可它却藏在一字一句、一事一物之间。

有一段时间我得了感冒，而考试又迫在眉睫，无法集中精力复习。那时，妈妈每天都会为我准备一碗热气腾腾的冰糖雪梨水。一天早晨，我看见妈妈在厨房中劳作，她正在十分入神地切姜片。那时正是冬日里最冷的天，她的手冻得通红，犹如一块缺水开裂的田地，几道裂痕纵横交错，深深地印在手背上。可尽管如此，她仍然毫不在意。不知不觉间，我的眼眶湿润了。妈妈看到我，轻轻地放下刀，对我说：“去洗漱吧，等会儿喝杯糖水。”眼神里透露出的温柔与关爱，是我这辈子永远无法忘记的。我应了一声，却没有挪步，仍旧静静地站在那里，看她弄糖水。那双通红的手，再次拿起那把刀，将雪梨切块，与姜片一起下锅，再拿了冰糖开煮，动作很是娴熟。等到水沸了她将姜片挑出，再撒少许红糖，水开了，就盛出来。一举一动间，让我感受到了那种温暖。

那天早上，我坐在餐桌旁端着糖水，仿佛从糖水中看到了妈妈在厨房里劳作的身影，喝糖水时我一口一口地用心品尝，细心感受那温暖穿梭在身体里、融入心底的滋味。喝完便精神了许多，不知是糖水的功效，还是心中的温暖起的作用，不久后我的风寒就好了。温暖就是这么简单，一杯糖水，足矣。

有时一句简简单单的鼓励，也能带来持久的温暖。

那是一个春寒料峭的夜晚，月光翻过窗棂洒进房内，在黑白相间的钢琴谱上跳动着，那些动人的乐符也仿佛在诉说着无尽的愁苦。我坐在琴凳上，望着面前一排黑白相间的琴谱，我总也想不通，为什么自己苦苦训练却始终效果不佳？两次考级都没有通过，这首曲子不知道在我的房内响起多少次了，也不知道在我的脑海里弹奏多少遍了，即使闭着眼也能弹下来，但为什么从来得不到老师和考官的认可？我真想放弃这次仅有的考试机会，不再坚持这项从小苦练的兴趣爱好。这种念头已经在我的脑海中出现过无数回了。

就在我的手即将离开琴键时，忽然一只温暖的大手拉起我的手臂，一个声音轻轻地在耳边响起：“加油，别放弃！”我抬头一看，是爸爸，他嘴角的那一抹微笑，触动了我的心弦，一句普普通通的话语，却如一滴甘露，浸润了心中的裂痕，带来了久违的温暖。一句鼓励，激起了我心底那个沉寂许久的梦想，带给我前进的动力。温暖就是这么简单，一句鼓励，足矣。

摔倒时，同学的一句关怀，一只援助之手，一张纸巾，也是一种温暖。

…………（受篇幅所限，此处省去第三个事例）[3]

划线的三句话单独成段，领起“妈妈不顾严寒为‘我’制作糖水”“爸爸鼓励‘我’别放弃学琴”“同学在摔倒时关怀帮助‘我’”这三个横向并列的事例。这三个并列的片段让文章内容更充实饱满，点题句独句成段，能让文章结构更清晰，主旨更明确。

《无言之美》的结尾总结全文、升华主题，是为“结”，基于此可搭建修改支架“结尾要升华主题”。学生据此修改《心中的温暖》，习作如下：

心中的温暖，或许仅仅是一杯糖水、一句鼓励、一句关怀，看似微不足道，但背后都有一段温馨的回忆。心中的温暖，在不经意间为生命增添了一抹亮色，成为成长道路上的一束灯光，让我不忘初心，逐梦远航。

结尾“合”的部分对三个事例进行总结概括，以“一杯糖水、一句鼓励、一句关怀”呼应前文三个事例，结构严谨；以抒情笔法点出“心中的温暖”对于“我”人生成长的重要意义，升华主题。

议论文“纵向递进”的结构也可运用到记叙文中，如下面这篇润色后的习作：

原来，木雕无处不在

幻想，是梦想的雕塑台；梦想，是艺术的雕刻刀。中华大地五千年万物有灵的梦想造就了这把刻刀，将花草甚至毫无生气的木头都幻化成了精灵，在世界的每个地方，闪烁着动人的生机。

<u>与木雕的相遇，缘花而起</u>

一个严冬，一池荷花于霜中怒放，我难以置信地上前，想要伸手探触却被拦下，是位30岁左右的女子，她看着我，又看向那些花，没有说话，却伸出一柄玉刀在那荷花上刮着，一些木屑随雪纷飞。

我明白了：这些是木雕成的花。我转而打量那女子，却见她身上缀满了木饰品，门前的木狮、池边的木莲、桥畔的木墩，木制品无处不在，我被眼前的场面惊呆了，即刻转向那女子，向她拜师，学习木雕。

<u>与木雕的相识，循花而行</u>

“木雕其实无处不在，”这是她给我上的第一堂课：“你外头见到的一切花鸟虫鱼，说不定实都为木头疙瘩。”她微微一笑，向惊讶的我递出一柄玉刀，一段棕木，教我雕花。

不知练了多久，她的身边绽开了一朵朵生动的莲花，我手上却仍是膀阔腰圆的笨疙瘩，我焦躁地紧捻玉刀。这时她看出了我的困意，抬头看向我，一双眸子明净至极，仿佛水天间一切在她眼中都是木般沉静的颜色。

“记住，木雕无处不在，”她从我手中接过木块，下刀如飞：“不要有压力，诚实的树木从未高高在上，木雕雕的是生活。”言语间，木疙瘩在她手中繁花绽放。

与木雕的相守，育花而盛

从老师那里走回家，我看到与平时完全不一样的景色——桥中的木虎凶狠，岸边的木鹿矫健，屋瓦上的隼鸟试翼，池塘中的木鱼潜行。真的，生活中处处有木雕。这看似遥不可及的艺术，竟与我们如此相近。我观望着、赞叹着，也惊诧着：为什么从前就没能发现？

木雕走进了我的生活，而我迫不及待地想让秀雅的木莲花绽放在每个人的生活里。奶奶的海棠谢了，我给她雕上几朵，几朵永不会凋谢的海棠花；弟弟花粉过敏，我给他雕上几朵，恬静地伫立在床边，让清雅的木香伴他入睡；姐姐要新鲜的菊做簪子，我给她雕上几朵，让庄重沉静的木菊在姐姐的乌发中永远微笑着。

就这样，我给身边的每个人都雕了木花，让花儿在他们身旁绽放，并自豪地告诉他们：“生活中木雕无处不在！”他们和我都笑了，看着窗台上、窗边的、发间的、袖口的木雕花。

本文在修改润色时新增了小标题，明确点出与木雕“相遇—相识—相守”的过程，在时间和逻辑上均存在递进关系，“缘花而起—循花而行—育花而盛”，与木雕的情感联结愈加紧密，最后一个部分更是写到了对木雕的传承、运用和创新，立意高远且富有新意，堪称佳作。

作文写后升格指导、修改润色一直是语文教学的痛点、难点，突出主题是修改润色时至宏大而又须尽精微之处，所有的修改润色都必须围绕“彰显主题”这一核心要义展开，老师更要细化支架，为学生提供明确具体、通俗易懂、便于操作的写作支架，帮助学生从小切口入手，曲径通幽，走向深化主题的大格局。

参考文献：

[1][2][3] 向浩.统编版读写共生写作日常课：九年级下册[M].广州：花城出版社，2021.

一出好戏三个关键：冲突、台词、舞台说明

——九年级下册第五单元

向浩　梁柳忠

九年级下册第五单元的写作任务是“学写剧本”，我们可以通过设计戏剧冲突、撰写剧本台词、编写舞台说明等训练，让学生了解戏剧的核心要素特点，进行创意写作训练。同时，解析学习元素并设计写作支架，把剧本写作的相关知识和内在逻辑呈现出来，让学生能够按照教程进行语用训练的同时，掌握相关的学习元素，更顺利地写出“一出好戏”。

一、细节刻画，凸显冲突

第五单元的三篇剧作选段，分别是郭沫若的《屈原》、何冀平的《天下第一楼》和孙鸿的《枣儿》，依次呈现了爱国与卖国、平民与官僚、亲情的疏离与家园的坚守等冲突。戏剧冲突是构成戏剧情境的基础，是展现人物性格、反映生活本质、揭示作品主题的重要手段。戏剧冲突在作品中的表现方式是多种多样的。

如何设计戏剧冲突？我们可以从两个方面给学生搭建支架：

一是构思主要情节，情节中变故、意外、巧合、误会都是创造冲突的条件。

例如，当我们写剧本《考试之后》，就要有成绩公布前充满期待，成绩公布后极度失落的矛盾冲突，即意料之外，情理之中。再如剧本《手机被没收了》中，晓明深夜肚子饿了想偷偷去厨房吃饭，却无意中听到父母的对话，这个情节就是设计过的“巧合”。

二是细节刻画，凸显人与内心、人与人、人与环境的冲突。

例如剧本《考试之后》，在等待老师公布成绩时，赵小江表面的“静静”与赵小

江内心深处的翻滚——“心情忐忑，不停地抖腿以缓解紧张心情，自言自语”形成对比，这些心理和动作描写，凸显了人与环境的冲突。老师严肃地喊到“赵小江五十三分”的时候，神态和语言描写刻画了师生冲突的高潮，老师对赵小江由期盼到愤怒，气氛瞬间紧张起来，赵小江由期盼到痛哭，展现了人物内心的冲突。老师的期盼与赵小江的失败是外部冲突，赵小江对自己的期望及失落是内部冲突。人与环境的冲突是戏剧人物行动的外因，是戏剧冲突发展和爆发的基础和条件，也是人物性格展现的条件。他们各自独立展开，也交错在一起，互为因果。作者通过细节描写，针对当前过分看重考试结果而忽视过程评价的社会现象设计了这起戏剧冲突，情节细腻、生动。

附剧本《考试之后》：

（期中考试成绩出来了，同学们都坐在座位上，静静地等待老师公布成绩）

老师：（面露笑容）王小明，九十八！张小花，九十五！李小俊，八十六！

赵小江：（心情忐忑，不停地抖腿以缓解紧张心情，自言自语）也不知道这回能考多少，这回我还认真复习了一个月呢，但是这回题目好像确实有些太难了。好几个都不会。

老师：（严肃地）赵小江！

赵小江：（吓了一激灵）到！

（全班哄堂大笑，赵小江羞红了脸）

老师：（白了一眼）叫你上来领卷子，没叫你答到！五十三分。

（赵小江颤颤巍巍地走上了讲台，领了试卷，头低低地回到座位上）

赵小江：为什么？为什么？为什么我复习了这么久还是不及格？（趴在桌子上失声痛哭起来）

（此时，一只手轻轻拍了拍赵小江，赵小江抬头看去）

张小花：没事的，就一次考试嘛，这不已经比上回好多了？以后有不懂的地方，我还可以帮你嘛……[1]

二、巧撰台词，塑造形象

“舞台上的对话，可以有也可以没有许多特点，但是它必须具有情感。每一句对话，如果真正是戏剧性的，就必须对个别人物的命运的过去、现状和前景表示某种态度。”[2] 戏剧通过台词表现剧中角色的身份、地位、性格等特点。台词展现人物的冲突，剧情的发生、发展、高潮和结局。

设计剧本台词，可以从三个方面设计：

一是指导学生通过理清人物之间的关系，绘制人物关系图谱，理清矛盾与冲突。例如《家有儿女》剧本中，冲突缘起是弟弟写完作业想玩平板电脑，但是姐姐以自己需要平板电脑来学习为由拒绝了弟弟的要求，妈妈无力解决最终推给刚下班的爸爸，爸爸用自己的手机以奖励的方式让弟弟玩一会儿，智慧地解决了这个矛盾，一家人其乐融融。巧撰台词，塑造了不同的人物形象。

二是通过人物的言行，认真撰写人物的台词，表现人物的身份、性格、思想和感情。例如在《家有儿女》剧本中，认真学习的姐姐据理力争：“我要学习，他拿了我的平板不给我!”，淘气耍赖的弟弟不甘示弱：“我就玩一小会儿怎么啦！”每个孩子都是父母的心头肉。妈妈做“甩手掌柜”直接把两个孩子的矛盾丢给刚下班的爸爸来处理。爸爸是“端水大师”，特别擅长处理家庭关系。“来，写完作业了是可以奖励玩一小会儿，你先玩爸爸的手机，姐姐写作业也很重要对不对？我们要先给有要紧事的人让路，这也是大气嘛!”通过动作、语言、神态的细节刻画了爸爸温和大气、通情达理的人物形象。

三是借助旁白，表现人物内心活动。例如在《家有儿女》剧本中，“笑嘻嘻”“恍然大悟”，旁白的补充，凸显了爸爸的开朗和智慧，升华了剧本主题：针对家庭冲突，恰到好处的言语（台词），既能维护孩子的自尊心，又能完美化解生活中的小矛盾，这是幸福生活的秘籍。而“最高级的戏剧的趣味应当在于人物性格对于某一系列严厉考验的反应”，这是台词最显著的作用。

节选《家有儿女》剧本：

（人物：爸爸、妈妈、姐姐、弟弟）

旁白：放学后，弟弟拿起姐姐的平板电脑开始玩了起来，姐姐不允许，两人争吵起来。

姐姐：（生气地）你能不能不要玩我的平板电脑！我还要拿来学习呢！

弟弟：（不服气地）我写完作业了，我就玩一小会儿，你可以先做别的嘛！

（两人争抢起来，正在厨房做饭的妈妈闻声走了过来）

妈妈：（疑惑）怎么啦？两人又吵什么呢？

姐姐：（据理力争）我要学习，他拿了我的平板不给我！

弟弟：（不甘示弱）我就玩一小会儿怎么啦！

旁白：姐弟俩都觉得自己的理由是充分的，你一言我一语，表面上是在争平板，但实际上争论的焦点已经从平板转移到了之前的各种小纠纷，这回，谁都不想让步，谁输了，谁就丢了面子。这时，下了班的爸爸回来了。

爸爸：（笑嘻嘻地）两位小宝贝怎么了？

妈妈：（无奈）还能怎么，俩孩子争平板呗！我不管了，你回来了，这事儿就交给你咯！

爸爸：（恍然大悟）我还以为什么大事儿呢！（把自己的手机交给弟弟）来，写完作业了是可以奖励玩一小会儿，你先玩爸爸的手机，姐姐写作业也很重要对不对？我们要先给有要紧事的人让路，这也是大气嘛！

旁白：站在一旁的弟弟点了点头，爸爸的做法维护了姐弟俩的那点小心思，也完美化解了这场小小的争吵，幸福的一家又继续着他们平凡的生活……[3]

三、舞台说明，升华主题

舞台说明有利于主题的表达，有利于人物形象的塑造，有利于冲突的发展。

例如《屈原》剧本中，屈原在雷电风雨交加的夜晚创作风、雷、电的颂歌；《天下第一楼》剧本里关于地点的描述写出福聚德在一群勤劳朴实的人的努力下进入鼎盛时期，金碧辉煌的大楼，达官显贵的光顾，红红火火的生意，都为下文对主要人物的描写、冲突的发展和饭店命运的转变做了浓墨重彩的铺垫；《枣儿》剧本里的枣树、枣子，更是人物形象塑造的线索和主题的重要隐喻。

（一）舞台说明有利于主题的表达

例如剧本《手机被没收了》第二幕中，晓明夜深肚子饿想偷吃饭，舞台说明“蹑手蹑脚来到厨房，看到锅里的汤还是热的”侧面体现父母对孩子的关爱是无微不至的；舞台说明“干咳两声，转移话题”说明爸爸不但承认了错误，还让妈妈对孩子要真心关怀，舞台说明“愣了一下”写出妈妈意识到了自己的错误……晓明开始“思考着自己与家人之间的关系”。在这里，舞台说明推动了冲突的发展，也对“亲子沟通必须建立在相互理解、相互包容的基础上，而孩子也要学会自我成长、自我反思”的主题起到较强的衬托作用。

附《手机被没收了》第二幕：

幕启。已是深夜，晓明感到有些饿，于是打算偷偷溜出卧室到厨房找点吃的。

晓明：（蹑手蹑脚来到厨房，看到锅里的汤还是热的）饿死了，这人是铁，饭是钢，一顿不吃饿得慌。抗议了这么久，我的肚子也抗议了。好汉不吃眼前亏，先吃饱肚子再抗争。

晓明拿着食物走出厨房，却从门缝里看到父母房间的灯还亮着，二人似乎在谈话，于是便凑了上去。

爸爸：别生气啦，今天那话都是气头上的，孩子现在这个状态，我负主要责任。

妈妈：（别过头去）本来就是，工作再忙，孩子该管还得管不是？

爸爸：对对对。

妈妈：对了，今天公司那边的业务怎么样了？有起色了没？

爸爸：哪有什么起色呀……再这么下去，我恐怕要失业咯！不想那么多，车到山前必有路嘛，当务之急是把咱儿子的问题解决了，也不知道儿子这会儿睡了没……

妈妈：这孩子死活不开门，依我看呐，你确实鲁莽了，你就进去了那一下，你咋知道孩子就是整天在玩呢？每回都是突击检查，管孩子跟管犯人一样。不行，你明天就给孩子道个歉去。

爸爸：我道歉？这……（干咳两声，转移话题）这位同志，你也要看看你自己的行为，你就是为孩子着想了？卷子啊，煲汤啊，你自己整挺快，问都不问孩子一声就送过去了，那孩子能乐意吗？

妈妈：（愣了一下）这……好吧，唉，你说的也对。可是，那咱怎么办呢？也不知道孩子这会儿睡了没有……

旁白：晓明听了这句话，赶紧溜回了房间。回到房间，晓明面对着紧闭的房门和狭小的空间，思考着自己与家人之间的关系，这时他才发现，原来，自己和父母之间的心门都是被反锁上的，从来没有人试图与对方进行真正的沟通……[4]

（二）舞台说明有利于人物形象的塑造

剧本《手机被没收了》写的是网课期间发生的小故事。晓明因沉迷手机游戏而父母就没收了手机，这是矛盾与冲突的缘起。在第一幕中，剧本中的舞台说明为剧情的发展和主题的升华起到了非常好的衬托作用。“晓明把自己反锁在房间，拒绝与父母沟通”写出一个沉迷网络游戏、无心向学还无理取闹的孩子的形象。而爸爸的“(一边敲门一边大声说）晓明！开门！把自己锁在里面算什么本事？有本事一辈子别出来!”舞台说明和台词刻画了愤怒和强势的父亲形象。舞台说明“端着刚刚煲好的汤”看出妈妈对晓明非常关心，但台词半句不离刷题。舞台说明强化了父母二人任性强势、功利心强的形象特点，同时升华了亲子沟通只有真心真意、平等尊重才能实现良好的教育效果的主题。

附《手机被没收了》第一幕：

幕启。晓明把自己反锁在房间，拒绝与父母沟通。

爸爸：（一边敲门一边大声说）晓明！开门！把自己锁在里面算什么本事？有本事一辈子别出来！

妈妈：（端着刚刚煲好的汤）晓明啊，妈给你买的题做了没有呀，隔壁小红用的就是那套……哎，不说这个了，先出来，出来啊。妈妈给你煲了汤，这汤有营养，喝了对身体好……

晓明：（气鼓鼓地）烦死了！你们有考虑过我吗？我就不出去！我学习那么累，玩会儿手机怎么了？我学习的时候你们怎么不来看呢！

爸爸：（瞪了妈妈一眼）这些臭毛病，都是你惯出来的！

妈妈：（生气）你还好意思说我？你这整天不着家，孩子长这么大，你管过一下吗？现在反倒过来埋怨我？好好好，都是我的错，我千不该万不该……（掩面哭泣）

爸爸：（无所适从，重重锤了一下门）好，你们娘儿俩都厉害！[5]

（三）舞台说明有利于冲突的发展

剧本《手机被没收了》第三幕中，晓明早早起来背着英语单词，舞台说明“微笑”地与爸爸妈妈沟通，刻画了孩子知错能改的形象；舞台说明“愣了一下，随即露出笑容”“开心”推动了剧情发展，说明一家人冰释前嫌，升华了良好的沟通让家庭和睦、温馨、美满的主题。

可以说，舞台说明通过简练、明确的语言，恰如其分地交代环境，渲染气氛，刻画人物形象，推进剧情，层层铺垫，升华了戏剧的主题。

附《手机被没收了》第三幕：

早晨起来，晓明早早地就醒来了，打开了卧室门，静静地背着英语单词。父母这时走出了卧室。

晓明：（微笑看着妈妈）妈！饭好了没！饿了！

晓明：（微笑看着爸爸）爸，过来一下，帮我检查一下背诵！

妈妈：（愣了一下，随即露出笑容）好好好，马上去做！孩子他爸，快去帮儿子看题！

爸爸：（开心）好嘞，爸爸今天陪你！绝不骂人！[6]

冲突是剧本的关键，台词是剧本的灵魂，舞台说明是剧本的根基。我们梳理学习元素，搭建写作支架，引导学生通过描写人物的细节来凸显冲突；通过撰写个性化的台词塑造鲜明的人物形象，折射多样的人格，动人的风采；通过舞台说明渲染场景、刻画人物、激化冲突，升华或令人感动振奋、或发人深思的主题。做好这三步，学生自然能得到写作素养的提升，顺利写出“一出好戏”。

参考文献：

[1] 向浩．统编版读写共生写作日常课：九年级下册［M］．广州：花城出版社，2021.

[2] 阿契尔．剧作法［M］．吴钧燮，聂文杞，译．北京：中国戏剧出版社，2004：325.

[3]［4］［5］［6］向浩．统编版读写共生写作日常课：九年级下册［M］．广州：花城出版社，2021.

别出心裁　创意写作

——九年级下册第六单元

向浩　蔡苏娟　高佳玉

“有创意地表达”是九年级下册第六单元的写作任务，也是初中阶段学生的最后一个写作任务。教材在单元写作中明确指出：“有创意地表达，是指表达时有新意，有个性，不落俗套。”这就需要学生在围绕本单元展开写作的同时，又能将初中三年的写作知识融会贯通，写出有新意的、让读者眼前一亮的文章。按照九年级下册第六单元的体例逻辑，我们可从创意写作的表现形式、写作角度、选取材料等方面开展写作训练。此外，我们还要融入“剧本创作”“记叙文创作”“书信体创作”等学习元素，巧用资源，有机关联，整合思考，激发学生的表达欲望，促使其进行有创意的表达[1]。

一、形式新颖，体裁多样

编者在单元写作中强调：“文章的形式好比建筑物的外观，有新颖之处才会引人注目。比如，在记叙性文章、议论性文章、说明性文章之外，如果能够根据内容需要，恰当采用寓言、童话、剧本、小说、书信等形式，也会给读者带来新鲜的阅读感受。”这提示我们在创意表达写作教学中，要从表达形式入手，指导学生选取新颖、独到的形式来进行写作。同时，这也要求老师和学生对初中三年所学习的写作题材融会贯通，熟练运用各种创作形式，进行有创意的表达。

确定学习元素后，我们可以给学生搭建写作支架，对我们所学的文言文进行创意改编，如将《曹刿论战》改为剧本。首先我们可以进行写作支架搭建：（1）撰写舞台说明，介绍剧情发生的时间、地点；（2）撰写舞台说明，介绍所需道具、布景和人物的表情、动作提示等；（3）介绍故事的历史背景，明确人物活动的社会环境；（4）通过人物的言行，认真撰写人物的台词，表现人物的身份、性格、思想和感情；（5）借助旁白，表现人物内心活动。然后学生根据这五个支架，将《曹刿论战》改写成剧本《长勺之战》。举一例《长勺之战》习作节选：

场景一：曹刿拜见鲁庄公。

时间：公元前684年，鲁庄公十年，春天。

地点：鲁国宫中。

人物：曹刿、鲁庄公、守门及通报士兵一名，同乡人一名，旁白一人。

旁白：鲁国宫中，鲁庄公正在想退敌之策。一兵卒来报。

士兵：主公，齐军已攻到长勺。

鲁庄公：（脸色阴沉）你退下吧！

士兵：是。

鲁庄公：（踱来踱去，突然抬头）来人！

（士兵跑入，单腿跪下）

鲁庄公：传令下去，全国官吏、百姓无论身份贵贱，都可来朝中献计献策。

士兵：是！

（曹刿收拾行装）

同乡人：（看了看）曹刿，你这是要去干什么？

曹刿：我要去朝中为主公献策。

同乡人：（不解地）国家大事自有那些当官的去谋划，你又何必参与呢？

曹刿：当大官的目光短浅，未必能深谋远虑。（踏上进朝之路）[2]

习作中，作者将《曹刿论战》改写成剧本《长勺之战》。作者根据创作剧本所搭建的五个写作支架，撰写舞台说明，介绍了曹刿拜见鲁庄公的时间和地点；通过鲁庄公的神态和语言，交代了齐国兵临城下，鲁国国君广开言路这一历史背景；通过曹刿与同乡人的对话和表情变化，将曹刿前去论战的原因进行说明，刻画出一个深谋远虑、有担当的士人形象。作者经过“分析—归纳—提炼—演绎”的训练流程，结合之前学习过的剧本创作、人物描写等写作知识进行升华，运用剧本形式完成有个性的新颖表达。

在这一单元，我们也可以指导学生将《出师表》改为《写给诸葛丞相的一封信》。举一例学生习作：

汉室大业未稳，又闻丞相忧挂，此乃殚精竭虑，感人肺腑，孤深为所动。

自出隆中，丞相一心为汉，忠心耿耿，于赤壁联吴抗曹，助先帝定都汉中；深入不毛，七擒孟获，平定南方，厉兵秣马，战功赫赫。丞相乃国之大幸，孤之福祉！万望丞相切勿劳心过甚，保重贵体！

丞相所表甚善，孤均赞赏有加。自即日起，孤拟三策：其一，群臣吏民，能谏言献策者，一旦采纳，即受奖赏；其二，宫中府中，虽不在一处，但均致力于治国大事，赏罚标准应为一致，不得有异，有司执法必须公正严明；其三，以上两点之细节事宜，均召集郭攸之、费祎、董允、向宠等贤良之臣斟酌损益，然后实行。凭此三举，以广开言路，赏罚分明，咨询治国良方。孤虽年少，智术短浅，实则心存大志，又得益于先帝之日夜教导，相父之竭力辅佐，此乃天助大汉，孤岂可不奋发图强？丞相诚宜放心，先帝遗德，孤当发扬光大；先帝遗愿，孤绝不荒废，定竭尽所能，早日实现汉室之隆。

今民殷国富，兵甲已足，三军强盛，乃出师北上之绝佳时机，请丞相亲自统军，讨伐逆贼，攘除奸凶，则汉室复兴，指日可待矣！[3]

习作中，作者搭建了四个写作支架：（1）以后主刘禅口吻给诸葛亮写一封信，回应《出师表》；（2）直接就“表”中的三点建议予以回应；（3）回忆诸葛亮丞相的功绩；（4）勉励诸葛亮继续为“兴复汉室”而努力。习作用书信的形式答复诸葛亮，新式新颖，便于抒发情感，使人感到亲切，读者面前仿佛呈现出一幅两个历史人物正在讨论国家大事的古朴画卷，增加了真实感。习作表面上写刘禅能够听取诸葛亮的建议，实则写出了诸葛亮的良苦用心，肯定了诸葛亮的忠君之心，使得诸葛亮这一形象更加丰盈，情深意切，给读者以新鲜的体验。

指导学生采用多种体裁进行创意写作。学生在创意写作时，能通过如剧本创作、书信创作等多种写作任务创新表达，在日常化、趣味化的写作情境中激发兴趣，在随文而写的写作体验中逐步提升自己的能力和水平。不仅达到了“有创意地表达”这一要求，也完成了对初中写作知识的融会贯通。

二、角度新颖，视角多变

编者在单元写作指导中强调，有创意地表达，角度要新颖。新颖的角度，往往能让文章表现出新意，激发读者的阅读兴趣。如阿来在《一滴水经过丽江》里，是通过一滴水的视角来写丽江的，他写道：

看见很多不同模样的人。黑头发的人，黄头发的人。黑眼睛的人，蓝眼睛的人。我看见了潭边的亭台楼阁。看见了花与树。我还顺着人们远眺的目光看见了玉龙雪山，晶莹夺目矗立在蓝天下面。潭水映照雪山，真让人目眩神迷啊。人们在桥上，在堤上，说着不同的语言。在不同的语言里，都有那个词频频出现：丽江，丽江。这时的丽江已经是一座很大的城了。城里也不是只有最初筑城的纳西人了。如今全中国、全世界的人都要来丽江，看纳西古城的四方街，看玉龙雪山。

写游记，我们通常都是将游踪和感受通过一定的顺序记叙下来，但在这个段落中，阿来通过一滴水的视角，不但写出了丽江不同空间上的奇景，更写出了时间流逝中丽江的变化，写出了丽江的山水景物，也写出了丽江如今的人情风貌，使得这篇游记有了新鲜的色彩。这提示我们在教学中，要强调写作角度的新颖，教会学生通过转变叙事视角，进行创意写作。

确定学习元素后，我们先为学生搭建写作支架，进而对所学的文言文进行创意改编。例如可为改编《邹忌讽齐王纳谏》搭建两个写作支架：（1）从民、吏、臣三个层面各选一个人物代表，分别虚构三个被“封赏”故事；（2）在讲述故事的过程中，巧妙插叙“邹忌讽齐王纳谏的故事”。学生根据这两个支架，综合运用之前学习的记叙文写作技巧，将《邹忌讽齐王纳谏》改写成故事《封赏》。举一例习作：

封赏（一）民

郑屠户跪在城门口一天一夜，嗓子喊累了便喝点水继续喊，非要为自己讨回公道不可。齐王闻此，只好命人传召。

不等他人开口，郑屠户便哭道："小民是西市屠户，那日一开摊便惨遭一群烈犬撕抢，多少心血付诸东流，一家人的生计再无指望。那烈犬的主人只在一旁笑，我想上前说几句，还被烈犬狠狠咬了一口。"屠户撩起麻衣，胳膊和小腿上血痕模糊，众人掩面，唏嘘不已。"那烈犬毛皮发亮，凶狠异常，偏有人识得那是宫苑所养！我听闻大王听从邹公讽谏，疏导言路，广纳意见，小民惶恐，特来冒死进言。还请大王为我做主啊！"

齐王听完怒火中烧，下令捉犬吏来问，核实之后当即打入大牢。殿中臣吏，有的低头不语，有的暗自称喜。屠户笑逐颜开，领了齐王的恩赏，连磕了几个响头。

封赏（二）吏

齐王回宫，仪仗队浩浩荡荡。

看守城门的小吏和走在队伍最前面的几个人吵了起来，那小吏说："并非我不许你进，只是今日常有细作混入城中，大王下令凡是进出城门者必须细查！"那几个人也不是好惹的，一堆人闹哄哄吵个没完。小吏虽然年轻，但脾气倔，领班的头儿踹他好几脚也拉不过来。眼看着齐王的车辇到了跟前！众人跪下。

那小吏扑倒跪地，连磕几个头，满脸爆红，结结巴巴地陈明事情原委。齐王反问："寡人的仪仗队也要检查吗？"那小吏只低头跪在那里，半晌说道："大王命令，不敢违抗。况且小人听闻，邹公讽谏，劝大王广开言路。小人无才无德，只敢以实相报，不敢隐瞒。"说罢又把头磕了下去。

齐王听完，又喜又惊，当即赏银百两，收他做贴身侍从，并亲自脱冠受检。众人纷纷效行。

封赏（三）臣

齐王亲自率军出战，胜利而归，除了豪壮的士气与歌声，还带着五千燕国俘虏。举国欢庆，齐王大宴群臣，数日不休。酒后笑言："我齐国男儿顶天立地，还要这五千俘虏有何用？"燕国使臣多次来访都被拒之门外。

朝廷上下都沉浸在胜利的喜悦中。颜大夫心急，想当面劝说，却连内宫都没资格进。于是愤而提笔，挥就一文，陈明齐王的四点过错：不开谏言之路，将邹公讽谏抛诸脑后；不遵盟国之约，对使者到来不闻不问；不整歪风邪气，任由朝臣谄媚迎合；不解黎民之苦，燕国俘虏五千男儿，岂可杀之？

谏言被人送进宫中，齐王看罢，沉思良久默默不语。随即下令撤去酒宴，乘车出宫，命人准备黄金百两，亲访颜大夫。一进门，只见颜大夫早已脱掉官帽官服，匍匐于地。齐王愧疚，将颜大夫扶起。两人论政良久。[4]

从习作来看，作者能够从民、吏和臣的角度出发，通过语言描写、神态描写、动作描写等手法，将郑屠户、小吏和颜大夫三人敢于进谏、善于进谏的形象刻画得淋漓尽致，将《邹忌讽齐王纳谏》这个故事生发出新的视角，更加凸显出齐王从谏如流的开明君主形象，从而更加突出了文章中心，也使得创作者在写作中对邹忌、齐王等人物形象的感知更加深刻，较好地达到了训练效果。

除了在写作中选取不同角度进行创作外，角度新颖也可以从多种视角出发。编者提道："在记叙类作品中，角度新颖常常体现在视角的选择上。比如鲁迅写《孔乙己》，就采用酒店小伙计的视角，将各种人对孔乙己的态度、看法通过小伙计的观察传达出来。"再如莫泊桑在《我的叔叔于勒》中也采用孩子的视角，表达出对成人社会的批判。这要求我们在教学中，不能忽视写作视角的转换，即通过多重视角记叙事件，突出中心。

三、选材新颖，情真意切

单元写作指导强调：有创意地表达，选材要新颖。我们在教学时，要让学生明确：要选择富有时代气息的新材料，使文章富有时代感，让人感受到新鲜的气息；要选择富有自身个性色彩的材料，只有真听、真看、真感受才能够打动读者，才能够写出真正富有创意的习作。

例如《陈涉世家》故事创编，可以搭建这样的写作支架：（1）叙述自己穿越历史和陈胜相遇；（2）叙述自己和陈胜"辍耕垄上"；（3）叙述自己和陈胜穿越到现代学校学习；（4）叙述自己和陈胜分别。学生根据四个支架，综合运用之前学习的记叙文写作技巧，对《陈涉世家》进行创意表达。举一优秀习作《和陈胜相处的一天》如下：

陈涉体力甚好，可挥动了几下锄头，便丢开手坐到田埂上歇着。旁人不解，陈涉却道："如果谁要是富贵了，可不要忘了大家！"

"给人种地还指望富贵？"有人自言自语道 。

"燕雀哪里明白鸿鹄的志向！"陈涉长叹一声。

"王侯将相难道天生就是贵族吗？"我补充一句。陈涉顿时一愣，转而会心一笑。[5]

作者选取了最富有时代感的穿越历史，让自己化身为理解陈胜的一员，去倾听他、理解他，也让读者与古人进行了一次对话，更真切地了解到陈胜远大的抱负和志向。接着，作者通过写作支架"叙述自己和陈胜穿越到现代学校学习"，又邀请古人神游现代，感受具有现代气息的"杏坛"。优秀习作如下：

一眨眼就穿越两千年，我们穿越到了现代，人在学校，身在操场。操场上，艳阳高照，红旗招展。围栏外，高楼林立，车水马龙。陈涉目瞪口呆的模样，令我忍俊不禁。接着，我带陈涉去教室，他领会了教室就好比当年孔子讲学的杏坛。良久，陈涉意味深长地说道："不要羡慕别人，做好自己就不枉此生！"此刻，我坚信陈涉是一个好读书的少年，只是生不逢时；不过，他作为农民起义第一人而青史留名，也无愧于大丈夫之名。[6]

习作中的作者和陈胜穿越到了操场、教室，感受古代和现代富有特征的事物，从"陈胜意味深长地说道：'不要羡慕别人，做好自己就不枉此生！'"获得了思考，得出了自己的见解，这是最真实的、属于自己的东西，情真意切，易于让读者产生共鸣。从教材中选择写作的素材以及实践的角度，是十分贴合学生生活实际的。用来激活创意表达的资源务必坚持就地取材、就新取材、就近取材的原则，这种近距离、新鲜感、真实化的课程资源运用，能让"有创意地表达"的写作指导课收获意想不到的效果[7]。

总的来说，将"有创意地表达"作为初中语文最后一个单元的写作任务，对于老师如何教学和学生如何学而言，是更高的要求和挑战。老师在教学中，可以结合教材对于"有创意地表达"的写作要求，将"创意写作"的抽象概念具体化。

参考文献：

[1] 梅艳，王成．借助支架指导学生创意表达的教学策略［J］．语文建设（下半月），2020(11)：45-47．

[2][3][4][5][6] 向浩．统编版读写共生写作日常课：九年级下册［M］．广州：花城出版社，2021．

[7] 蔡明．浅谈创意表达的写作教学策略［J］．中学语文教学，2021(5)：38-44．

后　记

编著这本书的初衷是想和参加写作日常课实验的老师一起思考“读写共生写作日常化”的学理依据，从第一篇文章的完成到最后一篇文章的结稿，历时近五年，参与思考、写作的老师也从刚开始的一两位增加到最后的二十五位，可谓影响越来越广、思考越来越深。非常感谢这支乐于思考、喜欢写作、不怕困难的老师团队。这些稿件经过五轮修改，五次易稿，直到2023年5月底才定稿。尤其是最后一次修改，作者都把文章一字一句读给我听，我边听边提修改建议，然后再一起修改和完善，直至大家满意才定稿。在这里特别感谢王从华先生的指导并拨冗作序，感谢冯善亮先生、张水鱼先生、詹火滥先生的垂爱和指正，感谢南方日报出版社的信任与鼓励，尤其感谢曹星先生的鼓励、鞭挞与指导，正是这些朋友的关心和支持，才有了这本由我们团队集体创作的作品。最后还得感谢我的家人一如既往的理解和支持。

深夜是孤勇者的专属时间，在这一个又一个的专属时间里，我们借助这些尚显拙嫩的文字一点点地光亮自己，光亮学生，光亮更多人。

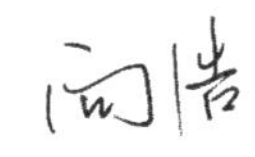

2023年8月于深圳盐田